21世纪高等院校市场营销专业精品教材

Excellent Course of Speciality of Marketing for
High-level Universities in the 21st Century

U0674738

Public Relations

公共关系学 （第二版）

郝树人 编 著

东北财经大学出版社
Dongbei University of Finance & Economics Press

· 大 连 ·

图书在版编目（CIP）数据

公共关系学/郝树人编著. —2版. —大连：东北财经大学出版社，
2017.2（2017.12重印）
（21世纪高等院校市场营销专业精品教材）
ISBN 978－7－5654－2025－2

Ⅰ．公…　Ⅱ．郝…　Ⅲ．公共关系学－高等学校－教材　Ⅳ．C912.3

中国版本图书馆 CIP 数据核字(2015)第 160881 号

东北财经大学出版社出版

（大连市黑石礁尖山街217号　邮政编码　116025）

网　　址：http://www.dufep.cn

读者信箱：dufep@dufe.edu.cn

大连永盛印业有限公司印刷　　　东北财经大学出版社发行

幅面尺寸：170mm×240mm　字数：332千字　印张：16.25　插页：1

2017年2月第2版　　　　　　　2017年12月第6次印刷

责任编辑：朱　艳　　　　　　　责任校对：孙　萍

封面设计：沈　冰　　　　　　　版式设计：钟福建

定价：29.00元

第二版前言

公共关系学作为内求团结、外求和谐的综合性的管理科学和艺术，由于其全局性、谋略性、前瞻性与可操作性，被广泛运用于各类社会组织的运筹、决策、管理方面。尤其在当今信息社会，科技和网络技术的快速发展为公共关系功能的充分发挥提供了更好的契机。作为以众多学科为基础的现代管理科学，诞生于20世纪初，伴随着时代的进步和环境的变化，公共关系的思想和方法越来越被认为是管理企业、改善企业环境的一种卓有成效的工具。在公共关系的实践中，公共关系学吸纳了诸多社会科学、人文科学以及现代传播技术的最新成果，具有多学科交叉整合的特征。随着科学与技术的发展，公共关系的理论与方法也在不断地发展和变化。

当前网络运用于公共关系领域，给公共关系工作带来了革命性的变革，网络作为沟通手段，利用网络超越时空、即时性和互动性的特征，创造与目标顾客之间直接互动的机会，实现传统公关的目标。网络公共关系已经成为公共关系中的一个重要组成部分。其本质是传统的公共关系在网络环境下的延伸或发展。网络环境变化迅速，新的信息传播渠道与方式不断涌现，网络公共关系只有能够把握好瞬息万变的网络环境，才能不断顺应网络环境的发展，才利于网络公共关系自身的发展以及取得最好的公共关系效果。

为适应新时期企业管理的需要，作者对本书进行了修订，增加了网络公共关系一章，并增加了一些网络公关案例分析。

此次修订仍保留了对公共关系基本理论、公共关系历史沿革和公共关系基本构成要素的阐述，强调了公共关系的目标管理、社会组织形象管理。

随着品牌竞争的日趋激烈，品牌活动影响日益广泛，而媒体日渐强势，经济法规逐步完善，由各种因素导致的品牌危机越来越多地出现在公众的视线当中，危机发生的频率、产生的影响力和波及的范围都足以说明中国品牌已进入了危机高发期。

在当今社会，在企业与消费者的力量对比之下，企业永远处于弱势。的确如此，随着新闻媒体和监管部门的影响力越来越大，企业任何一个微小的疏忽，都有可能导致无法挽回的灾难。危机对于企业来说有正反两方面的效应，如果处理得当，会增加企业的美誉度以及消费者对企业的信赖感，成为提升企业形象的契机；如果处理不当，就会成为导火索，引爆潜伏的其他危机，加速企业的毁灭。那么，如何才能在危机中力挽狂澜、化"危"为"机"呢?这就是本次修订增加了危机公关一章的主要目的。本章试图通过对危机案例的回顾和分析，揭示品牌频频发生危机背后的规律和原因，帮助企业寻找预防危机、应对危机和化解危机的对策，给企业一些有益的借鉴。

企望本书能帮助从事公共关系事业的人士科学而完整地掌握这门学科并将其用之于公共关系实践，从而为我国公共关系学科的发展做出贡献。

由于作者水平有限，难免存在疏漏，望读者谅解和指正。

作者
2017年1月

目　录

第 1 章

公共关系的基本理论

学习目标

通过本章的学习，掌握公共关系的含义及其特征、公共关系构成要素；掌握公共关系活动的目标、基本属性、类型、功能等。

1.1　公共关系概述

1.1.1　公共关系的含义

1）公共关系的定义

有关公共关系有很多界定方式，有众多定义。这些定义可分为五种类型，即管理职能论、传播沟通论、社会关系论、现象描述论和表征综合论。

对以上五种类型的定义，在各类公共关系著作中均有介绍。它们难以形成一个比较一致的观点，其原因有以下几方面：第一，定义的繁多，显示了"公共关系"学科的年轻、成长性和不成熟性；第二，国内外专家、学者、组织根据不同的价值取向来理解和解释并用不同的语言来表述公共关系；第三，显示了公共关系百家争鸣、百花齐放的景象。

在本书中，对公共关系做如下表述：

公共关系是组织运用传播手段，协调公众关系、改善发展环境、树立良好形象的管理活动。

这一定义有以下几层含义：

（1）公共关系是一种特殊的、团体型的社会关系。它揭示了组织与公众的关系状态，发生这种关系的前提是组织与公众有某种利益上的牵连。如果没有这种双向、互动的利益上的联系，是不能构成公共关系这对矛盾的。这种利益上的关系是界定公共关系的重要条件之一。

（2）公共关系是一种管理活动。它是组织为了实现其目标而进行的实践活动。通过对各项活动的管理，渐次推进目标的实现。

（3）公共关系的重要任务是树立良好的组织形象。通过树立良好形象，增强组织的吸引力、凝聚力、感召力，形成归属感。这样，才能实现组织目标。

（4）组织总是在一个具体的环境中来实现组织目标和公关目标的。因此，环境是否良好，与组织的利益关系极大。通过公关活动来改善环境，使环境对组织有利，帮助组织实现各种目标。

（5）组织要改善环境，树立良好形象，要运用信息的传播与沟通的手段，把信息定向传播，然后收集公众反馈信息，通过运用各种原则、原理，指导并协调好与公众的关系，创造良好的关系状态，以实现组织目标。

通过以上分析，我们认为，公共关系就是一种形象管理和传播的活动。

2）公共关系的结构要素

公共关系的结构由组织、公众、媒体、环境四个要素组成，要素与要素之间相互联系、相互制约。

组织，是公共关系活动的主体，是公关活动的发起者、策划者、实施者、调控者与评估者。

公众，是公共关系活动的对象，在组织目标实现的过程中，发挥着巨大的能动作用。

媒体，是组织实施关系管理的载体，是联系组织与公众的桥梁和纽带。

环境，是组织与公众生活的载体，是活动的物质空间。

组织、公众、媒体在一个特定的具体空间里进行运作，实现组织目标。进行公共关系活动，这四个要素缺一不可。

1.1.2 对公共关系含义的理解

1）公共关系是一种关系

公共关系的定义揭示了它是一种组织与公众的关系，发生这种关系的前提是组织与公众有某种利益上的牵连。这种利益上的关系是界定公共关系的重要条件之一。

2）公共关系是一种观念

在现代市场经济催发下形成的公共关系，成为一种人们的普遍看法。办事的时候，人们常说，要有公关思想，这个公关思想就是公关观念。公关观念的内涵极为丰富，如信息传播沟通、协调、透明度、双向平衡、互惠互利等。没有这些观念是难以实现对关系的管理的。

3）公共关系是一种文化

文化是人类在改造自然、社会和人本身等方面所进行的各种活动，以及所创造的物质财富和精神财富。现代公共关系在社会生活中是为主文化服务的亚文化，是联系社会主文化与该文化群体中的个体文化，即组织与公众的一个重要桥梁和中介。亚文化得到组织与公众的认同和接受，融入他们的生活中去，具有生命力与影响力。同时，亚文化接受主文化的指导和影响。所以，现代公共关系是现代社会生活中一种文化现象，从组织运作的各个环节来看，无不充满了文化的氛围。

4）公共关系是一种活动

现代公共关系是一种见之于实践的活动，是组织为了实现组织目标进行公关的实践活动，如进行公关策划、信息传播、沟通、协调等，无一不是具体的公关活动。

5）公共关系是一种状态

现代公共关系是指一种公关状态。公关状态是指组织与公众相互联系的情况、相互作用的程度及其发展趋势。公关状态表现在知名度、美誉度、凝聚力及组织效率和社会效益五方面。如果某一个组织在这五个方面做得较好，那么表明该组织具有良好的公关状态。

6）公共关系是一种意识

现代公共关系是一种意识，即全员公关意识。具有全员公关意识的组织，他们的公关工作不仅会得到全体内部职工的支持，而且内部职工也会自觉地去从事公关工作，创造出良好的公关效益。

7）公共关系是一门科学

现代公共关系作为一门学科，它表现为一种理论形态，形成了一门系统的理论体系。它有自己的概念、原理、原则、范畴和具体的操作技巧及规律，并随着公关实践的发展而不断完善和丰富。它既是一门高度综合的边缘性、交叉性学科，也是具有可操作性的应用学科。

8）公共关系是一种艺术或方法

现代公共关系为实现组织目标，在运作中表现为一种艺术或方法。它不能照抄照搬别人或过去的方案，因为成功的公共关系活动是特定情景的产物。只有根据组织、公众、公关人员的具体情况，采取最佳的方法来沟通、传播，使关系协调，才能实现组织目标。

9）公共关系是一种职业

现代公共关系自从艾维·李首创公关职业化先河以来，已形成了一支颇具规模的职业大军。公共关系这一朝阳职业，深受人们尤其是青年人的喜爱。1999年1月4日，国家劳动和社会保障部正式批文，成立国家职业资格工作委员会公关专业委员会，同年5月出版发行的《国家职业分类大典》中，收入了公关职业的名称、公关职业定义及公关职业工作。这标志着国家正式承认了公关这一职业。公关在社会各行各业中从此占有了一席之地。

1.1.3　公共关系的特征

1）信息的双向传播与沟通

组织是靠信息的传播与沟通使公众知晓，然后把公众的信息反馈给组织（传播者）。通过多次的反馈，组织与公众找到可以接受的点，我们称它为"中点"，体现在利益上双方均可接受。通过这样的信息传播与沟通，使主客体达成共识。

2）兼顾公众利益（又叫双向平衡）

进行公共关系活动，实现组织目标，必须制定组织的方针、政策。这个方针、政策是为组织目标服务的，也是为组织的利益服务的。在制定组织的方针、政策时，要充分注意组织与公众的利益应大体平衡，在以组织利益为主的前提下，兼顾公众的利益。如果组织和公众的利益严重失衡，则对双方都是不利的。

3）公共关系是组织行为

现代公共关系的行为主体是组织，公关活动的策划、实施与评估都是由组织操作的，组织是公关活动的载体。个人是难以成为公关活动的主体的，因为这与公关的定义相悖。

4）公共关系是一种管理行为

现代公共关系是一种现代的管理行为，是对关系进行管理的手段。对关系进行管理的最有效的手段是公共关系，它可以对众多的关系进行广泛的管理。它局限性小、收效快而稳定。

5) 作为个人也可运用公关的某些原理、原则与方法技巧

尽管公共关系是组织行为,但是它是由人来操作的。所以,作为个人,也可以借用公关的原理、原则、方法和技巧,为实现个人的价值和目标提供服务。如一位大学毕业生利用老师的一封介绍信,找到了一份满意的工作。公共关系对提高个人素质,使其适应现代社会发展有着积极的作用。它能促进个人观念更新,适应社会需要;它能提高个人的能力,如创造能力、交际能力、自我调节能力、应变能力等。

1.1.4 公共关系与庸俗关系、人际关系

1) 公共关系与庸俗关系

公共关系在我国普遍传播后,出现了明显的两极分化。在一些开放型公司里,公关人员地位高,公关工作计划周密、效果好;在一些个别的中小型企业里,声称开展公关工作,实则使用行贿术、经营色情业,公共关系成了"姿色加手腕"的代名词,严重玷污了公关的名声,致使社会上也有人把公共关系与庸俗关系等同视之,甚至认为它比一般的拉关系、拍马屁还要恶劣低下。其实,公共关系与庸俗关系,两者从表面上看都是利用关系网去实现目的的,但却有着本质的区别。主要表现在以下几方面:

(1) 社会基础不同。公共关系根植于高度发展的商品经济社会。社会化大生产的出现和发展,使社会生产力水平不断提高,物质产品不断丰富,卖方市场向买方市场转化,市场竞争激烈。公共关系就是在这种条件下产生的。庸俗关系根植于自给自足的小农经济土壤,社会生产力水平低下,物质产品供不应求,从而产生了贿赂型经营。

(2) 最终目标不同。公共关系追求的是社会整体效益,以社会公众的长远利益为出发点和归宿。庸俗关系追求的是个人或小集团的眼前利益。

(3) 手段不同。公共关系是在公开事实真相的基础上进行双向沟通,争取社会公众的了解和支持,通过公开、合法的各种传播媒介向社会公众介绍本组织的政策和行为。庸俗关系所采用的手段,往往是进行个人之间私下交易。有些人不惜损害集体利益、国家利益,牟取个人私利。还有些人以行贿、受贿的手段,互相利用,各自抓住对方把柄,使这种不正当的关系维持下去。因此,庸俗关系与公共关系在做法上是背道而驰的。

(4) 公共关系已发展成一门科学,而庸俗关系永远不可能被社会承认,更不可能发展成科学,是必须摒弃的。中国的公共关系具有浓重的人际关系特色,应该将人际交往型公关中正常的请客送礼和庸俗关系区分开来。

2) 公共关系与人际关系

我们必须注意人际关系是依赖某种媒介并通过个体交往而形成的人与人之间的关系,亦即私人关系,如下级关系和同事关系等。人际关系与公共关系是两个既有联系又相互区别的不同概念。

人际关系与公共关系的联系很紧密。组织内部的联系主要是个人与个人之间的联系，组织与组织之间的联系也往往表现为一个组织中的若干人与另一个组织中的若干人之间的联系。公共关系实务工作除了运用大众传播手段外，也常常通过人际关系的沟通来进行。尤其在我国，目前大众传播的技术还不十分发达，大量的公共关系工作还依靠人际传播来进行。所以，公共关系是以人际关系为基础的，良好的人际关系有助于组织内部环境和外部环境的和谐与改善。但公共关系与人际关系毕竟是两个不同的事物、不同的概念，它们的区别主要表现为以下三个方面：

（1）两者的目的不同。公共关系的目的是为组织在社会公众中树立良好形象，建立组织与社会公众之间的良好合作关系。人际关系的目的是为个人结良缘、交朋友，是为了实现个人的心理需要，建立个人与个人之间和谐的人际环境。

（2）两者的结构不同。公共关系的主体是社会组织，在组织与公众的交往中实现的是组织的宗旨，体现的是组织的价值观念、行为规范。其客体对象公众也是一个整体概念，即使是通过人际交往的形式来实现公共关系，构成关系的主客体仍然是两个集合体。人际关系则是个人与个人之间的关系，关系的主体与客体都是个体，实现的是个人的意愿、个人的目的，体现的是个人的价值观念和行为规范。

（3）两者的沟通方法不同。公共关系尽管也需要人际沟通的手段，但它主要是运用大众传播和群体传播的技术和方法，如报纸、电视、广播、网络传播或召开记者招待会、大型集会等。人际关系则以自己的言语举止为媒介，采用个人之间面对面的直接交谈或借助电话、书信等技术和方法。

总之，公共关系不是人际关系，它要比人际关系复杂得多。因此，在开展公关工作时，不要把它当作人际关系来处理，即使是以个人身份出现，也必须增强自己的角色意识，要透过个人之间的关系将组织与公众联系起来。

1.2　公共关系的要素

公共关系是由三大要素构成的：公共关系的主体即社会组织，公共关系的客体即公众，公共关系的中介即传播。

1.2.1　公共关系的主体要素——社会组织

社会组织简称组织，是指执行一定的社会职能、完成特定的社会目标、构成一个独立单位的社会群体。组织是公共关系的第一构成要素，是公共关系的主导，它决定了公共关系的状态、活动和发展方向。

组织的基本特征是：（1）组织具有一定数量的、较为固定的成员；（2）组织具有特定的目标；（3）组织具有实现目标的结构和手段；（4）组织具有特定的功能。

1.2.2　公共关系的客体要素——公众

公共关系的公众特指公共关系工作对象的总和，即那些与公共关系主体有直接或潜在关系，相互影响、有互动关系的个人、群体或组织的总和。

1）公众的特征

（1）宏观恒定，微观渐变；（2）利益一致，欲求冲突；（3）群体概念，个体显现。

2）公众的分类

公众分类是公共关系实务工作的必要前提。公关实务中如何策划和选用何种方法都要因对象而定。

（1）有专家对中国生产企业的公众做过一种分类。

（2）可以根据组织行为给公众带来的结果或者按照公众与组织发生关系的过程将公众分为非公众、潜在公众、知晓公众、行为公众四种类型。

（3）可以根据公众对组织的态度将公众分为顺意公众、逆意公众、边缘公众。

（4）根据公众构成的稳定程度可将公众分为稳定性公众、周期性公众和临时性公众。

1.2.3 公共关系的中介要素——传播

组织公共关系的传播是指组织利用各种媒介与公众进行沟通，争取理解与信任的过程。组织公共关系的传播不同于一般的新闻传播，也不同于一般的宣传与广告。它有三个特征：以组织目标为主导，双向传播，中介传播。

1.2.4 公共关系的基本问题和公共关系学的研究对象

公共关系学作为一门综合性的新兴学科，它的逻辑起点与核心问题是组织同它的公众，即组织与赖以生存的社会环境的关系。这一矛盾贯穿于公共关系活动的全过程。公共关系学是研究公共关系及其发展规律的一门学科。

公共关系学的任务是研究：什么是公共关系；为什么搞公共关系；怎么搞公共关系；由什么人去搞公共关系；公共关系的历史、现状及规律等。

1.2.5 公共关系传播的核心内容——组织形象

公共关系传播与新闻传播、广告传播一个最重要的差别就是传播的目的和内容不同。公共关系传播的目的是塑造组织形象。公共关系传播的核心内容是指公共关系的主要工作是什么、在传播什么、靠什么生存，并进而引出如何评价公共关系的好坏、工作的效绩等问题。公共关系实务、公共关系咨询的核心内容就是组织形象。

1）组织形象分析

所谓组织形象，就是公众对社会组织的总体评价，是社会组织的表现与特征在公众心目中的反映。

2）组织形象的构成要素

组织形象的构成要素主要有三个方面：组织的总体特征与风格；知名度与美誉

度；组织形象定位。

3）组织形象的特征

组织形象的特征包括：组织形象的主客观两重性；组织形象的多维性；组织形象的相对性。

1.3　公共关系的基本属性

公共关系是一种客观存在，并有其特殊的属性。研究和认识公共关系的属性，有助于我们更好地把握公共关系，驾驭公共关系的实践活动。

概括地讲，公共关系的基本属性有以下几点：

1.3.1　客观性

公共关系的客观性是由社会关系所具有的客观性质决定的。社会是由人群组成的，它是人们相互交往、相互作用的产物。人们在共同的物质生产等活动过程中彼此间结成各种社会关系。这些关系是不以人们意志为转移的客观物质关系。公共关系是由社会群体之间的互动而形成的关系，它同社会上的个人关系、社会制度一起，构成社会关系系统。现代社会是高度组织化的社会，各类社会组织已经成为全部社会生活领域中占据主导地位的群体形式，其社会作用已日益明显。社会组织在生存、发展过程中，对环境的依赖也在不断增强，双方处于持续的相互作用之中。社会组织必须不断地从外界环境中获得信息、物资和能量，以维持自身生存。同时，社会组织必须通过内部转换过程向外界环境提供其可以接受的输出，保持动态平衡和良性循环。而要很好地完成这个双向交流的任务，就必须建立和维持良好的公共关系。公共关系的产生和发展，有其客观必然性。它是社会上客观存在着的一种社会关系。

1.3.2　公共性

公共关系是社会群体与社会环境发生的联系。社会群体是人们通过一定的社会互动或关系而结合起来进行共同活动的集体。在现代社会，社会组织是社会群体的主要存在形式。社会组织的环境，是指组织界线以外的一切影响组织活动的因素，这里主要是指相关公众。社会组织的结构、功能、目标，社会组织与环境互动的目的及产生的影响，与个人关系相比，具有更高的层次和水平。也就是说，它不是个人的、私人性质的，而是属于社会的，具有社会意义。公共关系活动的主体、作用对象都是集体，是"公对公"，相互沟通的媒介主要是大众传播媒介，活动的目的是为组织和公众谋利益，是公众性和公益性的。因此，公共关系具有明显的公共性特征。

1.3.3　稳定性

社会组织与公众的关系是长期存在的，不仅谋求眼前利益，而且考虑长远利益。公共关系的建立、维持，是一种连续的、持久的、有计划的努力。从宏观上看，社会组织与公众的互动是长久的；从微观上看，社会组织同某种公众对象建立起关系后，不会很快就解除这种关系，而要尽力维持下去。所以，公共关系具有一定的稳定性。

1.3.4 相关性

社会组织与公众建立关系不是随意的、随机的，而是有明确对象的。公共关系是在相关的社会组织与公众之间建立起来并维系下去的。这里所谓相关，就是指某类社会群体的共同利益被某一社会组织的政策和行动所影响；反过来，这类社会群体的舆论和行为也制约着这个社会组织，甚至决定着这个社会组织的成败。

1.3.5 间接性

社会组织与相关公众的联系往往是不能直接地、面对面地进行的，一般要通过一定的媒介才能互动。人与物都可以充当这种媒介。一个单位派出人员前往某处游说、洽谈，这是以人为媒介。一位组织发言人通过广播、电视、报纸等向公众发布新闻，这是以物为媒介。通过媒介进行交往是公共关系的特征之一。

1.3.6 互利性

满足各自的精神与物质需要是各种社会交往背后的普遍动机。社会群体之间的交往，既以满足自己需求为前提，又以满足对方需要为必要条件。互补是社会关系建立和发展的动力。互利是互相交往的基础。只有在互惠互利的基础上，才能够建立和维持相互间的关系。

1.3.7 可变性

它体现在两个方面：一方面，公共关系的性质可以发生变化，原先的合作互助关系可能因为利益冲突等因素影响而变为竞争或敌对关系，反过来，对立性的关系也可转化为合作性的关系；另一方面，虽然建立起来的关系具有一定的稳定性，但也不排除因某种原因双方"另择对象"，主客体都可能进行置换。

1.4 公共关系的功能

公共关系的功能指公共关系对社会及社会组织所发挥的积极作用和影响。

1.4.1 公共关系对社会的作用和影响

从宏观上看，公共关系对社会的作用和影响主要体现在以下几个方面：

1）沟通信息交流和物质、能量交换渠道

相关的社会群体相互依赖、相互影响，信息、物质和能量的互补互换是组织生存、发展必不可少的，也是社会正常运转所必需的。相关的社会群体建立和维护了公共关系，就沟通了彼此间交流、互换的渠道。

2）协调社会群体的目标、利益、态度与行动

促进社会群体的合作，保持各个社会群体同步发展，促成社会良性运转。公共关系一方面可以强化社会群体之间联系，促成其合作；另一方面可以互通信息，争取谅解，化解矛盾和冲突。建立和维持公共关系，可以在社会关系系统内形成自我调节机制，让社会群体之间自觉、主动地协调一致，保持和谐发展。

3）优化社会经济、政治、文化、心理等环境

有了正常的联系，协调了有关方面的目标、利益、态度和行动，促成了各个社会"细胞"和部门的合作，使社会互动处于良性状态，这就优化了各种社会环境，使得整个社会运转有序。

1.4.2　公共关系对社会组织的作用和影响

从微观上看，良好的公共关系对具体的社会组织所产生的作用和影响有以下几点：

（1）帮助社会组织监测社会环境（社会舆论、意识、态度和行为等），收集社会对组织的各种反映，向组织决策和相应部门提供信息和决策咨询。

（2）建立和保持社会组织与各类公众的双向沟通，向公众传播组织信息，争取理解和支持，强化与公众的联系。

（3）为组织塑造良好形象，扩大组织知名度，提高组织美誉度。

（4）促使社会组织有计划地调整组织目标和行动，并以相应政策和行动影响公众舆论、态度和行为，在社会组织与公众之间进行协调，促成双方合作，帮助组织实现既定目标。

（5）增强组织凝聚力和吸引力，使组织内外保持和谐一致。

（6）在组织面临危机时，有效地化解矛盾，缓和与消除冲突，变被动为主动。

Ⅼ**案　例**

上海申办2010年世界博览会

1999年12月8日中国政府代表在国际展览局第126次成员国代表大会上宣布中国上海申办2010年世博会以后，中国政府和上海市政府就紧锣密鼓的筹划申博的公关策略。他们分析了上海申博的自身优势，确立了博览会的主题、口号、海报和徽标，广泛地发动民众参与其中，并且通过国内外各大媒体的造势宣传，充分展示了中国政府、中国人民和上海市政府、上海市人民对世博会的全力支持、热情服务，塑造了上海国际大都市形象，展现了上海的城市魅力，最终夺取了2010年世博会的主办权。

2000年3月17日中国政府成立了2010年上海世博会申办委员会，接着在6月27日上海市成立了2010年上海世博会申办工作领导小组。申办世博会的公关活动正式展开。

上海的申博公关活动从各个方面全方位地、秩序井然地展开。从个人到团体，从民间到政府，从中国到外国，从传统媒体到新兴的网络传播，铺天盖地而来无一不展示了上海申博的独特优势和举办博览会的美妙前景。广大民众的热情投入，中国政府的全力以赴，国外友人的大力支持，新闻媒体的广泛宣传，商家集团的溢美之词，所有的一切让人不由自主地联想到2010年的世博会的巨大成功前景。

2001年1月16日确定了世博会的徽标。2001年9月7日又确定了2010年上海世博会申办的口号和海报。徽标、口号和海报都是通过广泛征集作品以及意见而确定的。

2001年6月6日，国际展览局第129次成员国代表大会在巴黎举行。上海市主要领导在会上进行了中国申博首次陈述，确定申博主题以及选址。启用申博市民代表做诚恳的介绍，现身说法谈上海发展为人类提供实现价值的环境，以情感人，形式创新生动。

2001年7月，上海确定了独具创新特色和紧贴上海世博会主旨的世博会主题——"城市，让生活更美好"即"Better City, Better Life"。

2001年9月前以发放宣传册为铺垫，之后展开了大规模、全方位的宣传，举办了世博会知识网络竞赛、万人支持申博网上签名、上海市民骑车申博万里行、长江三角洲申博之旅、上海2010名市民代表宣誓、世博会进入社区的"世博会向我们走来——世博会知识巡回展"等众多大型群众性活动，全面宣传世博会的知识，得到了广大民众的热烈回应、广泛参与和热情支持，为世博会的申办、举办奠定了稳定的群众基础。

2001年11月30日，国际展览局举行第130次成员国代表大会，上海市主要领导作了申办陈述。瑞士罗氏制药有限公司总经理以一名外资商人的角度谈自身在上海的投资回报，证实了中国政府的承诺是绝对可以信任的。

2002年7月2日，国际展览局举行第131次成员国代表大会，中国代表团成员作了半个小时的申博陈述，外交部长代表中国政府承诺我国将投入1亿美元支援发展中国家和地区前来参展。对参展国建立永久性展馆，中国政府还将给予建馆资金25%的补贴。此外，设立用于大会各项评奖的奖励基金。

2002年12月3日，国际展览局举行第132次成员国代表大会，中国代表团进行最后一次陈述，再次肯定中国政府对于承办2010年世博会的信心与态度。会上以一部充满上海市民热切期盼的实地拍摄申博纪录片充分展示了上海的无限魅力。

当日国际展览局成员国对2010年世博会主办国进行投票表决，中国获得2010年世博会的主办权。

资料来源　陈一收.大型公关活动[M].北京：北京大学出版社，2010.

案例分析

百年奥运，风云变幻，唯一不变的是始终如一的人文精神。2008年奥运会本着以歌颂人、尊重人的理念，一切以人为中心，塑造和谐发展的人文舞台。更难能可贵的是，这一思想不但体现在北京申办2008年奥运会的理念和实际运作中，而且在奥运会举办过程中也自始至终地得到体现。

上海申办世博会的公关目标是：充分显示上海这一世界级城市的形象，赢得各国的赞誉，并打动评委来投上海一票，吸引参展国来上海建馆设展。这次申博是上海在国际舞台上自我营销、自我展示的极大成功，是上海公共关系的成功。

1）突出上海市申办的特色和优势

（1）上海为世博会选定了合适的主题。"城市，让生活更美好"的主题引起各国的广泛关注。

（2）选址符合世博会的宗旨，做好了合理的选址场馆规划。世博会场址选在黄浦江滨水区，通过场馆建设，促使旧城改造，并在举办后，使该地区成为经济、科技和文化的交流中心。

（3）展示了上海改革开放以来积累的经济实力，证明上海完全有条件举办世博会：上海社会稳定，秩序良好，交通顺畅，经济发达。

（4）政府全力支持，体现承办决心。中国政府承诺将投入1亿美元的援助基金和25%的建馆资金补贴，并且为参展国建立永久性展馆，设立用于大会各项评奖的奖励基金。这是一种实实在在的诚意，体现了中国政府的真心实意。

（5）民众热情参与，上海申办世博会，民众的支持率在90%以上。大量的民众参与到迎接世博会的各项活动中。2010年上海世博会将成为各国人民的盛大集会。

（6）在沪外商现身说法："选择上海就是选择最佳"，这是最客观的第三方声音。

2）精心策划三个沟通接点

（1）上海申博决赛片。特邀张艺谋执导，旨在打造精品申博片，通过短短的20分钟，将现代化上海所独具的精、气、神和品格魅力呈现在公众面前，感染受众，激活沟通力。

（2）四次关键性的陈述。面对面的陈述是一种高效率的沟通，而陈述阵营、陈述内容和陈述技巧等方面的设计是体现高质量沟通的关键。

（3）国际展览局代表团的实地考察。抓住这一机会向考察团充分展示上海能够承办2010年世博会的能力，并及时互通信息，将各项准备工作做得更好。

3）整合各种活动，向国内外传播上海申博的信息

（1）通过征求申办徽标、口号、招贴画等活动，提高市民的参与热情。

（2）举办世博会的知识网络电视竞赛，普及世博知识。

（3）设计多种活动，如网上签名、申博万里行、市民代表宣言等，形成全民参与的氛围。

（4）成立支持中国申博"企业后援团"。

（5）组织外交部游说，并调动海外媒体的积极性，赢得国际舆论的支持。中国政府、上海市委市政府派遣37个组团出国访问了87个国际展览局成员国，其中包括9个非建交国家。世界各大主流媒体都对上海申博表示热切关注，分别以专题、专刊、专版的形式给予追踪报道。英国《泰晤士报》、天空电视新闻频道以及星空传媒新闻频道对上海市市长进行了联合采访，表示了对上海申办世博会的支持。

上海申博的公关活动紧紧地围绕着上海的五大优势展开是申博取得成功的关键。公关活动抓住了上海的五大优势展开，扬长避短，整合了各种公关手段，突出了上海经济发达、社会安定团结的优势，体现了上海开放、包容的鲜明个性，展示了上海作为一个国际化大都市的超凡魅力，最终吸引了全世界的目光。

本章小结

公共关系是什么？简单地说就是追求"人和"的境界，为组织发展创造最好的内部与外部环

境。公共关系的基础是组织自身行为符合社会公众的要求，并能被公众所认同。公共关系不是市场营销，不是新闻宣传，更不是拉关系、走后门的技巧。诚信、平等互利、持久努力是公共关系的行为准则。

公共关系是企业发展不可或缺的手段和方法。公众是社会组织赖以生存的基础，组织的良好形象是公共关系目标，传播是公共关系的手段。

复习思考题

1. 就你对公共关系的理解，公共关系定义是什么?其含义如何?
2. 阐述公共关系的结构要素是什么。
3. 什么是公共关系特征?它与庸俗关系及人际关系有什么区别?
4. 什么是组织形象?它的构成要素有哪些?
5. 公共关系的基本属性是什么?

第 2 章

公共关系的产生与发展

学习目标

通过本章的学习，掌握公共关系产生与发展的社会历史条件；了解现代公共关系的诞生和发展；掌握现代公共关系特征以及公共关系的发展趋势。

2.1 公共关系产生与发展的社会历史条件

2.1.1 商品经济的高度发达是公共关系产生与发展的经济根源

科学意义上的公共关系不可能在经济落后的封建社会中产生，它只能产生于商品经济高度发达的社会。

封建社会经济形态最根本的特点是自给自足的自然经济，在这种经济形态背景下，土地是最基本的生产资料，家庭是最基本的生产单位，一家一户，男耕女织，各家各户自己生产、自己消费，产品极少交换，人与人之间的联系局限在狭小的范围内。人们终日封闭在由家庭、乡村组成的血缘和地缘关系中，处于一种"鸡犬之声相闻，老死不相往来"的状态中。商品经济的落后，限制了人与人之间的关系。在这种情形下，公共关系既无产生的基础，更无发展的需要。

资本主义社会的经济形态最根本的特点是工业社会化大生产，这种社会化大生产取代了封建社会的自给自足的自然经济，商品经济迅速发展，生产日趋社会化、专业化，在商品经济条件下，整个生产活动都是社会化的，人们生产的产品不再是自足，而是主要用来交换以实现其价值。市场交换实现后，人们生产的产品和劳动才能得到社会承认。于是，无论是个人或者社会组织，只有通过自觉的努力才能得到社会的认可和支持，才能为自己创造一个良好的生存和发展环境。这是因为：

在现代社会中，随着商品经济的发展，特别是当资本主义自由竞争过渡到垄断时期，在商品流通和交换中出现了由卖方市场向买方市场的重大转变。为了适应这种新的转变，工商企业客观上需要一种良好的公共关系作为保障，从而最大限度地争取广大消费者和社会公众的理解、信任、支持与合作。

商品经济的高度发展，使商品的供给大大丰富起来，消费者的消费水平也在不断提高，开始从满足基本需要为主转向以满足选择性的需要为主。因此，一方面，商品生产者即企业和社会组织只有通过各种有效手段在公众中树立良好的形象，以赢得广大公众信任和支持，才能在日益激烈的竞争中立于不败之地。另一方面，商品的生产者和消费者的相互沟通也变得更加迫切和必要，双方都需要通过良好的公共关系状态来适应这种深刻的变化。

商品经济的发展使社会分工深化，各种生产部门、服务部门和管理部门的专业化程度也越来越高。特别是现代经济格局的出现，客观上要求企业放弃那种带有浓厚自然经济色彩的"小而全"或"家庭式"的经营思想和经营模式，不断提高本企业专业化的同时，建立跨行业和跨地区的横向经济联系，从而在相互合作、相互促进中求得共同发展。而这样一种相互联系与合作的关系，必须通过一种现代公共关系的经营管理方法来建立和维持。因而，公共关系的产生和进一步发展有赖于商品经济的高度发展。

2.1.2　民主政治取代封建专制是公共关系产生与发展的政治保证

人类历史上，封建社会长达数千年。专制独裁、等级森严是封建社会最显著的特点。皇帝或国王是至高无上的。在封建专制统治下，君王是当然的统治者，以血缘关系为基础的封建宗族关系成为人们政治生活中起主导作用的支配关系。老百姓只是任人宰割的"草民"，根本就谈不上与统治者建立一种平等互利的公共关系。在这种自上而下的专制统治状态下，公共关系无从发展。

当资本主义制度取代了封建主义制度后，人类社会大大地向前跨进了一步。资产阶级提倡"自由"、"平等"、"法制"等，尽管资产阶级民主政治有其虚伪性，但与封建专制相比仍然是历史的飞跃。因为资产阶级民主制度规定了议会和政府由选举产生，选民一般选举自己信任的利益代表，所以，议员和政府官员只有获取选民的信任和支持才能当选。而且政府决策必须获得民众的赞同，才能得到顺利实施。政府必须注意了解民情民意，并作为决策的重要依据，同时政府还要宣传各项施政方针、政策和措施，以提高各级官员和政府的声誉。公共关系的发源地——美国，从建国初期就开始实行总统竞选。19世纪总统竞选时，政治新闻机构及其活动就已成为主要竞选工具了。而后，进入20世纪以来，美国总统竞选有日益庞大的助选团活动，利用的传播媒介方式也越来越升级。

因此，与民众搞好公共关系已直接关系到他们的政治前途与政治地位，也因为这一原因，使得资本主义国家的政府部门的各级官员都十分注意搞好公共关系。总之，资本主义的民主政治为公共关系的产生提供了政治方面的保证。

2.1.3　人类传播技术的进步是公共关系产生与发展的物质基础

封建社会自给自足的小农经济，使社会普遍处于一种封闭的落后状态，这种落后的自然经济本质上不要求人与人之间进行广泛的相互沟通与联系，而当时落后的交通条件和传播手段也限制了人们的交往和沟通，因而缺少公共关系产生和发展的物质基础。

在资本主义社会，商品经济日益发达，科学技术日新月异，促进了交通运输和信息传播手段的飞速发展，交通技术的进步，使火车、汽车、飞机、人造卫星出现在人们的生活中；电子技术的进步，带来了电报、电话、广播、电视的兴起；空间技术的进步和大型计算机的应用，又带动了通讯卫星的出现和大型计算机的运用，还带动了全国乃至全世界信息网络的形成。传播媒介随之而多样化和现代化，信息传播的量更大，传递速度更快，准确性更高，影响范围更广，这就为社会组织进行大规模的公共关系活动，更全面、更准确、更迅速地向各类公众传播信息，建立联系，为形成有效的信息沟通网络提供了物质技术的基础。于是，运用现代化的传播手段，通过对内协调，对外宣传，扩大本组织的社会影响，提高组织的知名度、美誉度，完善本组织在公众心目中的形象，为企业和社会组织的生存和发展创造良好的舆论环境和社会环境，使公共关系进一步发展成为可能。

2.2 现代公共关系的产生

自人类产生以来，公共关系活动和公共关系思想就一直存在。但是，19世纪以前的公共关系活动和思想属于原始公共关系的范畴。19世纪中期，公共关系开始由原始向现代、由朦胧向清晰、由零星向系统、由感性向理性转变。到20世纪初，现代意义上的公共关系在美国出现。接着在短短的数十年里，现代公共关系以燎原之势席卷全球，公共关系学也随之兴起，成为引人注目的新兴学科。

职业公共关系在美国大体经历了四个阶段：①报刊宣传活动，以"凡宣传皆好事"为原则，不惜愚弄和欺骗公众，其中巴纳姆是典型的代表。②艾维·李时期，提出"说真话"、"公众必须被告知"原则，开创了公共关系职业。③伯内斯时期，提倡"投公众所好"，创建公共关系理论和学科。④柯特利普和森特时期，倡导双向沟通原则。

2.2.1 巴纳姆时期

1）报刊宣传活动

有组织的公共关系活动发端于19世纪中叶在美国风行一时的报刊宣传代理活动。19世纪30年代以前，美国出版的报纸价格昂贵，发行量小，主要读者是美国的上层社会。30年代中期，由于印刷技术的进步，印刷速度高达每分钟1 500份。当时《纽约太阳报》的创办人本杰明·戴伊于1833年安装了新式霍氏滚筒印刷机，由于技术改进，大大降低了成本，报纸变得很廉价，每份报只卖1个便士，因此，吸引了大量的读者。以后，其他报纸也相继仿效，从而推动了报纸的普及，再加上报纸内容很合大众的口味，因而，报纸的发行量猛增，使原本为上层社会阅读的报纸成了大众化的通俗报纸。便士报运动的开展，给那些急于宣传自己、为自己制造舆论的公司和组织以可乘之机。由于便士报价格低廉，一般的民众都买得起，因此，随着发行量的增加，广告费也迅速上升。有些企业为了省下这笔巨额的广告费，便雇用专门的人员从事制造煽动性新闻，创造关于自己的"神话"，以此扩大影响。而报纸则为了迎合大众的口味，也乐意接受发表此类文章。这样两相结合，就出现了一种现象——报刊宣传活动。

2）巴纳姆的悖公共关系思想

当时各种商业组织雇用专门人员通过编造一些离奇的故事，以引起公众的好奇和对自己组织的注意，当时最有代表性的报刊就是菲尼斯·巴纳姆（Pnineas T.Barnum）。巴纳姆因制造舆论宣传、推动马戏演出而闻名于世。他是个马戏团的老板，利用报纸为自己的马戏团制造过不少神话。他曾制造过这样一个"神话"：当时有个名叫海斯的黑人女奴，她在100年前曾经养育过美国的第一任总统乔治·华盛顿。报纸发表了这一"消息"后，立刻引起了轰动。巴纳姆顺势又以不同的笔名向报纸寄去"读者来信"，人为地引起一场讨论。有的说，巴纳姆的故事是个骗局；有的写道，巴纳姆发现了海斯立了一大功。巴纳姆本人认为，只要报纸没有把他的名字拼错，随便怎么说他都无妨。他的信条是"凡宣传皆好事"。在海斯死后，医生对她的尸体进行了解剖。解剖的结果表明，海斯只不过80岁左右，并非巴纳姆所说的160多岁。对此，巴纳姆故做惊讶，且厚颜无耻地说："深感震惊"，说自己受骗上当了。当然，巴纳姆本人并未受骗，而是使他人受骗，他正是这场骗局的策划者，更是这些骗局的受益者。他达到了自己的真正目的：每周可以从那些欲一睹海斯芳容的纽约人那里获得1 500美元的门票收入。

巴纳姆为了达到赚钱的目的，通过无中生有，制造奇闻怪事来吸引公众的注意，以此手段来扩大他的马戏团生意。他怪招迭出，经常在社会上制造出神奇古怪的消息。很多报业界老板为了扩大报纸的发行量，也顺水推舟，跟着巴纳姆一起起哄。巴纳姆的目的十分简单，无论别人恨他也好，爱他也好，只要越来越多的人知道他的名字，就是好事。巴纳姆给他的一些马戏明星起了不少简洁、响亮的名字，目的是选择易于上报的新闻标题。他还迎合一些人的低级趣味来制造新闻，安排一些诸如胖女人和瘦男人结婚的笑料供小报采用。因此，他遵循的第二条信条是"公众要被愚弄"。当这种骗局被揭穿以后，报刊宣传活动就受到了人们的批评。只是到后来，人们才逐渐认识到，这种报刊宣传活动在促进公共关系发展成为一种有组织的活动方面具有积极意义。但从总体上看，这一时期的报刊宣传活动却具有以下致命的弱点：其一是这种宣传对公众的利益全然不顾；其二是几乎所有的报刊宣传员都以获得免费的报纸版面为满足，并为此而不择手段地为自己制造神话，欺骗公众，这在根本上与公共关系的宗旨是背道而驰的。因此，这就使整个巴纳姆时期在公共关系的历史上成为一个很不光彩的时期，有人称之为"公众受愚弄的时期"、"反公共关系的时期"、"公共关系黑暗时期"或"悖公共关系时期"。但这一时期却被公认为是现代公共关系的产生时期。

2.2.2　艾维·李时期

1）揭丑运动

随着资本主义商品经济的蓬勃发展，到19世纪下半叶，走在资本主义世界前列的美国，开始从自由竞争走向垄断集中，到20世纪初，美国约有60%的重要经济命脉为数百个少数巨头所掌握，一些像铁路、石油、钢铁、银行等行业出现了高度垄断与集中的情况。这一时期成为资本主义巨商和垄断资本家的横行时代。他们不择手段地榨取剩余价值，肆无忌惮地搜刮民脂民膏。为攫取最大利润，他们全然不顾广大民众利益和最起码的社会道德准则。由于经济危机频繁爆发，不仅广大劳动人民的生活极度艰难，一大批中小企业和资本家也在垄断财团的疯狂兼并活动中惶惶不可终日。当时的企业资本家，总是想方设法把自己封闭起来，对于企业内部发生的一切丑闻不是胡编乱造就是守口如瓶，拒绝新闻媒介的过问，形成了封闭的企业象牙塔。于是，整个社会的阶级矛盾日益激化，各个阶层和集团之间的利益冲突也愈益尖锐，整个社会都充满了对工商寡头的敌意。在这种情况下，终于爆发了以揭露工商企业的丑闻和阴暗面为主题的新闻揭丑运动，史称"扒粪运动"。当时，新闻界的一些作家和记者愤然以笔代枪，掀起了"揭丑运动"的高潮。从1903—1912年，有2 000多篇揭露丑闻的文章发表，同时还有社论、漫画。

在当时，甚至出现了专事"扒粪"揭丑的新闻记者，如塔贝尔、麦克卢尔等人。塔贝尔写了一本题为《标准石油公司发迹史》的小册子，真实地披露了显赫一时的石油帝国的真面目。麦克卢尔则以自己的姓名办了《麦克卢尔》杂志。该杂志发表了大量真实、可靠的揭露资料和文章，矛头遍指实业界的每一个角落，成为公认的"扒粪运动"的一面旗帜。

开始时，工商寡头们对此不加理睬，认为几个青年报人成不了气候，尔后事态迅速扩大，才感形势不妙，便以强硬手段去对付这些记者。他们采取收买、诬告，甚至雇用流氓殴打新闻记者，希望以此手段来平息"清垃圾"运动，然而，这一切都失败了，最后，他们终于认清了社会舆论的威力。在强大的舆论冲击下，那些工商寡头们也开始考虑如何在报纸上为自己树立一个良好的声誉。他们一方面在报纸上刊登广告，另一方面聘请代理公司来影响社会舆论，但是，这些活动都没有达到效果。因为在一份报纸上刊登广告，并不能阻止这家报纸继续刊登批评他们的文章，而新闻代理们炮制的新闻也瞒不过社会大众的眼睛。所以，他们从惨痛的现实事件中得出了两个教训：第一，企业经营除了需要资金、设备、人力之外，还需要一个良好的声誉和形象；第二，真正能够影响公众的方法，只能是真实和诚恳。

"扒粪运动"的冲击使工商企业开始意识到取悦舆论的重要性，逐渐地有一些企业也像杜邦公司一样，开始聘请懂行的人专门从事新闻宣传，在新闻媒介之间进行游说，经常与报界联系，邀请记者到企业参观访问或为公司的政策做解释和辩护等。这样，企业和外界的隔绝逐渐消除了，象牙塔逐渐变成了玻璃屋。外界和公众对企业情况有了了解，企业的透明度也就明显增加了，从此，就开始出现了要向公众提供真实信息的公共关系潮流，其代表人物就是艾维·李。

2）艾维·李的公共关系思想和实践

艾维·李（Ivy Lee）生于1877年，是美国佐治亚州的一位牧师之子，毕业于普林斯顿大学并在哈佛大学法学院学习过一段时间。他曾在《纽约时报》、《纽约世界报》当过记者。1903年，他在美国开办了一家正式的公共关系事务所。该事务所的成立，标志着现代公共关系的问世。从此，公共关系进入了一个前所未有的现代发展时期。

艾维·李针对巴纳姆式宣传活动的局限性，提出了"说真话"的宣传思想。他认为，一个企业、一个组织要获得良好的声誉，不是依靠向公众封锁消息或者以欺骗来愚弄公众，而是必须把真实情况披露于世，把与公众利益相关的所有情况都告诉公众，以此来争取公众对组织的信任。一旦披露真情确实对组织不利的话，那就应该调整公司或组织的行为，而不是极力去遮盖真相。通常情况下，一个企业与员工或其他社会组织处于紧张的摩擦状态，这往往是由于这个企业的管理者不注重与公众的沟通所造成的。因此，要想建立良好的公共关系，创造最佳的生存发展环境，其最根本的信条是：说真话!

1906 年，他向新闻界发表了阐述其公共关系活动宗旨的《原则宣言》。他认为："我们的责任，是代表企业单位及公众组织，就公众关心并与公众利益相关的问题，向新闻界和公众提供迅速而真实的消息。"他认为，企业管理阶层对企业的政策、制度、发展、做法采取保守、封闭、不开放的态度，正是造成企业劳资关系、企业与社会关系紧张的关键，一定要疏通相互间的渠道，达到相互了解。另外，他认为企业陈旧、落后、保守的政策和做法必须加以改革，企业管理者与员工、企业与公众之间的隔阂一定要消除，态度要改善。企业要想获得公众的信任与支持，必须迎合公众和新闻媒介的要求。他还认为公众对企业应拥有知晓权。

在实际中，艾维·李将自己的公共关系思想落实到工作中，并且做得非常出色。他在洛克菲勒财团面临公共关系极端恶化而声名狼藉时，为其提供了成功的公共关系咨询，建议洛克菲勒财团邀请劳工领袖协商解决劳资纠纷，广泛进行慈善捐赠，改变自己在公众心目中的不良形象。他在处理宾夕法尼亚州铁路公司发生的人员伤亡事故时，果断采取公布事故真相、向死难者家属提供赔偿、为受伤者支付治疗费、向社会各方诚恳道歉等措施，取得了良好效果。从此，他成为蜚声社会的公共关系专家，被人们誉为"公共关系之父"。

艾维·李和他的公共关系事务所对扭转企业的命运、重振企业、稳定社会做出了巨大贡献。他的公共关系思想和公共关系实践为世人瞩目。他在公共关系思想发展史上立下了第一块里程碑。但由于他的公共关系咨询工作的局限性，对公众舆论往往凭直觉、经验来进行工作。

2.3　现代公共关系的发展

艾维·李是现代公共关系的创始人，但他的公共关系实践却被认为"只有艺术，没有科学"。这也就是说，艾维·李虽然有丰富的公共关系实践经验，但没有提出系统而科学的公共关系理论。真正为公共关系奠定理论基础，使现代公共关系科学化的，是另一位现代公共关系的先驱——美国著名的公共关系顾问爱德华·伯内斯。

2.3.1　从艺术到科学

1）伯内斯"投公众所好"的公共关系思想

公共关系工作从艺术到科学，是在现代公共关系发展过程中由爱德华·伯内斯等人开创的。

爱德华·伯内斯（Edward Bernays）1891年生于奥地利的维也纳城。他是著名的奥地利心理学家弗洛伊德的外甥。伯内斯在满周岁时随父母移居美国。1913年22岁的伯内斯受雇于美国的福特汽车公司，任公司的公共关系经理。1917年第一次世界大战期间，美国总统威尔逊成立了"公共信息委员会"，这实际上是当时美国三军总部的公共关系机构。伯内斯是委员会的成员之一，他主要负责国外报刊局的工作，向国外新闻界传播美国参战情况及政策等。他还曾在一家国家级的大财团里担任过公共关系工作。由于工作关系，伯内斯有机会更广泛地接触美国社会高层次的组织，并为这些组织提供公共关系咨询。这不仅使他积累了丰富的工作实践经验，而且有助于他对公共关系问题进行理论上的研究和探索，靠科学开展公共关系工作。

1923年32岁的伯内斯积数十年公共关系工作之经验以及对公共关系理论问题的探索写成了世界上第一部公共关系著作——《公众舆论之凝结》，并且第一个在美国纽约大学开设、讲授公共关系课程。时隔五年又写了《舆论》一书，从理论上进一步阐述自己的公共关系思想。在他年逾60岁的1952年出版了由他撰写的第一本教材《公共关系学》。

伯内斯公共关系思想的一个重要组成部分就是他提出的"投公众所好"的主张。他认为，在一定科学理论指导下的劝说活动有着巨大的威力，因而他非常注重运用各门社会科学的研究成果。他认为公共关系工作的关键是要随时了解和掌握公众心理，投其所好，迎合公众的心理需要，引起公众的共鸣。传播工作要有的放矢，以取得公众的理解和信任。总之，伯内斯在公共关系理论上做出的贡献，对于公共关系学科的形成和进一步发展具有划时代的意义和里程碑的作用，从此，公共关系才作为一门科学得到蓬勃发展。

2）柯特利普和森特的"双向对称"的公共关系模式

20世纪50年代以后，公共关系的理论和实践继伯内斯后又有了新的发展。这一时期，以柯特利普、森特和杰夫金斯为代表的一大批公共关系学者，在理论和实践上把公共关系推向了一个新的历史发展阶段。柯特利普和森特先后出版了《公共关系咨询》、《当代公共关系导论》和《有效公共关系》等许多重要著作。此间，他们提出了"双向对称"的公共关系模式，成为现代公共关系的重要标志。所谓的双向对称，就是公共关系是一个社会组织，为了与公众建立良好的关系而运用传播原理和方法。他们认为，一方面，要把社会组织的想法和信息向公众进行传播和解释；另一方面，又要把公众的想法和信息向社会组织反馈。其目的是使社会组织与公众建立一种和谐关系。这种观点比较典型地概括了现代公共关系过程。

杰夫金斯是英国著名的公共关系专家，是英国公共关系协会顾问、英国公共关系学院教授。他早年主攻经济学，曾在伦托基尔公司从事公共关系工作，主要负责处理科技公共关系。1968年后，他在英国开办了公共关系学校，讲授公共关系、广告和市场等方面的课程，从而成为一位出色的公共关系教育家。他著作很多，主要有：《广告学》、《广告学概论》、《市场学、广告学和公共关系学词典》、《有效的市场战略》、《有效的公共关系设计》、《市场学和公共关系媒介设计》、《公共关系学》、《公共关系与市场管理》、《公共关系成功企业管理》等。他的思想丰富和发展了公共关系学的理论，促进了当代公共关系事业的繁荣。

2.3.2　现代公共关系的进一步发展

自伯内斯、柯特利普、森特、杰夫金斯开创并发展了公共关系理论后，公共关系的实务活动在科学的公共关系理论指导下，在世界不同国家和地区得到突飞猛进的发展，不仅使各国的公共关系事业不断发展，也促进了国际公共关系事业的繁荣。在各国的公共关系事业的发展中，尤以公共关系的发源地——美国最为突出。

1）美国公共关系的发展

第二次世界大战以后，国际间的经济、技术和劳务合作日趋频繁和紧密。但由于不同民族和国家之间在交往过程中存在语言文字、思想文化、社会制度和风俗习惯等方面的障碍，客观上要求有一批国际公共关系的专业人员从中进行有效的沟通与协调。正如美国《公共关系手册》指出的：打算进入外国市场的美国商人发现，他们的当务之急是公共关系问题。因为"对外关系的交恶，十有八九不是出于利益的冲突，而是语言、文化、传统等方面的隔阂"。于是，美国的公共关系事业逐渐从国内走向国际。

20世纪20年代，随着商品经济的进一步发展，市场竞争日益尖锐，传统的"卖方市场"逐渐转为"买方市场"，加上1929—1933年世界性的资本主义经济危机的爆发，使企业不得不开始注重在消费者心目中树立良好形象。在这种情况下，公共关系作为一种经营管理方法日益普及和职能化，于是，在企业公共关系机构纷纷成立的同时，公共关系顾问公司也发展起来。据1937年美国《企业周刊》发表的公共关系职业统计报告估计，当时全美国有5 000名公共关系从业人员，有250家公共关系顾问公司，美国最大的公司中有20%设有公共关系部。到1960年，公共关系人员已猛增到10万人，公共关系公司多达1 350家，约有75%的公司设有公共关系部。

进入80年代，美国公共关系行业持续发展，公共关系从业人员已超过12万人，公共关系公司有2 000家以上，这些公共关系公司业务遍及政治、经济、文化、科学等各个领域。美国85%的企业都设有公共关系部或外聘公共关系顾问，每年的公共关系预算超过20亿美元。公共关系从业人员不断增加，公共关系人员的最大雇主是联邦政府。1983年，美国联邦政府雇用了4 100多名公共关系人员，经费开支近10亿美元。可见公共关系事业在美国蓬勃发展，公共关系职业地位不断提高，公共关系已成为一种富有吸引力的职业。

与此同时，美国的公共关系行业组织也纷纷成立并且得到了发展。1935年，美国公立学校公共关系协会（NSPRA）成立。1939年，美国真实宣传者协会成立（1944改名为美国公共关系理事协会）。1939年，美国公共关系理事会（ACPR）在圣弗朗西斯科市由著名公共关系学者哈罗博士主持成立。1944年，美国公共关系联合会在华盛顿成立。1948年，美国公共关系理事会和美国公共关系理事协会合并，在纽约成立了美国公共关系协会（PRSA），由哈罗博士任第一任主席。1954年，美国公共关系协会拟定出第一部公共关系道德准则，1959年，又在这个准则的基础上，补充修改并制定通过了比较完整的道德准则，同时还发表了一项原则宣言。1962年，这一协会设立了一个检查机构来监督并促使公共关系道德准则的实施。1968年，美国公共关系国家理事会（NCPR）成立。同年，美国公共关系学生协会（PRSSA）在美国公共关系协会帮助下在纽约成立。1961年，美国公共关系联合会与美国公共关系协会合并。1976年，人类沟通委员会（NCCHS）同美国公共关系协会合并，成立了世界上最大的职业公共关系组织。

随着公共关系重要性日益突出，社会各界对公共关系人员需求的增加以及职业水平要求的提高，公共关系教育事业也不断发展。1937年，美国公共关系协会第一任主席哈罗博士在斯坦福大学开设公共关系学教程。1947年，波士顿大学建立起第一所公共关系学院，并开始颁发公共关系学士和硕士学位。1955年，美国有28所大学设置了公共关系专业，66所大学开设公共关系课程，到1970年，则分别达到100所和300所大学。1978年，美国有292所大学开设公共关系课程，其中有93所设立了学士学位，23所设立硕士学位，10所设立了博士学位。至此，公共关系在美国已成为一门成熟的学科。

2）世界公共关系的现状

公共关系不仅在美国有如此的规模，在西欧各国、美洲、亚洲等国也有很大的发展。

（1）西欧各国的公共关系

西欧各国公共关系是在第二次世界大战后才得到推广的。战后，西欧各国在战争废墟上重建家园，经济逐渐发展，生活水平迅速提高，国际贸易也因和平的到来而繁荣起来，国际市场上的竞争日趋激烈，公共关系日益显得重要。同时，科学技术的进步，推动了西欧经济和社会结构发生变化，企业界年轻一代有专业知识的经理成长起来了，他们比前辈更易于接受新的观念和技术，这些因素使得公共关系迅速在战后的欧洲大陆发展起来。

英国是欧洲大陆公共关系发展最早的国家之一，1920年，公共关系就已经从美国传到英伦三岛。1924年，英国帝国交易局开始利用大规模的宣传促进世界期货、现货贸易，因而被认为是"政府公共关系"的原型。1948年，英国公共关系协会（URP）在伦敦成立，它是目前欧洲最大的职业性公共关系组织，拥有来自50个国家和地区（以英联邦为主）的2 500名会员。1969年，英国公共关系顾问协会（PRCA）成立，现在它拥有170多家地方分支机构。英国公共关系协会被誉为发展公共关系教育的先行者，它的会员曾到过亚洲、非洲、欧洲等地区的18个国家讲学。英国办有4家大型的公共关系刊物，创办了专门的公共关系学院和学校。

1946年荷兰出现了首批公共关系事务所。1955年，法国公共关系协会成立。1959年，法国公共关系协会在奥尔良主持召开了欧美公共关系会议。紧接着，挪威、意大利、比利时、瑞典、芬兰、联邦德国等国家也纷纷成立公共关系协会。为了适应社会环境的新变化，西欧各国的许多企业都积极开展公共关系工作，它主要是通过制订向社会各界开放企业或工厂的公共关系计划来实现的。

（2）美洲的公共关系

美洲许多国家的公共关系在美国的影响下也得以产生和发展。1947年，加拿大第一批公共关系协会在蒙特利尔和多伦多成立，至今已有7个地方协会，会员上千人。这些公共关系协会与大学联合举办短期公共关系讲习班，培养公共关系人员，推广公共关系知识。目前，加拿大公共关系公司业务开展得非常活跃，为加拿大经济发展做出了贡献。1959年，墨西哥公共关系协会在墨西哥城主持召开了泛美公共关系大会，美国和大多数拉美国家都派代表出席了这个会议。

在巴西，除了成立全国公共关系协会外，一些大学也已开设了公共关系专业，还出现了专门培养公共关系人才的高等学校。

（3）亚洲的公共关系

第二次世界大战后，公共关系从美国传播到亚洲和大洋洲的一些国家。日本的公共关系随着战后美军的进驻而传入。为把西方的民主政治思想灌输给日本国民，1947年3月，驻日本盟军总部的民间情报教育局用行政命令的方式在日本各府县单位设立“公共关系办公室”。这样，公共关系思想正式传入日本。日本电通广告公司首任公共关系部长田中宽次郎搜集了有关公共关系的资料加以研究，将公共关系灵活运用于广告宣传，从而成为日本最早推广公共关系的人。1957年之后，公共关系开始成为一个独立的行业在日本出现。当时日本兴起了对海外公共关系活动的热潮，成立了日本最大的“国际公共关系公司”，在纽约、巴黎、中国香港均有分公司。公共关系作为一种新兴的行业在日本发展起来，至今已有公共关系公司40家。1959年，日本公共关系研究所在东京主持召开了大规模的亚、非、拉公共关系大会。1964年，日本公共关系协会成立。亚洲其他国家和地区如印度、新加坡、中国台湾等公共关系也在20世纪50年代发展起来了。

3）公共关系在中国

有人认为，中国根本没有公共关系学，它纯系舶来品，在20世纪80年代改革开放之前，根本没有听说过公共关系一词，也没有这种学问，当然就谈不上有这种职业了。也有人认为，中国虽然也有过一些公共关系活动，但是它处于不自觉的、盲目的状态，从未有过公关理论作指导，即使有实践活动，也是难以达到理想效果的。这些观点都是不科学的，缺乏根据的。殊不知在中国的传统文化中，蕴藏着丰富的公关思想和公关实践。像先秦诸子（特别是儒家经典）、古代史书、兵书、笔记、话本，以至《三国演义》、《红楼梦》等古典小说中，几乎无处不可发掘出关于公关的智慧与思想。被称为“公关之父”的现代国际公关先驱丹尼尔·爱德曼就多次强调说，世界最早的公关理论和活动源于中国，2 500年前的战国时期的说客、纵横家苏秦、张仪，便是卓越的公关专家。

（1）公共关系在中国的产生

公共关系作为一种理论和职业，是伴随着中国对外开放大门的打开而进入的。此前，大约20世纪60年代之后，公共关系在中国台湾和香港地区迅速发展起来，到了80年代，香港的公共关系已经发展到较高水平，公共关系公司达20多家，兼营公共关系业务的广告公司也有上百家，所有的酒店和新闻传播机构以及大中型工商企业几乎都设置了公共关系部。

随着我国经济体制改革的方针、政策的确立，1980年中国政府颁布了《广东省经济特区》条例，正式设立深圳、珠海、汕头三个经济特区，在这些地区最先出现了一批合资企业。1981年，在深圳的一些中外合资企业中，现代科学的新的经营管理方法——公共关系被运用于企业管理中。公共关系的活动首先是在中外合资的服务性行业，如酒店、宾馆中开展，以后逐渐向其他行业扩展。广州的一些大型合资宾馆、酒店如白天鹅宾馆、中国大酒家、花园酒店等也开始设置公共关系部门，并从香港和海外聘请公共关系专业人员主持工作，公共关系在经营管理中起到很大的作用。1984年，在国营企业中出现了第一个设立公共关系部的厂家——广州白云山制药厂。1984年12月26日《经济日报》上曾刊载了一篇《如虎添翼》的文章，特别介绍了白云山制药厂的公共关系活动。接着我国许多国营、集体企业纷纷仿效。随着我国改革开放的顺利进行，大批国外企业到中国投资经商，引起了国外公共关系公司的关注。1984年10月，世界上第二大公共关系公司美国的希尔·诺顿公司在北京设立了办事处。1985年8月，世界上最大的公共关系公司博雅公司与中国新闻发展公司达成一项协议，共同为在中国从事外贸的外国机构提供公共关系服务。为此，中国新闻发展公司于1986年7月在北京成立了大陆第一家公共关系公司——中国环球公共关系公司。

（2）公共关系行业组织的产生

随着公共关系在中国的兴起，公共关系组织亦纷纷建立。我国内地第一个公共关系协会——上海公共关系协会于1986年11月6日在上海成立。1987年6月，中国公共关系协会在北京成立，随后，各省市的公共关系组织纷纷成立。与此同时，中国公共关系公司、杭州国际公共关系公司等一批公共关系公司先后成立。据统计，我国现有公共关系组织百余家。1988年12月，在杭州召开了全国省、市公共关系组织首次联席会议。1991年5月23日，在武汉召开了第四届全国公共关系组织联席会议，会议通过了《中国公共关系职业道德准则》。

（3）公共关系教育的发展

随着公共关系工作的不断开展，公共关系人员的需求量不断增加，为此，在社会需求的推动下，1985年1月深圳市总工会举办了我国内地第一期公共关系培训班。同年4月，北京师范大学开设了公共关系讲座。《深圳工人报》于5—8月刊登了"公共关系系列讲座"。同年下半年，中山大学成立了中国国内第一个公共关系研究会，又与广州青年经济协会、广州财贸管理干部学院联合举办了三期公共关系讲习班，共同发起并于1986年1月成立了我国内地第一个公共关系民间团体——广东地区公共关系俱乐部。1986年3月，在广州和北京分别召开了"公共关系与现代化"、"公共关系和新闻工作"研讨会。同年，深圳大学开设了公共关系专业。1987年7月，在杭州召开了由复旦大学、中山大学和杭州大学发起的全国高校公共关系理论研讨会。1988年5月，在北京召开了由中国环球公共关系公司和美国博雅公共关系公司联合举办的首届国际公共关系专业研讨会。1989年12月，在深圳召开了第一届全国高校公共关系教学研讨会。据估计，目前全国高校中有20多所大学设立了公共关系专业，有300多所大学开设了公共关系课程。

总之，公共关系事业在中国不断发展，已深入到各个领域，并大显神效。随着我国经济改革的深化和对外开放政策的继续实施，伴随着知识经济时代的来临，公共关系必将在我国进入一个更高的、有序的发展阶段。

2.4 现代公共关系的特征

第二次世界大战期间及战后，公共关系学受到人们普遍的关注，公共关系学的发展达到了一个新的高潮，具体特征有以下几个方面：

2.4.1 公共关系学科规范化

公共关系学作为一门学科，其学术积累时间不长，规范性相对较弱。特别是有些人对公共关系学的滥用，把什么都归属于公共关系范畴，使人们在某些时期对公共关系学评价不高。因此，20世纪以来，凡致力于公共关系理论建设和体系构造的有识之士都尤为强调该门学科的规范性，防止把公共关系学搞成一种无所不包、无所不能的"万金油"式的学科。其主要标志就是，其基本理论逐步得到确立。经过公共关系学研究者和实践者几代人的努力，这门学科的基本规范已经形成，基本理论逐步建立。从艾维·李的"说真话"到爱德华·伯内斯的"投公众所好"，再到柯特李普等人所倡导的"双向对称"公共关系理论模式，大致构成了一套公共关系学基础理论。尤其是"双向对称"理论，强调公共关系是在组织和公众之间进行互动、解释、传播与沟通，以促成一种和谐的关系。作为公共关系的基础理论，它已广为社会所接纳。

2.4.2 公共关系教育专门化

自从爱德华·伯内斯在1923年纽约大学首次开设公共关系学课程以来，公共关系教育发展之迅猛超出人们的想象。美国大学教育的特点是与社会需求联系紧密。当社会急需大批有专业背景的公共关系从业人员时，大学教育便会相应地迅速发展。1937年，美国公共关系协会的创始人之一雷克斯·哈罗在斯坦福大学开设公共关系专业课程，首次比较系统地讲授公共关系学。据《有效公共关系》介绍，1946年，被调查的59个主要高等院校中有30个开设了公共关系课程。10年后，美国公共关系协会调查结果表明，开设公共关系课程的学院增加了3倍，653个学院与公共关系协会保持联系。1947年，美国波士顿大学创办了第一所公共关系学院，这标志着公共关系学教育已经达到一个新的高度。1978年，美国已有292所大学开设公共关系专业，其中10所设博士学位，23所设硕士学位，93所设学士学位。到1985年，美国讲授公共关系课程的学校至少在400所以上。公共关系教育一方面强调自身的公共关系特点，另一方面也主张多学科兼容。因此，学习公共关系专业的学生就业面广、适应能力强，能符合社会的需求。在最新一次"最受欢迎的职业"调查中，公共关系仍然是20种热门职业中的一种。

2.4.3 公共关系工作职业化

现代公共关系大发展的一个重要标志是：自20世纪30年代起，欧美国家纷纷成立专业化、职业化的公共关系咨询顾问公司，一些大公司设立公共关系部门，随后这种做法逐渐扩展到发展中国家，在政府部门和大公司中颇为流行。公共关系工作职业化有其自身的基础：其一是社会的现代化发展使得组织所处的环境日益复杂化，企业和政府都面临着繁复的公共关系事务和社会问题，必须要有专门部门和人员来协调关系。公共关系活动介入了一些重大社会问题，如民族问题、和平问题、生态环境问题等。其二是产业结构发生了变化。据悉，20世纪50年代在信息部门工作的人员只占就业人数的17%左右，到了80年代，在同类部门工作的人员占60%左右。许多投资、咨询、销售、调查公司所雇用的职员大都来自公共关系专业和其他相关专业。据悉，美国85%的企业公司设有公共关系部门。在美国，公共关系咨询公司在1937年约有250家，1960年约有1 350家，1980年约有1 600家，目前公共关系从业人员近20万人。公共关系工作的职业化催发了公共关系职业道德建设。公共关系是一门处理公众关系的科学，一不谨慎，就会在形象、利益维护等方面出现偏差，引起公众的反感和不信任。因此，公共关系专家把公共关系职业道德建设放到了十分重要的地位，失去了职业道德就失去了公共关系及其职业的生命。世界各地的公共关系协会、组织都先后制定了公共关系职业道德守则，强化公共关系人员的道德观念、规范公共关系从业人员的行为。1954年，美国公共关系协会制定出第一部公共关系道德准则；1962年，这个协会专门设立一个检查机构监督公共关系准则的实施。

2.4.4 公共关系行业国际化

1955年国际公共关系协会在伦敦成立，标志和预示着公共关系事业在全世界的发展。经过几十年的努力，公共关系学在许多国家里被广为传播，已被明智的政治家、实业家视为一种资源来开发。可以说，公共关系的原理和方法已经成为国际通用的"语言"，为具有不同文化背景和语言习惯的各国人民所接受。公共关系行业的国际化已成为一种不可逆转的趋势。首先，国际贸易的增长需要国与国之间加强了解彼此的经济体制和法律规范。由于历史和文化因素，各国建立的经济运行体制很不相同，强制其他国家实行与自己相同的经济体制必然会导致误解与冲突。现代公共关系是消除误解、化解冲突最为有效的工具。其次，跨国公司的增长使得经济活动完全与公共关系活动融合在一起。全球性经济合作发展已突破了国家和地区的界限。一国人员到他国工作的情况已司空见惯，重视两国或多国人员在同一工作环境里交往的特殊性和采取特别的对策，如公共关系对策、文化融合对策是跨国公司得以顺利发展的根本保证。再次，国际旅游事业的增长尤其需要沟通各国人民之间的情感，防止种族偏见观念的滋长。公共关系教育和训练在旅游业中十分受欢迎，现今许多国家的旅游部门和公司都设有从事公共关系活动的专门机构。最后，国际政治文化合作的增长迫切需要公共关系人员更多地参与调解冲突、维持和平等。冷战结束后，世界向多极化的方向发展，但天下仍很不太平。地区冲突、民族冲突时有发生，各国政府和联合国成员一直在寻找合作的机会，共同解决局部冲突带来的诸多问题，许多公共关系人员进入了联合国机构，开赴世界各地，缓和冲突双方的矛盾，增进冲突双方的了解和沟通。

2.5　公共关系的发展趋势

纵观公共关系的发展历程以及全球的经济、政治、文化、环境、技术的发展，21世纪公共关系发展将是激动人心的，其趋势主要表现为：

2.5.1　公共关系活动范围全球化

"全球化"一词，是20世纪80年代在西方报刊上出现的。进入20世纪90年代之后，联合国秘书长宣布"世界进入了全球化时代"。所谓全球化，主要表现在资本、熟练劳动力和信息的自由流动，尤其是信息的自由流动。全球化是世界经济发展的必然趋势。20世纪90年代以后，信息革命和信息经济的大潮是加速全球化进程最重要的因素。近20年来，随着数字通信技术的发展，已使通信、计算机与媒体渐渐融为一体，人们称此为数字融合。数字融合主要表现在各国通信市场开放，为互联互通提供了便利。市场经济的全球化和信息传播的全球化，应该是全球化时代的重要标志。继美国和英国之后，欧盟国家从1998年1月1日起也开放了通信市场，预期全球化的信息市场形成，信息的自由流动使社会生活进入一个新的时代。跨国公司的发展是经济活动全球化的主要推动力量和活动条件。目前，世界上的大公司都相继成了跨国公司，它们在某一个国家名义上的基地所占的资产和利润率已越来越少。像德国西门子公司，它的近6万种产品已经在近140个国家和地区生产和销售，它构建的公共关系已成为跨国并实施全球化的公共关系了。全球化的含义，不单指经济生活的全球化，而且也包括政治、文化和社会生活的全球化。形成于20世纪90年代初的全球政治经济格局，使得以经济实力为主的经济安全理论成为各个国家的行为准则。纵观当今世界，经济利益在各国对外关系中的地位日益突出；政治、经济一体化趋势更加明显；改革政府的管理体制已经成为潮流，各国政府正试图从原来的统治者、控制者向协调者、服务者的角色转换。正是基于这样的态势，从而掀起全球化政府公共关系的大潮，各国政府首脑及主要官员的外交活动都开始以扩大对外贸易、推销本国产品、寻求合作伙伴、拓展投资领域、签订经贸合同作为重点内容。据有关统计，美国政府公共关系的支出每年达十几亿美元。而日本，单是为了在华盛顿寻找盟友，每年的公共关系投入就得数亿美元。据美国

《国会》周报的消息说，连巴哈马和开曼群岛这样的小国，在1997年上半年用于在美国进行游说和公共关系活动的费用竟高达数百万美元。显而易见，不论是贫穷的小国还是富裕的大国，都在不惜人力、物力、财力努力开发"院外"和"院内"的公共关系活动。目前，大家几乎达成某种程度上的共识：如果在别国首都有一个朋友，就等于雇了一家自己的公共关系公司。就整体而言，这是公共关系在政府行为领域中的新突破、新开拓。原来人们对公共关系的认识、理解和实施的公共关系活动是局部的、单项的，即所谓"小公关"。随着全球化的信息交流，跨国公司的持续发展，公共关系范围在扩大，公共关系领域在拓展，实施大公共关系的宏观条件已经具备，开展全球化公共关系的趋势也已在逐渐形成"气候"。

2.5.2 公共关系实施主体职业化、品牌化

据一项调查报道，美国的公共关系从业人员认为自己的职业地位不低于物理学家、律师、工程师和大学教授，甚至还高于飞机驾驶员、新闻记者、广告设计师和商品推销员。另据一项资料显示，21世纪公共关系职业仍然是20种热门职业之一。职业化导致竞争，竞争则必然促使公共关系策划主体的品牌化。复杂的竞争态势，势必对公共关系从业者提出更高的要求。分散的、个人的智慧与技能已不能满足大社会、大市场的需要。公共关系人员素质要提高，操作手段与技术要现代化，思想观念要符合新潮流，具体工作要富有创造性。所以，公共关系以职业化为基础，而在竞争中形成品牌化服务，则成为历史的必然。

未来的公共关系要立足国内面向世界，它要借助高科技和高智能在重大社会关系的处理与均衡、组织的形象设计、连锁活动的策划与规划、市场流向的把握与公众行为心态的捕捉等方面，进行广泛的调查研究，并利用现代人的智慧、谋略、胆识，创造性地开展工作。如此，公共关系实施主体便走向规模化，继而走向品牌化。20世纪80年代以来，全球咨询业蓬勃发展，仅美国一地就有上万家品牌咨询公司。大型的品牌咨询公司荟萃各种高级专家。从退休的白宫官员和军事首脑，直至大学教授，应有尽有。目前，品牌咨询公司已遍布全美各地，而且趋向于跨学科、跨部门、跨领域、跨国际组织。诸如兰德公司、安德森咨询公司、普赖斯·沃特豪斯会计事务所、麦肯锡咨询公司等品牌公司，近几年成了哈佛大学商学院毕业生竞相加盟就职的热门单位。

2.5.3 公共关系传播渠道网络化

随着互联网的迅猛发展，借助国际互联网信息传播平台，以电脑、电视机以及移动电话为终端，以文字、声音、图像等形式来传播新闻信息的一种数字化、多媒体的网络传播媒介开始出现，于是一种以互联网为信息传播手段进而开展公关的新型公关方式——网络公关出现了。作为传统公关的创新形式，网络公关伴随着互联网的发展而迅猛发展着。网络公关如今在改善组织形象，提高组织品牌市场知名度，扩展市场，为企业类组织创造更多商机等方面发挥着日益重要的作用。

1）网络时代的公关发展

公关业的发展与媒介技术的进步密切相关：从电报、电话、广播及电视等，跨越到当今的网络，相应地，公关业的主要手段也为网络所替换。据中国互联网络信息中心（CNNIC）统计，截至2012年6月底，我国网民人数达5.38亿，互联网普及率为39.9%。手机网民人数达3.88亿，较2011年底增加了3 270万人，网民中用手机接入互联网的用户比由上年底的69.3%提升至72.2%。

由此可知，网络生存逐渐成为某些群体的一种生活方式。与此同时，传统的广播电视等渠道，逐渐淡出了人们的视野。这种时代背景，决定了当今公关业发展的重点是网络公关。网络公关不同于传统公关，它是一种以互联网为传播媒介，依托互联网为组织营造形象，创造良好内外环境的一种新型公关形式。网络公关的出现为传统公关拓宽了宣传渠道、策划思路、思维方式以及受众，并逐渐成为公关活动的重点。

与传统公关相比，网络公关更具优势之处在于它能利用网络这个强大的媒介，用最少的成本获取最大的效益。因为在网络空间存在数量众多的大众群体，组织可利用网络公关或通过网络公关公司，在网络上采取各种形式和各种方式加强组织与客户的理解沟通，从而增进互信，进而达到品牌树立及形象宣传的目的，以此来推动组织的发展。网络公关在某种程度上是传统公关在互联网层面上的拓展，由于网络传播方式较传统传播方式更有影响力，传统公关开始将视角投入网络世界。网络公关的出现无疑是公关业的一大进步。

公关业需要不断与时俱进，扩展自己的版图，在新的平台和领域里寻求自身更好的发展，而这个平台便是互联网。借助互联网平台极强的互动性特性，传统公关业可以收集海量的信息，进行资源分享。同时，互联网强大的信息传播整合功能和日渐成熟、规范的网络媒体运作模式，使得公关业有足够的理由进一步将发展范围扩展到网络领域。可以说，互联网的迅速发展是网络公关出现的最主要原因。

不同于传统媒体，网络媒体可以在互联网这个大网络信息图谱中自由发布和传播信息。而网络的普及和社会公众对网络的频繁使用，以及网络媒体的发展，直接推动了网络公关业的兴起。网络媒体不再受传统媒体条条框框的限制，可以自由发布信息，在对社会的舆论导向、公共事件的评价方面，都有巨大的影响力。比如，它可以轻松影响消费者对某一品牌或商品的看法和评价。因此，伴随着网络媒体的兴起，网络公关的出现便成必然。

随着网络公关市场份额的迅速增长，众多企业已将网络公关业务单独拆分招标。同时，随着互联网日益成熟和管理规范化、网络媒体的迅速发展，网络公关正逐渐超越其他公关服务手段，未来不可估量。

2）网络公关的特点与优势

相对于传统公关业，网络公关突破了时空界限，具有双向互动性、公关效果多样性以及低成本性的特点。

首先，组织在互联网这个虚拟平台上开展网络公关，使公关活动不再受时间和地域的限制。因特网的高速传播速度，使得新闻消息不仅可以立刻在网上曝光，而且可以让一个企业的新闻消息和公关文稿迅速在网上传开。网络公关工作人员几乎可以在任何地方、任何地点发布新闻稿。公关行为更为自由、更为随意，同时传播更加迅速，影响更加广泛。

其次，网络公关具有双向互动性。网络公关以互联网为平台，更易于开展企业与客户之间的即时互动。企业可利用互联网，在网上与客户、消费者展开对话，并通过这种互动交流来征询消费者对产品的意见，收集其对产品的评价及反馈意见，使公司既可以了解市场未来走向、客户真实需要，又可以增进与客户之间的感情。

再次，以互联网为平台的网络公关具有娱乐、信息量丰富、传播迅速、波及范围广等特性。企业根据自身发展需要选择最合适的方法处理企业公关问题，根据不同要求来树立企业公关形象，从而为企业的品牌建立打下良好的基础。互联网为企业公关提供了多种多样的公关渠道与形式，企业可根据自身的情况和需要，选择适当的公关形式。

最后，网络公关具有低成本性。企业借由互联网进行公关活动，就意味着它可在互联网这个免费平台上自由发布新闻消息。和传统公关相比，网络公关的宣传成本要更为低廉，但这并不影响它的高效率，其巨大的宣传性对企业口碑的形成发挥着重要的作用。堪称性价比最高的公关方式。

随着互联网的普及以及网民数量的增多，企业逐渐意识到互联网的巨大威力，在主动和被动中成功地运用网络公关的力量，获得巨大收益，并使企业拥有良好形象和巨大影响力。因此，充分利用网络公关，实时监控网民动向，利用网络公关的强大优势对企业进行宣传，可以起到事半功倍的效果，取得巨大收益。

3）网络公共关系的未来趋势

（1）网络公共关系进入组织战略层面。公共关系具有战略作用，关键在于公共关系能否获得组织高层的一直参与。随着信息来源（政府统计数据、企业目录、专业书籍、互联网数据库）等的大量增加和更易获得，网络公共关系的战略决策整体水平必然会提高。

（2）络公共关系更多融入常规公关传播活动中常规管理对于组织目标的实现和组织的长久生存是必不可少的，但是它有一个前提条件，即环境比较稳定，变化相对有限。常规管理有利于组织在"不改变自己行为或没有任何妥协情况下得到自己想要的东西"。这样看，日常公关传播管理无非是两个层面：一是在组织层面，如提升组织的知名度，塑造组织形象等；二是在产品和服务层面，如宣传产品特色，促进产品销售。网络公共关系发挥日常管理职能也不例外，其网络新闻稿、网络论坛等形式都是在发挥这样的职能。常规管理还表现在公共关系对组织主要相关利益人关系的管理上。

（3）网络公共关系在非常规管理中发挥作用非常规管理是在开放变化的环境中通过直觉、政治手段和团体学习来制定决策，并以各种自组织的形式进行控制。非常规管理要求组织质疑并打破旧有的模式。这样看，网络公共关系对组织内外部环境的检测、监控非常重要。

（4）网络公共关系评估体系的完善和传统公共关系一样，网络公共关系也需要通过一系列可以测量的绩效指标来加以评估。

公共关系评估绩效指标：沟通效果的具体证据和成本，综合性知识的理解、监控和评估，事件管理，监控沟通过程，确定定量和定性的基准绩效指标，审查沟通活动范围和协调性，测量评估和全面质量保证。

（5）公关从业者网络公共关系意识与使用技巧不断提升公关人员必须学会在具有以下五种趋势的新环境中开展工作：建立新的看似不可能的战略合作伙伴，发展新的跨国公司企业文化，使用多种互动式解决方，法规的重新制定和政府干预，变化的商业环境。也就是说，企业重组现象的持续要求培植员工对组织的忠诚度。

2.5.4　公共关系实务运作整合化

20世纪90年代初以来，中国公共关系进入了开拓创新时期。创新的标志是公共关系向策划业进军。公共关系策划的运作，打开了公共关系理论建设的新视角，既深化了公共关系理论内涵，又扩展了公共关系学科的外延，开拓了公共关系发展空间。在策划理论指导下，公共关系策划从单一的活动策划到全方位的整体策划，从公共关系策划到CIS策划、CIS策划及企业整体运作策划。随着公共关系策划实践的深入，人们越来越发现原来人们理解和实施的公共关系是一些局部的、零星的、散乱的、单个的活动。如开幕典礼、迎来送往、记者招待会、产品展销会等，这些从战术角度认识和运用的公共关系很难适应策划实践的需要，于是，公共关系的社会实践向人们提出了整合化公共关系的课题。

公共关系实践显示：公共关系在组织中能够发挥它的各种主要职能，而不能偏颇哪一个方面。它的主要职能应包括收集信息、分析环境、决策咨询、研究计划、传播设计、形象工程、协调沟通、宣传推广、策划活动、教育引导、辅助服务、危机管理等。各种职能不应"各自为政"、"各自为战"，而应该相互协调与整合。

公共关系实务运作整合化，必然对公共关系理论的整合化提出要求。公共关系理论是一门系统科学，时代的发展将不断赋予公共关系理论系统更加丰富的内涵。作为一门不断获得新生和发展的科学，公共关系吸纳了诸多社会科学、人文科学乃至自然科学的最新成果，具有多学科交叉整合的特征。同时，策略公共关系与战略公共关系应有机整合。在战略公共关系方面，公共关系要支持本组织总部的整体经营管理战略。其要点是：高层协调、配合默契和有效沟通。策略公共关系要远离本组织总部，到基层去，要更接近公众，进入到具体技术操作层面，这样，战略公共关系才有生存发展的根基，其战略决策才会正确无误。另外，公共关系是一门科学，也是一门艺术，狭义来讲，也是一种社会文化。卓越的公共关系既能够吸收西方的经验，又能够融合中国文化的精髓，能够将这两个方面很好地结合起来，使其经验和成果既有浓厚的中国特色，又有强烈的国际化的时代色彩。可以说，公共关系之根本，实务运作整合化，将有力地推进有中国特色公共关系的理论形成。

2.5.5　公共关系文化思想立体化

公共关系自诞生以来，就不断吸纳、融汇诸多社会科学和人文科学的最新成果，具有多学科交叉综合的特征，而且本身还具有一种开放的张力，使得公共关系理论在趋于丰富中而形成一种立体化的文化思想。在未来的岁月中，这种公共关系文化思想的立体化将在三个层面影响、推动着人类社会生活。

在高层面上，公共关系的理论思想将成为国际组织、各国政府协调国际关系、实施民主政治、优化人间生存环境、推进社会文明的最重要的思想武器。联合国的宗旨及其行动就是一种公共关系，而国际合作中的一些基本准则及其事务的进行，同样也是一种公共关系。

在中间层面上，公共关系优化组织行为、塑造组织形象、协调组织的内外部环境等功能，也促使各组织的管理者把原来视为临时抱佛脚的"小玩具"、"小技巧"、"小点子"，看作经营管理必不可少的管理哲学，赋予其组织运作战略思想的色彩。美国公共关系协会从1955年起，把公共关系杂志改变成两种报刊——实务性报纸《策略公关》和学术性期刊《公关战略家》，其名称紧扣"战略"，无疑标志着公共关系地位的提升。最近，欧美的一些企业已实现"公关进入董事会"的重大转变，公共关系的作用从参与决策提高到成为决策的一部分。这标志着21世纪的组织管理，一定意义上就是公共关系思想文化的管理。

在基础层面上，公共关系作为一种现代人的基本意识与能力而在全民中得到普及。公共关系的一些基本常识已成为现代社会常识化的文化知识，"公共关系"已不是新鲜的词汇，由于公共关系运用的普遍性，它将无所不在，甚至将淡化自身的学科性，而成为浑然无迹的社会文化。任何一个现代人，倘无公共关系的文化知识与相应的素质能力，他将无法与他人相处合作，也就无法生存发展。如此，公共关系真正成为了一种普及性的文化思想。

公共关系文化思想的立体化，则必然带来公共关系教育的两极延伸：一方面是高层次的公共关系教育加大力度，公关硕士、公关博士的培养，将为社会造就中高级的公共关系专家；另一方面是公共关系知识的普及化与素质培养的全民化，甚至在中小学的素质教育中，也将更多地注入公共关系的内容，以形成一种与现代化建设相适应的民众公关文化。

案　例

第一届伦敦世博会

翻开世博会的历史书卷，人们会情不自禁地赞叹它一路走来的光辉岁月——它在使人类相互了解，促进世界经济、文化等方面的发展所做出的巨大贡献。第一届世博会于1851年5月1日在伦敦举行。当时，英国是世界上最强大的国家，工业革命首先在英国展开。工业革命使机器生产代替了手工生产，大大地提高了生产效率，促进了社会产品的极大丰富。英国的国际贸易极为发达，海外的殖民地也遍布全世界的各个角落。于是展览会被认为是大英帝国展示自己在工业、军事以及经济领域遥遥领先的综合实力的平台，但仅仅展示英国本土的成就有可能将英国人在其众多殖民地所取得的许多技术成就排除在外，因此，英国决定把展览会办成真正国际性的大会，并将邀请函发往几乎整个殖民世界。

为了展示英国的强大和自豪，英国政府在海德公园建造了长1 700英尺、高100英尺的"水晶宫"。它耗费了4 500吨钢材和30万块玻璃（后来在第二次世界大战中被毁）。"水晶宫"的建筑特点是厅很高，光线充足，甚至处于完全运转状态的大机器也可以在里面展出。维多利亚女王邀请了28个国家到这个"宫殿"展示其产品。"水晶宫"内挂满万国彩旗，参观人流摩肩接踵，各种工艺品、艺术雕塑琳琅满目，令人目不暇接。人们惊奇地观看来自不同国家的发明、奇珍异宝。在160天的展期中，共有630万人参观了世博会。同时，人们纷纷赞叹"水晶宫"这座通体透明、庞大雄伟的建筑，为英国人能创造世界建筑奇迹感到无比荣耀和自豪。

资料来源　上海公关公司.公关活动史镜今鉴，说说那些古代的公关活动案例（EB/OL）.〔2013-10-21〕. http://www.eventer.cn/guanyuwomen/shandabaike/201310213972.html.

案例分析

第一届世博会于1851年5月1日在伦敦举行。伦敦世博会的巨大成功，不仅体现在630万名参观者和18.6万英镑的盈利，更重要的是英国由此获得了巨大的声誉。英国的产品源源不断地销往世界各地。英国逐步确立了自己成为世界经济、政治、文化中心的地位，而伦敦则是中心的中心。

本章小结

公关活动就其内容而言，可谓源远流长，在人类几千年的文明中，人类公关活动为促进社会组织乃至政府的繁荣与发展起到了推动作用，当然现代意义上的公共关系则是产生在20世纪初期的发达资本主义国家。现代公关理论正式进入我国20年来，在公关理论研究和公关实务运作各方面，已初步行成了较完整的公关理论体系，并在实务运作中达到了相当的水准。如何适应新时期信息时代和全球一体化经济对公关活动的要求，还是一项艰巨的任务。

复习思考题

1.为什么说商品经济和民主政治是公共关系产生和发展的必备条件？
2.公共关系的发展趋势是什么？
3.阐述公共关系产生和发展的历史沿革。
4.现代公共关系的特征是什么？

第 3 章

公共关系主体

学习目标

通过本章的学习，了解作为公共关系的行为过程中的主体——社会组织，包括社会组织的运行、社会组织的分类等与公共关系相关的一些问题。

3.1　社会组织

3.1.1　社会组织及其特点

社会组织是人们为了合理有度地达到自己的目标,有计划、有组织地建立起来的一种社会机构。这种机构有组织、有目的,成员间有明确分工和联系范围,有规范的工作制度和明确的奋斗目标,如工厂、公司、学校、党派、政府机关等。

在现代社会里,社会组织占据着决定性的地位。各种社会组织的影响已渗透到了社会的各个角落,其存在与发展构成了我们日常生活的基本部分。我们每个人都是分属于某个组织,或者同时属于几个组织。社会组织的性质、特点及运行方式都会影响或决定人们生活和工作的各个方面。

如果我们从静态的角度来观察社会组织,就会发觉它是由若干不同的部分适当组合而构成的完整体。各构成部分与整体之间具有不可分离的密切关系,它们之间是一种统属关系。比如,一个公司是由经理室、办公室、人事部、财务部、业务部等组成,每个部门相互之间具有密切的联系,并且由这些部门的有效运行构成了公司这样一个社会组织。

如果我们从动态的角度来观察社会组织,就会得知它是处于一定环境条件下的功能活动体,是由各构成部分分别发挥各自的特殊功能,为实现共同目标,连续不断地做出集体努力的活动过程。社会组织的整体功能有赖于各构成部分的特殊功能才能完全体现出来,而各构成部分的特殊功能又不能离开社会组织的整体。比如,大学这样一个社会组织,其目标是为社会培养一流的各种人才,为了达到这一目标,必须发挥各院、系的特殊功能,并且缺一不可,这样才能使学校这样一个社会组织的整体功能完全体现出来。

作为一个社会组织,一般包含以下几个方面的特点:

（1）整体性。社会组织的成员和部门都是该组织的构成部分,都与该组织整体具有不可分离的密切关系。

（2）目的性。社会组织的成员和部门是在共同目标基础上结合起来的,社会组织目标是构成该组织和加强该组织的核心要素。

（3）适应性。社会组织成员之间、部门之间、成员与部门之间、成员部门与整体之间必须相互适应,社会组织与外部环境也必须相互适应,该组织才能生存和发展。

（4）多样性。不同的社会组织,其性质、结构形态和职能是不一样的。

3.1.2　社会组织的分类

由于社会组织的多样性,组织的目标、组织的原则、组织利益往往有很大的差异。这就必须对社会组织机构进行科学分类。从不同的角度对社会组织进行分类,会产生性质不一、功能不同的各类组织。从公共关系角度对社会组织进行分类，社会组织有以下几种类型：

（1）互益性组织，如各种党派团体、职业团体、群众社团组织、宗教组织等。这类组织重视组织内部成员的利益和共同目标，因此，首先重视内部成员对本组织本身的凝聚力和归属感，重视组织系统内部的沟通。

（2）营利性组织，如工商企业、金融机构、旅游服务业等以营利为目的的组织。这种类型的组织以其所有者、经营者的利益为目标，首先要与其所有者（如投资者）以及对其经营成败有决定性影响的顾客等建立良好关系。

（3）服务性组织，如学校、医院、社会福利机构等非营利性组织。这类组织以其特定的服务对象的需要为目标，还必须与其资助者、协助者保持稳定的关系。

（4）公益性组织，如政府部门、公共安全机关、消防队等。这类组织以国家和社会整体利益为目标，其公众对象是社会各界。

3.2 社会组织与环境

3.2.1 环境的内容

在公共关系学中，社会组织所面临的环境一般指排斥了与之发生联系的公众的组织环境。组织环境有宏观和微观之分。

社会组织面临的宏观环境一般包括：社会政治环境、社会经济环境、社会文化环境、科学技术环境、法律环境和国际环境。

社会政治环境，主要是指党和国家的有关路线、方针、政策、规定、规划、国体、政体、政局、政治形势等对社会组织产生影响的政治因素。

社会经济环境，主要是指国家的经济发展水平、宏观管理体制和经济发展的趋势等对社会组织产生影响的经济因素。

社会文化环境，主要包括社会风尚、风俗习惯、民族分布、宗教信仰、道德观念、文化教育、人口构成、家庭结构、消费心理等对社会组织产生影响的文化因素。

科学技术环境，主要是指科学上的发明和技术上的创造，以及本行业的科学技术发展水平，相关行业的科学技术发展趋势，产品更新，技术改进，新技术、新工艺、新材料的采用等对社会组织产生影响的科技因素。

法律环境，主要是指国家和政府颁布的法律、法令、法规，以及各种相关的条例和规章等对社会组织产生影响的法律因素。

国际环境，主要是指国际政治经济形势、国际格局、国际关系、国际组织、国际市场、国际贸易、国际惯例、国际科技文化交流等对社会组织产生影响的国际因素。

社会组织面临的微观环境是指社会组织所处的具体环境，一般包括：自然物质环境、关系环境及意识环境。

自然物质环境，是指影响组织的客观条件，如地理、气候、社区情况、交通状况、资源能源、组织设施、设备和资金、人员等。

关系环境，是指与社会组织有关的各类公众的状况，如企业的公众、消费者、上级主管部门、银行、新闻界、竞争对手、经销商、股东、员工等。

意识环境，是指影响社会组织的思想意识因素，如本组织在公众心目中的形象地位，员工的职业道德、价值观、公共关系意识、人和程度、社会舆论和流行心理等。

3.2.2　环境的特征

1）环境的不确定性

所谓环境的不确定性，实质上就是社会组织的决策者对于环境信息感知的不确定性。这种不确定性表现在以下几个方面：缺乏关于影响本组织决策的环境因素的信息；无法确定环境因素在什么程度下影响本组织决策部门的成功或失败；缺乏关于一项错误政策或行动的代价的信息（也即反馈信息）。对决策者来讲，感知环境的方式和能力无疑会影响他的决策成功与否。如果他获得的关于环境的信息是虚假的，或者他不能及时地获得关于环境的信息，那么很可能他的决策是要出问题的。例如，麦当劳公司在莫斯科开设了一家连锁店，店里配有纸板做的盘子，当人们买汉堡包时，同时配给一个这种一次性盘子。麦当劳公司原先设想这些盘子使用后，就用机器对它们进行处理而不至于污染环境。但莫斯科居民却把这些盘子全部拿回家了。处理盘子的机器根本用不上，白白浪费了很多钱。这反映了公司没有掌握环境的信息。

2）环境的可变性

一个社会组织的环境始终处于不断地变化之中。对于社会组织的决策者来说，最重要的是要掌握环境变化的速度和可预测度。如果环境变化速度很快，而且变化的情况难以预测，那么立即会引出环境的不确定性这一问题，从而对正确决策构成困难。一般来讲，出现这种问题，往往是由于社会组织的结构和目标不能适应环境的变化，因而必须迅速进行适当的调整。有些社会组织的环境变化速度慢，而且变化的趋势也容易预测，这些组织的结构和目标就会处于相对稳定状态。

3）环境的复杂性

环境的复杂性主要指有关环境因素的多少和它们的差异程度。具体地说，如果环境的构成因素较多，而且差异程度也比较高，这样的环境就比较复杂；反之，环境的复杂性就比较小。要是社会组织的决策者能够考虑到环境中的所有因素和每种因素的特殊性，就能做出适应环境的正确决策。

从环境的特征中我们认为，社会组织与环境之间有着必然的联系。

社会环境为社会组织的存在和发展提供了条件，但又影响和约束着社会组织的行为。环境中诸因素往往相生相克，不断变化。社会组织的决策者必须掌握大量与本组织有关的环境信息，感知环境因素对决策成效的影响程度，择优去劣，避开或改变外部不利的环境，利用或营造对本组织有利的环境，了解环境约束的变化规律，使本组织能主动改造、适应和利用环境，以变应变，或以不变（良好形象、优质产品或服务）应万变，在运行中解脱约束。例如，日本八佰伴集团在20世纪60年代初意欲进入新加坡市场。公司派人到新加坡进行市场调查所得的结论是：不宜进入该市场。因为第二次世界大战中日本军人在新加坡的残暴行径，使当地居民产生了强烈的反日情绪，致使许多日本公司都纷纷从新加坡撤出。该公司创始人和田一夫针对这一情况，制订了相应的战略和计划。他首先亲自前往新加坡，一下飞机就前往新加坡的抗日战争纪念碑前敬献花圈，声称自己是前来代表日本人民赎罪的，并以此为主题开展了一系列公共关系活动。而在经营上，采取与当地企业联营的形式，使当地资本占55%，从而排除了公众的敌对情绪，最终打开了市场。

这一事实充分表明，在当今社会中，社会组织的经济行为必然要受制于各种环境因素，纯粹的经济行为是不存在的。因此，在社会组织的管理中，每一项决策，大到一种政策的出台，小到企业经营方针的改变，都会涉及众多的方面，需要及时地了解环境，掌握大量的环境信息，为决策提供科学的依据。

3.3 社会组织目标与公共关系目标

总的来说，公共关系对社会组织的作用是帮助社会组织实现自身目标。社会组织目标是社会组织生存和运转的前提，也是社会组织的显著特征之一。社会组织的生存和发展的实质就是社会组织目标能否实现的问题。

3.3.1 社会组织目标

所谓社会组织目标，就是指社会组织的总体目标。任何社会组织目标的制定都是建立在满足环境需求的基础上的。

社会组织是社会分工不断发展的产物。构成社会组织环境的现代社会本身就是一个功能高度分化的、各个结构要素之间联系十分紧密的大系统，各个结构要素之间存在着一种互为条件、互为因果的功能耦合关系。社会组织要想适应这种环境，制定目标时就必须以满足环境的需要为基本原则。也就是说，社会组织实现目标的活动必须为社会大系统中的其他结构要素提供援助，必须在整个环境系统中发挥特定的作用，同其他结构要素建立功能耦合关系。社会组织目标只有建立在满足环境需求的基础上，才可以保证该组织在社会大系统中具有存在的必要性和合法性。

社会组织目标还必须考虑组织内部成员的需求。只有当社会组织目标和成员个人目标协调一致时，才能保证社会组织目标的实现。另外，社会组织自身还有不同于环境需求和内部成员需求的特殊需求，这种特殊需求保证社会组织自身的生存、运转和发展。因此，社会组织目标的内容实际上包含了社会、组织、成员三方利益。

以我国现代企业为例，企业目标一般包括以下几个方面：

（1）计划目标，指企业在完成国家计划方面应达到的指标。

（2）市场目标，指企业在经营活动的活力方面应达到的指标，体现企业占有市场的广度和深度。

（3）发展目标，指企业在增加品种、改进技术、提高质量、扩大市场、开发人才等方面应达到的指标，体现企业的实力与潜力。

（4）利益目标，指企业在物质利益各方面应达到的指标，体现企业生产经营成果的好坏与职工切身利益的直接关系。

其中计划目标、市场目标主要反映了社会的需求，发展目标反映企业自身的需求，利益目标反映社会组织内部成员的需求，也即这个组织目标实际上蕴含了社会组织与政府、与上级主管部门、与消费者、与同行、与内部员工等的关系。

3.3.2　公共关系目标

具体地说，公共关系目标就是树立社会组织的良好形象。所谓社会组织形象，就是公众对于社会组织的总体评价，是社会组织的表现与特征在公众心目中的反映。

对企业组织来说，其无非有两种资产：一种是有形资产，如固定资产、资金和人员等，它们作为硬件支撑着整个企业的生产经营活动，并且反映着企业的实力。但是，另一种资产同样在发生效力，这就是企业的无形资产，即社会组织形象。

社会组织形象既不会像企业产品或服务那样直接给企业带来可观的利润，也不会像企业的广告那样直接为企业开拓市场，也就是说，从短期效果来看，社会组织形象似乎是虚幻的东西。但是，从长期的效果来看，社会组织形象却是组织经营活动中最为宝贵的无形资源。在现代组织经营活动中，社会组织形象的好坏同社会组织的经营绩效存在着确定的因果联系。

1）社会组织形象的内容

社会组织形象的内容主要包括内隐和外显这两个方面的特征。社会组织形象的内隐特征由社会组织的精神面貌、价值观和态度等构成；社会组织形象的外显特征则由社会组织的名称、标志、商标、广告以及社会组织的建筑式样、代表色和包装等构成。社会组织形象可以具体表现为：

（1）产品形象，即产品的质量、功能、外形、名称、商标和包装等给公众的整体印象。

（2）人员形象，即组织的领导人或者职员的素质、行为举止、精神风貌和服饰等给公众的整体印象。

（3）建筑物形象，即建筑物的空间设计、外部景观、表面装饰、色彩、周围绿化、内部装潢和设备等给公众的整体印象。

（4）自我期望形象，即社会组织期望留给公众的整体形象。

（5）虚假社会形象，即社会组织想象的已经留给公众的整体形象。

（6）实际社会形象，即社会组织实际留给公众的整体形象。

（7）公共关系形象，即社会组织通过长期的、有计划的公共关系活动留给公众的整体印象。

2）社会组织形象的特点

作为公共关系中的一个重要概念，社会组织形象有其本身的特点，它们是：社会组织形象的主客观两重性、多维性、相对性、相对稳定性。

（1）社会组织形象的主客观两重性

社会组织形象作为社会组织在公众心目中的形象，必然会受到公众自身价值观、思维方式、道德标准、审美取向以及性格差异等主观因素的影响。因此，一个社会组织在不同的公众心目中会产生有差别的形象。

但是，从公众对社会组织的总体评价来看，还是具有客观性的。公众心目中的社会组织形象不是从天上掉下来的，也不是他们头脑中固有的，而是社会组织自身行为及形象在他们心灵上的投影。根据统计学上的"大数定律"，评价的人多了，主观偏见自然就会减少，因而，可以获得比较客观、真实的评价。

（2）社会组织形象的多维性

由于社会组织自身构成具有多维性，因而它必然会向社会发出各种各样的信息，从形象构成的要素看，如从时间、空间上，人员素质、设备配备上，内在精神和外在风格上，都能反映出一个社会组织的形象。哪一个方面出现失误，都会使社会组织形象受损。

（3）社会组织形象的相对性

由于社会组织形象具有主客观两重性和多维性，因此，社会组织形象就具有相对性。一个社会组织整体形象如何，实力的强与弱，知名度、美誉度的高与低，以及自身的特色、设备的先进程度等，都是同一定的参照物相比较而显现的。另外，由于社会组织形象的美与丑、好与坏受主客观两方面因素的影响，任何一个因素的变化都会对社会组织形象产生作用，因而，社会组织形象只能是相对的，不可能一成不变。

（4）社会组织形象的相对稳定性

社会组织形象由于诸多的原因处在一个动态变化的过程，具有一定的相对性，但是，一个社会组织的形象一旦形成即具有一定的稳定性。形象的变化不会是不可捉摸的、瞬间即逝的。一个企业的形象通过几十年塑造起来很难让人忘怀。不论是作为"硬件"的外在形象、建筑风格、特殊标志，还是作为"软件"的组织精神、传统风格，往往会伴随着一个社会组织生命的全过程，并会在一定的时空条件下，在一定的公众之中形成一些概念化的东西，造成一种心理定势。

3）社会组织形象的塑造与设计

当今社会随着社会经济的不断发展，市场竞争愈来愈激烈，这种竞争已由单一的产品竞争发展到了以形象力为主导的时代。作为一种从战略高度构建企业组织独特竞争形象的手段和方式，CI 在公共关系工作中的地位和作用日趋重要。

CI原是英文 corporate identity 的缩写，指的是组织（或企业、团体）的自我同一性，即企业内部的组织自我意识同来自企业外部的组织形象认可达成同一化的状况。简言之，就是追求对企业形象特征识别的内外统一。在中文里，我们习惯上将CI翻译为"企业形象识别"或"组织形象识别"，称有关企业（组织）形象识别系统的运筹、谋划、设计为CI策划。

作为一个科学概念，目前对CI尚无一个公认的准确定义。究其原因，主要是因为CI涉及经济、社会、文化、心理等许多领域的课题，并广泛运用到企事业等各种社会组织之中。而且不同国家、不同时期、不同组织类型的经济发展水平、社会文化差异、组织文化差异、心理世界内容的差别性都很大。因此，对CI的具体理解和运作也难以达成一致。如美国型的CI，是一种视觉型CI，而日本的CI，是一种文化型CI，我国的CI则注重整体战略的运筹。

不管CI的具体模式有何差异，CI最终追求方向是一致的，那就是寻求企业形象要素的科学设计和信息的最佳传播，以期在竞争中建立独具个性风格和强刺激力的企业形象。

CI的内涵是非常丰富的。一个真正意义上的企业形象识别系统总是由三大要素组成，即理念识别（mind identity，MI）、行为识别（behavior identity，BI）和视觉识别（visual identity，VI）。这三者之间各有其特定的内容，相互联系，逐级制约、协同一体、缺一不可。

（1）理念识别。理念识别是指一个企业经营思想的定位。如美国IBM公司的经营理念为"lBM就是服务"。理念识别是CI系统的灵魂所在，也是系统运行的动力和实施的基础，属于最高决策层次。一个完整的企业形象识别系统的建立，有赖于企业经营理念的确立。CI中的BI（行为识别）和VI（视觉识别）实质上都不过是MI的表现方式或传达方式而已。

（2）行为识别。行为识别也称活动识别，是一个企业的动态识别形式，其动力源乃是理念识别。概括地说，所谓BI，是以完善企业理念识别为核心，展现企业内部管理制度、组织机构、生产经营、员工教育等行为与活动，并延展到企业外部的各种社会活动，形成自己的企业独特个性形象（如可口可乐集团对体育运动的热心），以获得社会公众的认可。

（3）视觉识别。在CI系统中，视觉识别系统因其作为最生动具体、最广泛运用的企业外观形象特征体系而具有MI、BI所不可替代的地位和作用。心理学研究表明，在人们日常所接受外界刺激的各种信息中，以视觉感官接受的信息所占比例最高，达83%左右。若根据这一特点采取某种一贯的、统一的视觉识别信息传播，并通过多种传媒进行扩散，则可以在公众中造成一种持久、深刻的视觉印象效果，使其能一目了然地掌握所接受的信息，从而达到识别的目的。

3.3.3　社会组织目标与公共关系目标

社会组织目标是社会组织生存的根本原因，因此，社会组织内部的所有分工部门及其各个成员的一切工作都必须围绕这个总目标展开，谁离开了社会组织目标，谁就在事实上脱离了这个社会组织。

为了实现社会组织目标，社会组织在其运行过程中所发生的关系，属于公共关系，因此，公共关系必然要服从和服务于社会组织目标。这就决定了公共关系的工作目标在其与社会组织目标的关系中处于从属地位，但这并不意味着公共关系是可有可无的。这是因为在现代社会中，一个没有公共关系的社会组织要想继续生存和发展下去，简直是无法想象的。在我国公共关系界有这样一种观点，认为公共关系只有服务于企业或社会组织才能谋求自身的发展，因而公共关系只能永远充当企业的配角。这种观点是不全面的。因为社会组织在完成其目标的运行过程中必然要与现实环境诸因素发生关系并引起关系的变化，关系的变化又必然引起社会组织自身形象的变化，而自身形象的变化又直接对社会组织的运行、社会组织目标的实现，甚至社会组织的生存产生影响。

因此可以说，社会组织目标是公共关系的活动方向。公共关系是保证社会组织目标顺利实现的特殊管理。没有社会组织目标，公共关系活动就没有方向，而没有公共关系的积极活动，社会组织目标就会落空。

3.4 公共关系的组织机构

在我国，随着改革开放的深入发展，公共关系已引起人们越来越广泛的重视。现代社会的公共关系活动也越来越成为一种经常性的、有计划的工作。公共关系工作逐渐摆脱了权宜之计的境地，日益职能化。因此，在社会组织中设立专门的公共关系部门、社会上公共关系公司和各种类型的公共关系社团的产生，为公共关系工作提供了组织保证。

3.4.1 公共关系部

公共关系部是社会组织贯彻其公共关系思想、实现公共关系目标的专业性职能机构。一个规模较大的社会组织，公共关系事务必然繁多。因此，在社会组织中设置公共关系机构是必要的。人们把这些机构名称叫做公共事务部、公共信息部、传播部、新闻界关系部、沟通联络部等。

1) 公共关系部的地位与作用

企业（或组织）内部的公共关系机构是代表企业（或组织）进行工作的。对内，公共关系机构代表领导决策层，协调处理职工与职工、职工与部门、职工与领导以及部门与部门、部门与领导的关系；对外，它代表企业向公众发布信息、征询意见、处理问题、接待来宾。所以，公共关系部就是协调社会组织内外公共关系的职能部门。

公共关系部对企业的作用表现在以下几个方面：

（1）参谋部的作用。公共关系部的工作目标是为了树立本组织的良好形象，这就意味着公共关系部与其他一般的管理部门不同，它不是一线部门和决策部门，而是在收集、整理、分析信息的基础上，为本组织的决策部门提供可选方案，协助决策层进行决策，所以，公共关系部在社会组织中充当了"智囊团"的角色。在现代社会，任何一个企业除了要考虑经济、技术等因素以外，更要考虑社会关系因素以及决策可能带来的社会后果，公共关系部正是企业决策者把握社会脉搏的参谋部，并且要站在社会组织目标和社会需要的立场上，综合评价各职能部门的活动已经或可能引起的社会效果，维持社会组织与外部环境的动态平衡。在一个企业中，如果说总工程师是企业的技术参谋，总经济师和总会计师是经济参谋，那么，公共关系人员就是企业的社会决策参谋。

（2）收集信息情报的作用。在企业中，公共关系部就是企业的情报部。现代社会已进入瞬息万变的信息时代，社会观念的更新、公众心理和行为的变化，使社会环境日益复杂，在这种状况下，要使企业在激烈的竞争中立于不败之地，就必须对社会环境的变动，民意和舆论，公众心理和消费行为，重大政治、经济和法律内容及其变化要有所了解，而提供这些情报信息则是公共关系部的任务。

（3）社会交际部的作用。加强和发展社会交往，是沟通双向交流渠道，为企业赢得社会理解、信任和支持的重要手段。公共关系部不断地将社会组织的方针、政策、规划和行为等，以信息的方式传递给各类公众以取得公众的理解、信任、支持与帮助，起着社会组织对外宣传的"喉舌"作用和对外交往的"外交官"作用。

公共关系部在与外界的交往中，它的职责是：向各类公众发布信息；负责接待和联络各类公众；参与社会组织与公众间纠纷的调解；参与对外的各种谈判。

2）公共关系部的规模和内部分工

（1）公共关系部的规模

公共关系机构的规模应根据社会组织规模的大小和公共关系任务的轻重而确定，确定社会组织内部公共关系部规模的主要依据是：

第一，社会组织自身规模的大小。规模大的组织，公关机构的规模就相应大一些，人数多一些，门类也较齐全，分工也较细致。中等规模的组织，公关机构的规模可相应小一些，内部分工和组合可根据实际情况而定。规模小的组织不一定要设立公共关系部，可确定少数公共关系专职人员或聘请公共关系顾问来从事该项工作。

第二，社会组织最高决策者对公共关系价值的认定程度。公共关系部的地位及规模在一定程度上取决于社会组织最高决策者对公共关系工作的了解、理解、重视程度。如果社会组织领导的公共关系意识强，重视公众工作，那么就会提高公共关系工作的地位，并赋予其相应的权力，充分发挥其作用。

第三，社会组织对公共关系的需求程度。不同的社会组织，由于外部环境及组织内部的运行机构不同，对公共关系的需求程度也各异。例如，处于买方市场条件下的企业和卖方市场条件下的企业，对公关需求的紧迫性是不同的。

（2）公共关系部的内部分工

公共关系部的内部分工，一般可分为对内关系、对外关系、专业技术制作三个方面。

第一，对内关系。公共关系部需要与人事部门、经营和财务部门合作，共同处理员工关系、股东关系、部门关系。处理这些关系主要运用编印有关材料、年度报告、员工调查、双向沟通等方法、手段，增强员工和股东的归属感、自豪感，调动员工的积极性，使全体员工团结一致。

第二，对外关系。公共关系部需要确定专人处理与顾客、社区、政府部门、新闻媒介等单位和部门的关系，以巩固和改善社会组织与外界各方面的关系，广交朋友、善结良缘，为社会组织树立良好的社会形象。

第三，专业技术制作。公共关系工作中有许多专门的技术方法，如写作、编辑印刷、新闻发布、广告制作、组织专题活动等。公共关系部内部按工作手段和技巧进行分工，有助于提高技术水平。

3.4.2　公共关系公司

1）公共关系公司产生的历史必然性

公共关系公司亦即组织外部的公共关系机构。它是由各具专长的公共关系专家组成，运用专门知识、技能和经验，受客户委托，专门从事公共关系活动和咨询的服务性机构。

公共关系公司是随着公共关系作为一种职业的出现而产生和发展起来的。它诞生于1900年的美国，在波士顿成立的"宣传公司"是第一家具有公共关系性质的公司。第二家公司由威廉·W.史密斯于1902年在华盛顿开业。1903年，被后人称为"现代公共关系之父"的艾维·李与乔治·派克合资成立了第三家公共关系公司——派克和李公司。1920年，艾尔正式开办了公共关系公司。由于公共关系公司在克服美国20世纪30年代经济危机中所发挥的作用，它在社会尤其在工商企业中的地位被确立。据统计，20世纪40年代，美国仅有75家公共关系公司。第二次世界大战后，公共关系公司迅速扩展到了全世界。现在，在美国有2 000多家公共关系公司，在英国有600多个公共关系咨询机构。

公共关系公司的出现绝非偶然，究其原因，主要有以下几个方面：

（1）消费者力量的壮大。商品生产的高速发展，由卖方市场转为买方市场，竞争异常激烈，消费者对企业和产品所持的态度怎样，直接关系到企业的生存与发展。在此种情况下，各种企业都需要求助于专门性机构，为其实现与公众的沟通，在公众中树立良好的形象。这样便促进了公共关系公司的发展。

（2）小型组织对公共关系活动的需要。一些小型组织无力组建自己的公共关系部，委托公共关系公司代理本企业公共关系工作，这样不但不会增加更多的财政支出，却同样可以开展必要的公共关系工作。这是小型组织的普遍做法，也有助于公共关系公司的发展。

（3）大中型组织开展高层次、高要求的专门性公共关系工作的需要。大中型组织虽有自己的公关部，但它们往往在某个专门问题上需要求助于同行专家，这也促进了公共关系公司的发展。

（4）开展跨地区、跨国度经营的需要。随着世界市场的不断扩大，越来越多的企业跻身世界市场。为使本企业产品在别国打开销路，必须委托大的公共关系公司了解这些国家和地区公众的消费心理和习惯，了解他们的礼仪、忌讳、文化背景等。

2）公共关系公司的类型

作为社会组织外部公共关系机构的公共关系公司，从不同的角度观察，可划分为不同的类型。从工作范围划分，公共关系公司有跨地区、跨国度经营的大公司，也有局限于一个地区、小范围的小公司；从业务内容划分，有可以承办数项乃至数十项业务的公司，也有只承办单项业务的公司；从服务对象划分，有为各行业服务的综合性公司，也有为特定行业服务的专业公司等。下面重点介绍按规模分类的公共关系公司。

按规模，可以将公共关系公司分为单一型和集团型两类。

（1）单一型包括公共关系顾问和公共关系顾问公司

①公共关系顾问。公共关系顾问是指为委托人（客户）提供公共关系方面的咨询并进行指导，能独立承担公共关系项目的专家。美国公共关系协会顾问处将公共关系顾问解释为：公共关系顾问应努力去估价与审度来自顾客方面及社会各界的意见，并将其发现向企业管理部门做一解释说明。然后，这些担任顾问的公共关系人员帮助管理部门最后确定改变或改善公众意见的计划。

按任职或聘用的情况，公共关系顾问主要有：

公共关系公司专职顾问。这是在公共关系公司长期任职的公共关系专家，他们是公共关系公司的主干力量，按照专业的不同，又可分为各种不同的专业顾问。

公共关系公司兼职顾问。在公共关系方面具有一定声誉或专业特长的专家，可不在公共关系公司任职，而是受聘为兼职顾问。

企业或其他组织直接聘用顾问。企业或其他组织，因工作需要，它们直接向大学、研究机构或公共关系协会聘请公共关系专家，作为本组织的公共关系顾问。

荣誉性顾问。这是由在公共关系事业或公共关系学术理论研究方面有突出贡献，并有相当社会影响的学者、专家及知名人士担任的。

公共关系顾问所能提供的帮助将根据具体情况而有不同的变化。在某些情况下，公共关系顾问不仅要提出自己的见解，而且还要负责整个行动计划的实施工作，运用自己的经验和专业技能为受聘单位做出贡献。

②公共关系顾问公司。公共关系顾问公司是一个独立确定工作目标和工作范围，并且依靠自身的能力来保证各项公共关系工作的完整性的机构。与公共关系顾问相比，公共关系顾问公司可以显示出服务质量、工作效率等组织系统的

优势。

（2）集团型公共关系公司

集团型公共关系公司一方面是指公共关系组织自身的集团性，它们触角多，影响大；另一方面是指公共关系组织所在机构的集团性，比如某一个跨国公司，除总部设立公共关系部门之外，它在各地的分部也设立相应的公共关系部门。

3）公共关系公司的工作原则和服务方式

（1）公共关系公司的工作原则

公共关系公司的工作既要顾及受聘单位或个人的良好形象、美好声誉和实际利益，又要对广大社会公众负责，维护公众的利益。为此，它的工作原则是：

①优先考虑公众利益。公司的宗旨是信誉第一，服务第一，客户至上。尽全力为客户办好事，办实事，并站在客户的立场上考虑费用预算，事先向客户介绍清楚服务项目、收费标准等，尽可能为客户节约经费。

②自觉遵守国家法律、法令、法规和有关方针、政策。公共关系公司既是服务性机构，又是一个经济实体。公共关系公司的首要任务是为社会服务，而不能将贸易开发、商品经营作为主营项目。公司的一切行为都要在国家方针、政策的指导之下，以遵纪守法和高质量的服务赢得公司的信誉。

③为客户保密。公司在为委托人开展公共关系业务时，为了保证实现公共关系目标，完全有可能掌握一些委托单位的机密材料，公司应严格为其保守秘密。特别是在双方合作结束之后，更应强化自我约束，不干涉客户内务，不损害客户利益。

（2）公共关系公司的服务方式

公共关系公司根据自身的条件，与委托人合作时间的长短以及委托单位的特点等，为委托人提供各种形式的公共关系服务。最基本的有以下几种形式：

①充当对外关系的联系人或协调者。委托单位急需同某些单位或某类公众沟通意见，取得他们的理解或支持，而平时又未与他们有过联系。公共关系公司因跨行业、跨地区，甚至跨国家进行工作，早已与这些单位或这部分公众有过联系，甚至还有很好的关系。于是委托单位便委托它作为本单位的对外联系人去同某些单位的某类公众联络沟通，会取得较好的结果，便于解决问题。

当某个企业与它的公众产生误会，甚至出现严重分歧与对立，又各执己见，僵持不下，此时本企业很难出面与这部分公众直接沟通。这时，若委托公共关系公司以第三者的身份出面，同这部分公众接触、沟通、了解情况，从中调停，就容易化解矛盾，消除分歧，恢复双方原来的那种友善关系。

②向委托人提供各种公共关系咨询。为委托人确定公共关系的内容和沟通方式，从公共关系角度为委托单位的管理决策提出建议。

③代理服务。代理服务有两类：一类是为委托人代理某项专门的公共关系等活动。如一次大型产品展览会，本企业的公共关系部因缺少某些方面的专门人才或社会联系不够广泛而无力承办，可委托公共关系公司代理。另一类是全权代理服务。如有的小企业无力组建自己的公共关系部，可委托某家公共关系公司长期代理本企

业的公共关系工作。

④为委托人培训公共关系工作人员。这包括为委托单位举办短期公关人员培训，公共关系公司派出某方面专家，到委托单位指导或协助开展公共关系工作，接受委托单位公关人员来公司实习，提高他们的素质等。

3.4.3　公共关系社团

社会组织外部的公共关系机构除公共关系公司以外，还有一种类型，即公共关系社团。公共关系社团泛指社会上自发组织起来的、非营利性的从事公共关系理论研究和实务活动的群众组织或群众团体，主要包括公共关系协会、学会、研究会、俱乐部、联谊会等组织。

1）公共关系社团的特征

（1）广泛性。其成员包括其所在地区的企业、新闻、科研、文教单位和党政机关部门等各方面的人士，还包括公共关系社团所属行业中各方面有代表性的组织，具有一定的广泛性。通过这种组织形式，可以沟通信息，广结良缘。

（2）松散性。公共关系社团虽然也是一种组织，但它没有严格的组织结构，不具备强制性。其成员只是对公共关系有着共同的兴趣，聚到一起研讨问题。

（3）服务性。公共关系社团聚集了一批专家学者，利用这一优势可以为社会提供咨询服务。通过服务，既满足了社会对公共关系的需求，又提高了社团的知名度。

（4）非营利性。公共关系社团不是经济实体，是非营利性组织。公共关系社团不能进行商业经营活动。

2）公共关系社团的类型

（1）综合性社团，主要是指不同地域范围的公共关系协会。如上海公共关系协会于1986年11月成立，成为中国大陆第一家公共关系协会。1987年5月，经国家体改委批准，中国公共关系协会在北京人民大会堂宣告成立。这种类型的机构其主要职能是：服务、指导、监督、协调。

（2）学术型社团，主要包括公共关系学会、研究会、研究所等学术团体。通过举办学术研讨会和交流会，探讨公共关系理论问题，把握公共关系发展的趋势和方向，及时为公共关系从业人员提供理论信息，进行理论指导。

（3）行业型社团。这是一种行业公共关系组织。行业型的公共关系社团由于在组织上保证了公共关系事业的深入发展，是一种很有潜力、大有前途的公共关系社团组织形式。

（4）联谊型社团。这种类型的公共关系社团形式松散，一般无固定的活动方式，没有严密的组织机构，没有严格的会员条例，组织名称各异，如公共关系俱乐部、公共关系沙龙、公共关系联谊会、PR同学会等。这种团体的主要作用是在成员之间沟通信息、联络感情，建立良好的人际关系。广东地区公共关系俱乐部是我国第一个联谊型的公共关系社团。

（5）媒介型社团，即通过报纸、杂志等传播媒介进行联络，并以此为依托组建公共关系社团。这种社团直接利用媒体，探讨公共关系理论，普及公共关系知识，交流公共关系活动经验。

3）公共关系社团的工作内容

（1）联络会员。每一社团都有自己的会员，社团与他们建立经常性的联系，把社团办成"会员"之家。同时与其他公共关系社团建立横向联系，形成网络系统，建立合作关系。这项工作通常由社团内的会员工作部或外联部承担。

（2）制定规范。制定、宣传公共关系从业人员职业道德行为准则并检查执行情况是社团的一项基础性工作，也是衡量公共关系社团正规化的重要标准。世界各国的公共关系社团都非常重视会员的道德行为。美国、英国等国家的公共关系协会都制定了明确的公共关系人员职业道德标准。

（3）专业培训。公共关系社团将专业培训作为一项经常性的工作，有的公共关系社团本身就是一所培训学校。英国公共关系协会经常举办CAM证书和文凭两个层次的考核。

（4）普及知识。公共关系社团有义务向公众宣传和介绍公共关系的基本知识，并且为会员和公众提供公共关系技巧和管理方面深造的机会。

（5）编辑、印制宣传品。撰写公共关系方面的书稿、文章，经出版社出版、报刊发表，是宣传公共关系知识的重要手段。

3.5 公共关系从业人员

公共关系从业人员，是指从事公共关系工作的职业人员。作为专业从事此类工作的人员，必须具备相应的素质和能力。

3.5.1 公共关系从业人员的基本素质

公共关系从业人员，首先，应该具有现代人的思维方式、现代人的知识结构和能力、现代人的观念意识等。其次，根据公共关系职业的特点，公共关系从业人员还应具有公关意识，热情、自信、开放的职业心理，公共关系的专业知识和技能等。

1）公共关系从业人员的公关意识

所谓公共关系意识，乃是现代化经营管理和行政管理的思想、观念和原则。它是公共关系实践在人们思维中的反映，并由感性认识上升为理性认识。公共关系意识是公共关系从业人员应该具备的基本素质。公共关系意识大致包含以下内容：

（1）塑造形象的意识。良好的企业形象是一个企业的无形资产，只有具备塑造形象意识的人，才能清醒地懂得知名度和美誉度对自己组织的生存和发展的价值。

（2）服务公众的意识。任何社会组织的公共关系工作都必须着眼于公众，处处为公众的利益着想，利用和创造条件为公众服务，努力满足公众的各方面需求。

（3）沟通交流的意识。沟通交流意识的实质就是信息意识。社会组织为了塑造良好形象，更好地为公众服务，就必须构筑一个信息交流的网络，掌握环境变化、公众建议和批评等信息，以实现社会组织的目标。

（4）真诚互惠的意识。任何组织都希望通过一定的方法树立自己的最佳形象，但这种形象的塑造必须建立在真实、透明、真诚的基础上，建立在彼此尊重、平等合作、互惠互利的基础上，而非建立在欺骗他人、坑害公众的基础上。

（5）创新审美的意识。塑造组织形象是一个创新审美的过程。首先，要创造和发展社会组织的良好形象，公关人员必须具有创新、突破、超越的意识。其次，公共关系又是一门艺术，因此，它必然要求具有审美观念和能力，唯有美的形象，才能为人们所欣赏和接受，唯有美的活动，才能为人们所参与。

（6）立足长远的意识。塑造社会组织形象，不是立竿见影的事，而是需要通过长期努力，不断积累，才能取得成功。

2）公共关系从业人员的心理素质

公共关系从业人员应具有以下心理特征，才有利于开展公共关系工作：

（1）热情的心理。公共关系从业人员要与各种各样的人交往，只有待人热情真诚，才能善结人缘，广交朋友，拓展工作渠道。热情的心理还能使公共关系从业人员兴趣广泛，对事物的变化有敏感性，并且充满想象力和创造力。

（2）自信的心理。充满自信的公共关系从业人员，敢于面对挑战，敢于追求卓越，自强不息。

（3）开放的心理。具有开放进取心理特征的人，往往具有旺盛的求知欲与好奇心，能不断接受新事物、新观念和新知识，能预测变化，调整行动适应变化，能在工作中大胆求新。具有开放心理的人，能不懈地追求更高的目标，全力以赴地投入公共关系工作。

3）公共关系从业人员的知识结构和能力结构

公共关系从业人员是否具备良好的专业知识结构和能力结构，直接关系到他们心理素质的发挥和整体职业素质的提高。

（1）公共关系从业人员的知识结构。公共关系知识体系作为一个系统，它是由三个子系统构成：公共关系的基本理论和实务知识；与公共关系密切相关的学科知识；有关社会组织的知识和开展特定公共关系工作所需的专门知识。

（2）公共关系从业人员的能力结构。公共关系从业人员的基本能力应包括以下几个方面：较强的文字和口头表达能力；较强的组织能力；良好的思维和谋划能力；敏锐的观察能力；较强的自制自控和灵活应变能力；善于和他人交往的能力；掌握政策、理论的能力。

3.5.2 公共关系从业人员的职业道德

公共关系从业人员的职业道德，就是公共关系从业人员工作中必须遵循的道德准则和规范。公共关系从业人员职业规范的最根本的要求是实事求是，诚实可信。

公共关系从业人员职业道德规范的原则:

（1）坚持真实和准确地反映事物的本来面貌，不传播虚假、失真或易产生误解的信息，不参与任何意在破坏传播信息真实性的活动。

（2）遵守社会公德，客观、公正地对待所服务的组织、客户及其他公众，不损害、中伤同行的权益和声誉。

（3）为其他行业的组织和客户服务时，尊重该行业的行为规范。

（4）对所服务的组织和客户的信息情报应承担保密义务。

（5）公平合理。

案 例

索尼笔记本电池召回危机管理案

2006年8月14日，戴尔突然宣布，将召回410万块可能引起着火事故的笔记本电池，该电池由索尼公司生产。10天之后，即2006年8月25日，苹果宣布召回180万块笔记本电池。9月下旬，索尼集团高层在极短的时间内做出了一项重大决定，即"针对使用了索尼制造的锂离子电池芯的特定笔记本电脑电池组，在全球范围内启动更换的计划，以消除最近由于电池过热事故而引发的担忧"。索尼公司宣布，此次涉及更换的电池范围达960万块，公司为此预留约510亿日元的费用。截止到10月底，包括联想、东芝、富士通、日立、夏普以及索尼的VAIU等全球知名笔记本品牌均加入了该项索尼的"自主更换"计划。

此次危机事件从一开始，索尼即面临着几项主要的挑战:

（1）中国的媒体和公众对"召回制度"存在不同程度的理解，相比西方国家消费者对于"召回"的理性看待（公众认为在必要时实施"产品召回"的企业是对消费者负责的企业），中国的多数媒体和公众仍然将"召回事件"定位为企业的负面行为，从而导致媒体和公众敏感、片面和非理性地看待召回事件。

（2）多数媒体对锂电池的原理和电池起火的原因并不了解，以为锂电池技术本身存在安全隐患，个别媒体甚至借此进行了非常夸张的报道，在一些地区引发了公众对于锂电池的恐慌。

（3）媒体和公众对于各大厂商的召回背景、原因、细节不甚了解，造成过高估计了事件的行业影响程度和事件的危害程度。同时，媒体过多将责任归咎于电池制造商索尼。而作为索尼，过多的澄清容易给公众造成"推卸责任"的印象。

（4）索尼也和其他源自日本的企业一样，在发生危机的时候，都会面临"日企"这一尴尬的问题。一旦危机发生，舆论环境比较容易将问题上升到民族的高度，甚至政治的高度。而这一潜在的负面影响，也会随着中日官方和民间的关系，时而显著，时而隐蔽。

尽管面临以上的挑战，但是我们发现，索尼还有很多可以把握的机会，可以向公众传递企业和品牌的正面信息，逐渐修复品牌形象。

事实上，消息源是可循的，但时间和资源是有限的，如何通过把握各类对信息扩散有直接影响的信息源，是确保基本舆论环境客观性的基本保障。通过与信息源头的媒体或者可能成为信息源的媒体进行沟通，远比一个一个地对早已满天飞的失实报道进行跟进要有效得多。

任何危机管理，无论多么成功，都势必会对品牌产生一定程度的损害。在危机管理渐近平息之时，需要通过正面、积极的信息沟通以及更高层面形象的树立，修复危机对品牌的伤害。

2007年5月，索尼集团正式发布了2006财年的业绩，电子业务实现强劲反弹，全年销售额历史性地突破了700亿美元，并将沿着明确的成长道路前进。几乎所有的笔记本电池大客户都留了下来，并成为索尼更为紧密的业务伙伴。而在中国，负责电池业务的部门不仅成功地留住了所有的大客户，在长达数月极其严峻的舆论环境下，仍然达到了原定的财年业务目标。时至2007年秋，索尼中国的电池业务比"电池事件"发生之前还有了进一步的增长。

资料来源 中国国际公共关系协会.最佳公共关系案例〔M〕.北京：中国市场出版社，2009.

案例分析

面对危机，索尼公司采取的态度、反应的及时和果断的措施，可以看出该公司对危机处理有一套预警方案，是一家成熟企业的表现。这也从另一个侧面说明，索尼公司的品牌不是徒有虚名的。

但是，正如本案所说，仅仅实施"召回"、"道歉"等措施，还不足以消除危机给公众带来的疑虑，不足以最大限度地减少和更快地修复危机给企业造成的伤害。认识到这一点很重要。因为在危机的发生、处理和修复的过程中，信息的传播和媒体的态度同样起着至关重要的作用。本案中，公关公司不仅采取了危机处理的一般性措施，如对外统一发布信息等，更重要的是对各种信息的流向进行仔细的分析和把握，对不同的媒体进行具体分类并进行一对一的沟通。正确的策略，方式的得当，保证了信息发布的有效性。在这一过程中，索尼公司的品牌效应是起作用的。

也正是利用索尼公司的品牌效应，公关公司抓住各种活动，不失时机地传播正面信息，淡化了危机事件对公众产生的影响。索尼公司的品牌效应、公关公司的专业手段，平和地解决了危机事件，并达到了最佳效果。

本章小结

作为公共关系主体的社会组织，有其自身的特点和类型，与其所处的社会环境有着密不可分的联系，为了树立社会组织的良好形象，必然要对社会组织所处环境进行分析，以实现社会组织的公共关系目标为前提，最终实现社会组织的总目标。

复习思考题

1. 什么是社会组织？社会组织有哪些特点？它们是如何分类的？
2. 举例说明社会组织与社会环境之间的关系。
3. 组织内部的公共关系部与组织外部的公共关系公司有什么不同？
4. 社会组织的良好形象是由哪些因素决定的？
5. 公共关系从业人员应具备哪些条件？

第 4 章

公共关系客体

学习目标

通过本章的学习，了解公共关系的客体；掌握社会组织如何将本组织的各种信息有效地传播给公众，从而在公众中树立良好的形象和声望，维系组织与公众的良好关系；掌握公众及其分类。

4.1　公众及其分类

公众是公共关系学中的一个基本概念。正确理解这个概念、科学地对公众进行分类，对于把握公共关系的真谛至关重要。

4.1.1　公众的定义

公众是公共关系的客体，也是公共关系所要研究和工作的对象。因此，正确认识和理解公众是开展公共关系工作的前提和先决条件。所谓公众，即指与特定的公共关系主体相互联系及相互作用的个人、群体或组织的总和，是公共关系工作对象的总称。

在日常生活中，有人将公众等同于群众和人民大众。其实，公众与群众、人民、人群是完全不同的概念。人民作为一个政治哲学及社会历史范畴，量的方面泛指居民中的大多数，质的方面指一切推动社会历史前进的人们，其中包括劳动群众，也包括各个历史阶段推动社会发展的阶级、阶层或集团。群众与人民相比，其内涵大，外延小，即本质含义很大程度上是一致的，从范围上看，群众包括于人民之中，但其内涵更具体、稳定。人民是个流动的概念，在不同的历史时期有不同的内容，但其主体和稳定的部分始终是从事物质资料和精神资料生产的劳动者。

公众作为公共关系学的概念，特指公共关系主体交流信息的对象，它与公共关系主体有相关的利益，如果没有公共关系主体，也即没有公共关系客体的存在，而且不同的公共关系主体有不同的公共关系客体。

4.1.2　公众的特征

（1）广泛性。任何组织都不能孤立存在于社会之中，都必须因面临共同问题而与其他组织发生联系，产生相互影响、相互作用，从而成为另外一些组织的公众。任何个人，只要同一定的社会组织在某一共同问题上产生相互关系、影响和作用，就成为这一社会组织的公众。

（2）群体性。公众是由个人或组织组成的群体，是与公共关系主体发生联系并以特定的角色出现的。正是由于某个共同的问题而把一些人或一些组织联结在一起，形成了公众，所以，公众都是以群体的形式出现的。例如，消费者就是因为购买某种商品而具有的特定的角色，但购买商品的人不可能只有一个，因而具有群体性。

（3）同质性。公众的形成是因为公众成员遇到了共同问题，而且这类问题将对公众成员的利益产生共同的影响。例如，购买某种性能、质量较差的电冰箱的用户，虽然他们之间可能素不相识，但由于他们面临着同一个问题，有着共同的利害关系以及对问题的处理有相似的看法等，使他们成为该种产品生产企业的公众。

（4）可变性。公共关系要处理的公众群体始终处于变化之中。作为一个社会群体，公众的构成、数量、态度、行为和作用都不是一成不变的。公众群体随着问题的产生而形成，随着问题的解决而自然消失。比如，百货商店每天接待大批顾客，他们都带着"购买日用消费品"的共同问题，从而形成了这家商店的消费者公众群体。这些顾客买到了如意商品，离开商店，那么由他们组合而成的公众群体也就自然消失。但其中有部分顾客发现自己购买的商品有质量问题，回到这家商店来交涉，则彼此毫无关联的顾客因"商品质量不好，要求退换、补偿"这样一个共同问题而联结起来，形成了商店的公众群体。等到商店解决了他们的问题，保障了他们的利益，令这群公众满意而归，这一公众群体又随之解体。

（5）多维性。公众存在的形式不是单一的，而是复杂多样的，可以是个人，也可以是一些社会团体或社会组织机构。即便是同一类公众，他们内部对问题解决的要求也不一定完全相同。这就导致公众的存在形式和公众层次呈现多维的性能。这是由公众内部的组织之间和个人之间因相互利益关系不同而显露出来的多样化、多层次所决定的。公众的多样性，决定了沟通方式和传播媒介的多样性。

（6）可导性。由于公众的态度、动机和行动受到个体和环境两个因素的影响，因此公共关系主体经常借助于对环境因素的改变来达到逐渐影响公众态度和行为的目的，即让有利于主体的公众行为发生和防止不利于主体的行为出现。如果没有公众的可导性，公共关系工作就失去了意义。信息传播、广告新闻发布、形象效应等公共关系工作和公共关系技巧都是利用了公众的可导性这一特点。

4.1.3　公众的分类

一个社会组织经常面临着复杂而又广泛的公众，根据公共关系工作的具体目标，必须区别和选择公众，然后才能针对公众的特点采取适当的工作方法，有目的地开展公共关系工作。因而，对复杂多样的公众进行分类是社会组织开展公共关系工作的前提。

为保证公共关系工作的针对性，使公共关系工作富有成效，我们往往根据不同标准对公众进行重新划分，以下为几种常见的分类法：

1）公众发展分类法

按照公众对组织的出现次序，我们可以将公众划分为非公众、潜在公众、知晓公众和行动公众。

（1）非公众。所谓非公众，就是指同本组织不发生任何牵连的社会群体。它既不受组织影响，又不对组织产生影响。划分出本组织的非公众可以帮助我们减少公共关系工作的盲目性，将非公众排除在公共关系活动范围之外，避免不必要的浪费。

（2）潜在公众。潜在公众指将来可能与组织发生利害关系的公众。组织的目标和行为已经引起了某个共同的问题，但公众还未意识到问题的存在，此时这个社会群体就是公关人员的潜在公众。如某自行车厂，由于工作人员的疏忽，使一批自行车（1 000辆）的喷漆出了问题并出了厂，估计半年之后，这1 000辆自行车将会出现脱漆现象。也就是说，有1 000名消费者将面临共同的问题——自行车油漆剥落。然而此时，消费者还未意识到问题的存在。如果该厂公关部门重视公众的利益，及早解决，就会使影响企业信誉的问题得到比较好的解决。尽早认识到潜在公众可以使公关人员有计划、有目的地调整公共关系目标，防患于未然。

（3）知晓公众。知晓公众是指由潜在公众发展而来的没有集中出现在组织面前的公众。作为知晓公众，他们已经意识到问题的存在，并急于了解问题产生的根源及解决的方法。因此，知晓公众对任何与他们所面临的组织及有关问题的信息都十分关注。作为组织，一旦知晓公众形成，就应该立即开展经过精心策划的公共关系活动。如前例，自行车厂如明知问题已发生，却抱着侥幸的心理，不采取措施解决问题，那么企业将面临1 000名知晓公众和1 000辆质量有问题的自行车公诸于众，自行车厂的声誉将大大受挫。但该厂公关部如这时觉悟还来得及，立即策划补救措施，全力投入问题的解决。

（4）行动公众。行动公众是由知晓公众发展而来的，并对组织的影响已做出反应，准备采取行动或正在采取行动的公众。在这个阶段，公众已不仅仅表达意见，而是采取实际行动，对组织构成压力，迫使组织必须采取相应的行动。无论公众的行为是积极的还是消极的，组织的反应已不能仅停留于语言、文字上，而必须有实际的行为。也就是说，行动公众必然促成公共关系行为的发生。面对行动公众，除了采取相应的行动别无选择。当然，高超的公关行动方案，必将使行动公众的压力转变为动力，转变为对组织有利的合力，这乃是公共关系人员神往的最佳结果。

2）组织态度分类法

根据组织对公众的态度，可将公众分为受欢迎的公众、被追求的公众和不受欢迎的公众。

（1）受欢迎的公众。受欢迎的公众是指乐意与组织合作并且能给组织带来利益或存在着共同利益的公众，如股东、赞助者、为组织做正面宣传的新闻工作者。

（2）被追求的公众。被追求的公众是指非常符合组织的利益和需要，但对组织陌生或不感兴趣、缺乏交往的公众，是组织求之难得的公众。如意向尚不明朗的投资者、大批发商、大客户和未与组织有联系的社会名流及新闻单位等。组织要想方设法地同他们建立联系。

（3）不受欢迎的公众。不受欢迎的公众是指违背组织的利益和愿望，对组织构成威胁的公众。如反复纠缠索取赞助的团体或个人，以势压人、多吃多占多拿的"电霸"、"水霸"、"路霸"，专门揭露阴暗面的记者，对不受欢迎的公众，为避免树敌，组织往往设置障碍，力图躲避。

3）公众态度分类法

根据公众态度对组织所持的态度可以将公众分为顺意公众、逆意公众、独立公众。

（1）顺意公众。顺意公众是指对组织的行为和政策等持赞赏态度，甚至支持态度的公众。

（2）逆意公众。逆意公众是指对组织的行为和政策等持否定意向和反对态度的公众。

（3）独立公众。独立公众又称中立公众，或边缘公众。这部分公众对组织的政策和行为持中间态度或态度不明朗。

在公共关系中，由于顺意公众的意见、态度和行动对组织的目标和活动具有至关重要的意义，他们不仅在行动上支持组织，还可以通过他们的社会关系，扩大组织在社会中的影响，提高组织的知名度和信誉度，因此，组织的公共关系人员要重视这支公众队伍。而独立公众由于其对组织各方面的态度不明朗，他们既可能转化为顺意公众，又可能转化为逆意公众，因此，争取让独立公众转化为顺意公众常常成为公共关系工作的重点。对于逆意公众，公关人员要研究其产生态度的根源，要有针对性地开展公共关系工作，促使逆意公众的态度发生转变。

4）公众重要程度分类法

根据公众对组织的重要程度，可把公众划分为首要公众、次要公众和边缘公众三类。

（1）首要公众。首要公众是对组织的生存、发展和成败有着极其重要影响力的公众。例如，对一个企业来讲，员工、用户和新闻界等都是首要公众，是组织要花费很大的人力、物力来维持和改善与他们之间关系的公众。

（2）次要公众。次要公众是对组织的生存发展有影响但不起决定作用的公众。比如与企业或组织有往来的金融、财政、税收、社区等。尽管这些部门对组织的生存和发展不直接产生影响，但它们从各个方面制约着组织。因此，组织在做好首要公众的公共关系工作的同时，要努力调节好组织与次要公众的关系，为组织的发展创造有利环境。

（3）边缘公众。边缘公众是指与组织有联系，但距离组织各项工作层次较远的公众。对这类公众，一般投入的精力、物力都较少。对于公众的划分还有很多，其中按公众与组织的关系可划分为内部和外部公众，这部分的内容将在后两节着重论述，因为按这个标准划分的公众在公共关系工作中统称为目标公众。

4.2　内部公共关系

组织内部公共关系一般包括内部员工关系和股东关系两类，其中内部员工关系是社会组织的首要公众关系，是整个公共关系活动的起点，也是其他公众关系的基础和前提。若以金钱作为衡量标准，那对内工作之有助于组织盈利不亚于对外工作，相比较而言，股东关系是介于内部公众与外部公众之间，而且他们不直接参与组织具体运作过程，对组织的影响力主要是在资金供应上，因此可以说组织内部公众关系实质上还是内部员工关系。

4.2.1　员工关系及其特性、功能

1）员工关系的含义

员工关系是指社会组织与其员工之间通过双向沟通方式，在互利互惠原则下寻求并达成和协、一致、互动的一种内部管理职能，简单地讲，就是通过良好的信息沟通，使组织与员工消除内耗，齐心协力达成共同的奋斗目标。

（1）员工关系不同于组织内部的一般人事关系。人事关系一般包括人员雇用、人力资源开发、员工培训、工作分配、人事制度与纪律的制定、执行、检查，它更多的是从规范上约束组织内部员工与组织目标保持一致。

（2）员工关系也不同于组织内部的一般劳动关系。劳动关系一般包括就业稳定性、工资奖金制度、员工福利及劳动合同的制定与执行，它更倾向于从法律、规章上明确组织与员工之间的权利与义务关系。

而员工关系最主要的责任是要实现一种介于组织管理者与员工之间双方的良好沟通，促使组织的决策及行为能充分体现组织与员工双方的共同利益，能同时反映双方的愿望和要求，同时说服员工将个体利益目标寓于组织整体利益目标之中，达成双方的相互信任与合作关系。

2）员工关系的特性

（1）密切性。员工是组织的一分子，组织是由员工组合而成的。在生产诸要素中，劳动力是最活跃也是可塑性最大的生产要素。这一切都说明，员工关系是社会组织所有公众关系中最密切也是影响最大的一种关系。如果说某个社会组织员工关系的密切程度还不如其他公众关系的话，那么这个组织离瓦解的日子也就不远了。

（2）可控性。既然是内公众，员工对组织存在着依从关系，员工也或多或少的有一种自我约束力，相对之下这种关系就较易控制。组织可以通过各种制度的制定与执行来沟通员工关系。

（3）日常性。组织与员工的关系是最为常见也最为频繁的，无时无刻不在发生着种种联系。同理，对员工的沟通也存在着日常性的特点，必须随时了解员工心理状态，并运用不同方式，密切员工关系，重视员工利益，员工才能与组织交心，而不可能凭借一两次大型活动或某项宣传就能达到沟通理解的目的。

整个社会组织的公共关系工作就是从良好的员工关系开始的：其一，员工是组织最重要、关系最密切的公众，他们是组织赖以生存发展的基础。组织的一切决策、计划、行动都必须通过他们才能付诸实施。只有组织的全体员工同心协力、努力奋斗，才能在内求团结的基础上做到外求发展。其二，员工与外公众接触最频繁，也最为了解外公众的各种心理。同样，外公众对组织的印象也往往是通过与组织内员工的接触形成的，员工的言行举止很可能会决定组织在外公众心目中的形象好坏，公共关系强调"全员PR"的理由也基于此。可以说，公共关系活动如得不到员工的信任和了解，便不能获得真正的成功。

3）员工关系的功能

（1）导向功能。把员工的思想、言行引导到组织的既定目标体系之中，使组织与员工之间能达成真正的目标一致、利益一致。

（2）凝聚功能。使员工在个人目标与组织目标保持高度一致的基础上，建树一种以组织为中心的群体意识，从而产生一种无形的向心力。此外，通过教育、引导使员工逐步产生事业心、责任感，追求更高境界的个人目标。

（3）约束功能。通过一些无形的非正式性、非强制性和不成文的行为准则宣导，对组织中每一位员工的思想观念及行为举止起着规范约束作用。

（4）激励功能。使组织内部员工产生一种士气高昂、自觉奉献的精神状态。

通过了解员工需求状况，进而采取各种灵活的、有针对性的激励措施，尤其是通过对员工深层次需求的激发，让员工认同组织，不仅从行为上，而且从思想意识上与组织保持一致。

补充阅读资料

几年前，在抵御长江洪水的抗洪大军中，我们的解放军战士们以他们的实际行动被人民誉为"新时期最可爱的人"，是什么在激励他们有如此高昂的斗志和如此顽强的毅力，是金钱、物质吗？不是！部队纪律也仅仅是部分原因，关键就是他们的荣誉感、他们的自尊心得到了充分调动。当他们的连旗和团旗在大堤上高高飘扬的时候，捍卫团队荣誉是他们发自内心的声音；当看到百姓大众家园被淹、良田被毁的时候，保卫家园是他们共同的口号；当指战员们个个身先士卒冲在前头的时候，忘我精神已经成了他们行为的主导；而当看到全国人民对解放军战士们的称颂、赞美和深深的感激之情，特别是中央领导人亲临现场，代表全国人民向他们表示感谢的时候，面对这些最为崇高的荣誉，又有谁还会再存有一丝一毫的个人杂念，谁又不感到无比光荣和激动呢！

小思考

有人说员工关系让工会去负责就行了，你说行吗？

答：不行！首先，工会的性质决定了它是群众性组织，而不是企业或单位的员工管理部；其次，企业组织的员工关系需要工会的支持，但不意味着可以代替行使；最后，为让员工对决策层有认同感，也需要管理者从办公室走出来，使双方都能真正了解对方，这才是员工关系的真谛。

4.2.2 员工关系的沟通

1）员工沟通的原则

（1）以诚相待

管理部门必须有诚意让员工了解组织各方面情况，每个管理者应视与员工的交流沟通为己任，只有与员工真心相待，员工才会真心的关心、爱护组织。

"越理解你，越支持你"，这是每一位公共关系人员都应明确的行为守则。不可能让员工对一个自己毫不知情的组织和把自己拒之于门外的管理阶层产生爱戴和信任关系，这至多是一种相互利用的关系。有人认为与员工的沟通应报喜不报忧，这分明是一种欺骗行为，一种愚民行为，一旦真相暴露，你将完全失去员工的信任。

因此，既然是全面了解，就应该毫无隐瞒，甚至包括组织的决策过程，这正是公共关系所要求的"走出象牙塔，进入玻璃屋"。

⫴ 小思考

在《哈佛管理全书》里有这么一个例子：有一天，某公司一位接待员在当天报纸上看到一份招聘广告，招聘对象的工作完全和她自己现在的任务相同，她感到有些奇怪和焦急，决定去和她的老板谈谈这广告的事。老板证实了她的顾虑：是的，公司正在登报招聘人来替代她。发生了什么反应吗？她拿出了在同一报纸上登载着她自己的一份广告，上面写着"我辞职了"。当有人向这位老板问起这位接待员的行动时，他蛮横地说道："她难道没有勇气直接来告诉我她要辞职吗？"你觉得这位老板和他的员工有"交流"吗？你认为这个公司的内部关系是否建立在互尊互敬上呢？你觉得这位老板理解和关心这位接待员吗？这件事发生以后公司内其他员工能否再尽心尽力奉献呢？像这样的公司，员工们能对它热爱吗？类似的情况在你的组织内会发生吗？

员工们渴望着与组织紧密相连，他们希望和组织的关系不仅是一张工资单和福利待遇，他们需要成为"圈子内"的人，能深入到公司内部，对公司各部门情况有所了解。他们更希望不只是被雇用的"一双手"或仅是机器上的一个零件，随时可被更换，员工们期望着来自坦诚交流而产生的那种结合在一起的特殊感觉。

（2）双向沟通

各类信息产生后，应有专人进行调查，了解员工对此的反映，并以此作为信息内容合理性及传播方式科学性的检验标准；信息接收后，也应马上做出反应，不能石沉大海，员工能给组织提一条意见、写一封信、谈一点看法、说一条建议，都在说明员工心里有组织，不答复就是对他们的不尊重，迟早他们也会抛弃你。正如有的员工说，意见提了也没用，反正上面也不采纳，这实际上是一个对组织失去信心的信号。无论是直接的正面答复，还是无法直接回答，都应给员工一个回音，表明你对他们的重视，特别注意的是对员工提出的意见和投诉不能忽视，一定要在一定时限内给予答复，并对员工此举表示由衷的感谢。不及时反馈信息，会产生谣言；及时反馈信息就能把谣言减少到最低限度，也可以缓和由于谣言所引起的紧张关系。

实际上，真正的交流只能在所有员工间有活跃的双向交流气氛时才能出现，对大多数组织来说，目前最大的挑战就是必须将传统的单向、由上而下的传达方式，改变为灵活的双向运转。如果我们真正要与员工建立关系并使他们热诚工作，就一定要从办公桌后面走出来，抱着真诚的愿望和他们相互交流。真诚的交流沟通，做起来要比想象的容易，你只要不再写字条，从办公桌后面走出来，走到工作场所直接和你写字条的对象交谈就行了。走出办公室让大家看到你，让他们有机会直接看到你的反馈。对双向交流，不单单是希望，要真正需要它，要勇敢地做，使这种交流不被人们忘记。

（3）诚实、公平

坚持诚实与公平的道德和行为准则。

什么是管理的真谛，可能会有许多不同的表述，简单讲，实际上就是八个字

"以身作则，公平公正"。前者要求组织的管理者应起楷模作用，因为他直接代表着组织的形象和精神面貌，员工也会仿效管理者的行为方式。以身作则不是指在具体工作上事事冲在第一线，而是指自身的行为与处事原则。后者则是员工对管理层最起码的管理要求，作为决策者在对待员工关系上必须要做到诚实无私、秉公办事，没有这种信念与作风，就不可能取得员工的信任与爱戴，更谈不上与员工的真诚合作和良好员工关系的建立与维系。

（4）及时、全面地沟通信息

与员工切身利益相关的信息应进行及时、全面的沟通。

其包括组织重大发展决策、主要人事变动、新的技术和市场投入，都应该告诉员工，让他们知晓，并欢迎他们参与讨论，从中吸收合理的修正意见。只有让员工参与决策，才能将员工的才智充分发挥出来。

对工资、福利、奖惩及住房、休假等直接关系到员工利益的政策，更应事先及时向员工吹风，如在员工不知晓情况下盲目推出此类措施，必然会招致员工议论甚至抵制，给政策的实施制造压力。

信息发布尽量采用员工们喜见乐闻的形式，注意情绪影响因素，尤其是对与员工利益休戚相关的信息必须及时发出，避免拖延，从接收信息到准备发出这段间隔时间，往往是员工心理最为空虚的时候，也最容易产生混乱和误解。在方式选择上也应讲求多样化、新颖性，特别注意内容与方式的统一。

此外，组织同员工之间重要信息的传递要以适当的形式，选择适当的渠道进行，以保证信息的翔实准确，避免被任意增删而造成不必要的误会和误传。很显然，没有专人进行信息传递很可能会造成"失真"，而且在上情下达时不能进行合理的"解释"（即以公众最愿意接受的方式、最容易协调的渠道进行传递），在下情上传时又不能进行主动、全面收集，使信息往往带有某种倾向性和局部性。错误的传递又会引出一连串错误的理解、错误的决策……

2）员工沟通的内容

一般来讲，沟通的内容必须是员工需要了解并感兴趣的组织情况，或组织有必要让员工知道了解的有关信息。一般经常需要传播沟通的内容有下列几方面：

（1）组织经营管理状况，包括组织的长远计划、近期目标、各项决策内容、人事安排及计划完成状况、指标变动程度、总体盈亏分析等，让员工对组织的经营管理政策及行为有全面的了解，从而能理解管理层做出的有关政策，并能主动执行，以实现公关工作的目标。

（2）市场状况，包括市场占有率、市场的前景、组织在市场中的位置及趋势、竞争同行的情况（包括对手的实力、市场地位、与本组织相比的优劣等）和国内其他地区市场甚至国际市场的有关知识，使员工较为清楚地看到组织所面临的市场环境，从而能产生发自内心的紧迫感与自豪感。

（3）新产品、新技术、新设备状况，包括组织的新产品、新技术介绍、性能特点、使用须知等有关知识及新设备的应用，以及组织在这方面的成就及亟待解决的技术问题，使员工的素质能跟得上时代的发展要求，这也是使组织在信息时代激烈竞争中能始终保持不败的有生力量。

（4）组织名人的工作业绩，包括创业史、发展史，带领组织勇闯难关、不断进取的领导，爱店如家、默默奉献的模范，不辞辛劳争创效益的先进人物，以及组织自身曾在公众心目中有过震颤的良好事件。这样既可增加员工对组织的信心和荣誉感，又能够为年轻员工树立评价的标准和良好的榜样，鼓励他们去创造更大的业绩，求得组织的发展。在树立典型形象时，应多从普通员工的平凡奉献中寻找"闪光点"，让员工体会到"典型"就在身边，机会每人都能争取。

（5）员工新闻。既然是与员工的沟通，重点自然在员工身上，适时地报道一些发生在员工身边的新闻，如工作经验交流、文体活动、职位和工作的变动、工作业绩、业务培训、工作趣闻等。这是加强组织同员工之间情感交流的重要手段，通过员工新闻的传播，可以加强组织与员工之间的联系，增强员工的归属感。而且从心理学角度分析，每个人都希望能成为正面新闻的主角，满足自己自尊的需求。因此，及时收集发布一些员工新闻，对促进组织的向心力也是非常有利的。

（6）员工生活和福利情况。这是与员工生活、工作关系极为密切的，如员工中的生养、婚嫁、死亡、乔迁、生日等。对员工为社会为组织所做的好人好事、组织的员工福利政策及规定，组织一定要及时通过正式传播渠道传递给全体员工，使他们了解组织在这些方面的政策和态度，并在有所答复和承诺后能全力以赴于工作中。

（7）其他有关情况，如守法教育、保安宣传，甚至社会生活常识、礼仪知识等等诸如此类，凡员工感兴趣的都可以作为传播内容。

3）员工沟通的形式

组织与员工沟通的方式很多，有些是以传递解释上级政策为主，有的则是将基层员工的意见和建议传递给组织高层领导，还有些则兼有这两项任务。当然，沟通的方式应根据组织特点、员工文化素质及有关条件许可灵活运用。以下为常用的几种沟通方式：

（1）内部刊物，包括员工刊物、通讯、小报及宣传小册子。以员工刊物为例，员工刊物是对员工传达本单位方针、动态，同时反映员工工作业绩的一种内部传播媒介，它具有沟通领导与员工、协调上下关系，保证组织政策得以准确理解和顺畅执行的作用，加之刊物内容丰富，与员工关系密切，是一种相当有效的公关内部宣传媒介物。

员工刊物一般刊登的内容主要是组织方面情况（包括业务运营、管理决策、计划规划）和员工方面情况（包括员工工作业绩、生活福利问题及员工素质）两方面内容。编写员工刊物必须围绕员工的爱好、素质及需求来组织刊物内容，切忌搞得过分严肃，应内容多样、生动活泼并多安排形象性宣传内容，使之向知识性、教育性和趣味性方面发展，增强员工对刊物的兴趣。

（2）会议，包括传达组织政策的会议、管理层与员工直接对话的听证会，以及由员工主持的提意见或建议会。它是一种面对面的最明朗、最率直的联系方法。美国一位公关专家说："会议是公共关系活动的窗口。"调查和研究表明，把内情告诉员工，促进相互之间了解的最佳方法是多举行几次会议，有计划的虽简短但能把握重点的会议，对增进管理者与员工之间的了解是极有好处的。

要保证会议效果，会议的组织者应注意以下原则：

①会议的内容必须是与会者共同感兴趣的东西，或者是与他们密切相关的事情。即使会议的主题比较客观、长远和间接，也应通过与他们有密切关系的事情来阐明解释，只有做到这点才能确保与会者精力集中，保证信息的充分接收。

②会议时间应尽量缩短。要顾及到员工的情绪、心理和注意力、忍耐力。对于必须召开的会议，一定要简明、扼要地讲清楚事情，即对于重要的东西，说出其主要脉络和关键的地方就可以了，而不必进行啰啰嗦嗦的解释。对于不重要的事情、可说可不说的情况，则应绝口不提，切忌冗长、拖拉。

③态度要自然、亲切，讲话必须浅显生动，尽量少用各类专业术语。对员工的人格尊重与否也表现在你以怎样一种口气与员工对话。如果你与员工平等交流，以诚相待，语调自然而亲切，使会议气氛如同家人团聚一般的随和，员工也会感到自尊并会给你友善的回报，增强员工的归属感和团队精神的目的也就自然达到了。另外，话题的引入应引起主持者的重视，会议的气氛及员工的注意力能否集中，关键在于话题的引入上，一般应从浅处开始，用活生生的事例引出主题为妥，并在讲话中多运用通俗易懂、生动活泼的词语，避免深奥难懂的专业用语，以保证信息传播的接收效果。

在日常会议组织中，还应做好以下几方面工作：

①会前的周密计划。依照会议组织的原则，首先，确定议题，明确会议目的；其次，确定参加的人；再次，确定议程，包括主持人、主要发言人；最后，进行会前准备，包括准备会议主题有关背景资料、会场布置、安排记录员，对与会者应事先通知，并告知会议将要研讨的主题，有些会议可以将会议计划分发给与会者。

②按时开始。守时是会议的基本原则，不能为一个人而浪费其他人的时间，经常性的等待、推迟也会影响到会议的权威性，组织的决策层对此尤其要引起注意。

③进度控制。可以根据议题范围及议程内容测算会议计划用时，并按议程规定掌握时间进度。

④关注沉默者。会议上的沉默者并不表示他没有任何意见或建议，要注意这类与会者并设法与其沟通，以了解其内心思想。对于害羞、紧张、自卑的沉默者，可以主动鼓励其发表自己的见解，或许他的建议不见得合理，但你可以让他知道，对他的意见你很感兴趣（可以用点头、记录、用简短语言表示肯定等），这样既能帮助他增强自信心，也是一个主持人显示人格魅力的机会。敌对的沉默者可分为不同政见者和冷嘲热讽者。对前者应允许其发牢骚，给他一个发泄的机会，这有利于决策意见的真正统一，也可从发言中了解其真实想法，甚至从他发言的内容中寻找攻击的破绽。对后者则可直接要求其提出更好的方案和理由，冷嘲热讽者对会议的气

氛有很大的破坏性，应注意其言论并直接给予回击。

（3）公告牌，包括黑板报和墙报、宣传窗等专用性信息发布地。公告牌是最古老也是最常用的传播工具，就传播内容而言，既可以是组织决策及服务方针的广泛宣传，也可以是组织新闻、员工业绩的正面鼓励，还可以对员工感兴趣的问题进行分析讨论，寻求统一的观点和对策。由于其制作简单、费用低廉，加之方式灵活、传播时效性好，因此是每个组织公共关系人员必须重视并精通的一种传播工具。要提高公告牌的传播效果，须做到：

①公告内容多样化，避免过多的说教和事务性公告，应着重刊登组织的有关内部新闻，尤其是好人好事和直接关系到组织及员工利益的重大事件。

②注意新闻的时效性。无论是通告还是新闻都有时效性，时过境迁，公告牌内容就要及时更换。内容的适时变动也能给员工以新鲜感，会促使他们经常注意公告牌的内容。

③要接近员工需要，注意"热点"新闻，内容主要围绕员工关心的组织新闻、员工动态、文体活动、表彰奖励及员工家庭新闻、知识百科等。

④公告牌应安置在适当的地方，如员工的饭堂、主要通道。如果是宣传橱窗，最好摆放在员工容易看得见的地方，这对引起员工注意，便于员工观看和增强被宣传人物的心理满足感都不无裨益。

（4）给员工的信。组织负责人写信给员工或员工家属，汇报组织情况并请教和讨论组织有关事务，也是一种较为有效的传播方式。尤其是这种信件花费有限，但能传达对员工的关心，容易为人接受并获得员工的信赖，科学地运用此法往往能起到相当好的效果，但在运用中要注意：

①主题明确。每次写信最好只讨论一个题目，便于员工慎重考虑并给予回复，内容过多反而会让人模糊，无所适从。在内容表述上要力求简明扼要、不能冗长。

②应注意情感交流。既然是给私人的信件就应具备起码的礼仪，在用词、语调、格式上都要注意分寸，既不能冠冕堂皇、官腔十足，也不要低声下气，失去权威感，亲近之中不失尊严。

③在运用的时间和频率上不能过多过滥。偶然一封信件往往能得到员工的极大敬意，信件多了也就显得平淡无奇了。在沟通的时间上不能临时抱佛脚，有求于人时才写信，这样容易让人认为是在利用他，而应注意平时的沟通，这需要其他方式的配合。

④在寄发对象上，有时可以给员工，有时可以直接给家属，尤其是当组织面临危难而需要员工的共同努力时，给家属的效果可能会更明显。

（5）员工手册及活页印刷品。编印员工手册，给员工每人一册，通常与口袋一样大小，以便于携带，内容包括有关部门的规章、政策、义务、禁止事项、奖罚规则等，近似于一本工作守则。通过对固定性内容的传播，让员工对组织的有关政策、制度有全面、清楚的了解和认识，从而以此为行为规范，约束自我。为克服员工手册因命令条例过多而可能导致的员工反感心理，可以适当增加组织历史及发展介绍、产品及服务内容介绍、组织与员工光荣业绩等，以补充手册内容之不足。可另编活页的印刷品来报道新的情报、人事变动或福利计划和组织的有关新近政策，使员工随时了解本组织新的业务和进展。活页印刷品的发放可以直接分发、寄发，也可以放入员工的工资袋中，一般在领取工资时必然心情愉快，这个时候与员工沟通是很少会被拒绝的。

（6）其他活动性沟通方式，如家访、请员工做客、集体性娱乐活动、业余文体活动及其他特殊沟通方式。

一般来讲，活动性沟通由于是直接的面对面沟通，因此具有人际传播的诸项优点，是员工沟通中常用的辅助手段。美国商用机械公司IBM总经理，每年坐飞机行程几万公里，到各地去看望公司的17万名雇员，并同他们谈话，了解他们的需求。他把这个当成是组织成功的最大秘诀，可见人际沟通的效果。在这里有一点要注意的问题就是，活动性沟通一定要真诚，发自内心的关心安慰，才能真正赢得员工对组织的强烈的爱；反之，搞形式主义，走过场，结果很可能是适得其反。特殊的沟通方式有：祝贺员工的婚事或生日，关心员工的业余文体生活并赞赏他们所取得的成绩、设立意见箱、领导接待日、热线电话等，让有些不希望与领导直接接触的员工有一个发表感想、提出建议或者发牢骚的机会。

与员工沟通的方式还有许多，最关键的问题还是在于组织决策层应充分认识到与员工展开经常性的沟通对组织建设的影响力，并能将了解员工、听取员工意见视为主要工作内容。正如英国前首相丘吉尔所说："勇气能使你站起来讲话，勇气也能使你坐下来静听。"

┃┃小案例

目前世界上最大的零售连锁超市、美国沃尔玛集团创始人萨姆·沃尔顿就是一个经常深入一线和员工们直接交谈并听取和注意他们意见的管理人。沃尔马超市伟大的传统之一就是他在1980年访问某分店时，听取一个同事叙述的故事后建立起来的。萨姆·沃尔顿在他的自传《美国制造》一书中说，有一次他去路易斯安那州克劳列城的沃尔马超市，当他走进门时一眼就看见一位长者站在门口，那人并不认识萨姆，只听他说道："嗨，你好吗？欢迎你来到这里！如果你想知道本店的一些情况，请告诉我。"萨姆立刻感到这位长者站在门口这样讲话能达到两个目的：一方面他让进店的人感到温暖；另一方面也可以知道是否有人没付过钱就拿了东西出去，他立刻就开始着手在所有超市门口安排一个"迎宾员"。是否马上做到了呢？说实在的，在经过他一年半不懈努力后，他才让所有他旗下的超市安排了一位迎宾员。他经常说："我们99%的好主意都来自我们的员工"。

聆听内部意见能使第一线员工和公司建立密切关系，而当那些直接和顾客接触的员工知道他们的意见和顾客的意见同样受到重视的话，他们的积极性也提高了。

4.2.3　员工关系的协调

1）了解员工心理，掌握员工需求

对员工的状况、问题和想法有清楚的了解是建立良好员工关系的先决条件。大量资料表明，员工关系不佳往往不是由于利害关系，而是社会组织与员工之间没有充分的了解和沟通，一旦员工认清了自己的工作与整个组织的经营运作的关系和重要性，乃至个人对产品（或服务）品质的贡献时，他对工作的责任感和积极性就会提高，员工的归属感才会增强，组织的内聚力也才能真正形成。

员工需求总体上可分为物质需求与精神需求两方面。

（1）物质要求，包括工资、奖金、福利及工作环境和休假

美国管理学家马斯洛在需求层次理论（生理需求+安全需求+感情和归属需求+地位和受人尊重需求+自我实现需求）中，把生理需求和安全需求视为低层次需求即物质需求层。每个人都在物质社会中生活，对物质利益的追求是人类最基本也是最持久的动力，同时也是构成组织内聚力的先决条件，只有在基本物质需求得到适度的满足，员工才能真正做到"无后顾之忧"，"以厂为家、以店为家"才能成为现实。当然应该明确，需求是无止境的，加之组织财力有限，不可能让每个员工得到充分的满足，关键是如何协调组织财力的有限性和员工需求无限性的矛盾。从组织管理原则上说，物质利益应同员工的劳动付出切实挂钩；从公共关系角度分析，还应进行及时的上下沟通。一方面全面、准确、及时地了解员工的生活状况、思想状况，倾听员工在这方面的意见和想法；另一方面将组织的现有条件、分配方案及有关福利政策与员工进行全面沟通，消除误解以求得到员工们的理解。

在这方面，日本组织经营管理指导资深专家酒井正敬先生，就提出稳定人才、稳定员工的三件法宝是工资、休假、福利措施。

支付高工资是经营者的职责：

①一个良好的公司首先是员工的工资较高，给员工支付高工资是经营者的职责。其实，也可以换一个说法，让员工们生活得更幸福是经营者的职责。

②增加休假日，吸引青年英才。在对求职者的求职要求调查中可以发现，对休假日的要求在逐步提高，现代青年更喜欢"拼命地干、好好地玩"。如果现代组织还有那种将员工视同机器零件一般的观念，寄希望于通过提高工资、奖金、加班费等物质条件的改善，让员工长时间为组织工作显然是行不通了。

③一点一滴改善福利措施。在以上三项物质条件中，一般组织最不愿采取的就是福利措施，但从员工角度分析，他们要长期在组织里工作，最关心的也是福利措施，包括住房、医疗保障、人身保险甚至工作午餐，这些应该引起社会组织足够的重视。

（2）精神需求，包括赞扬、尊重、情感交流、晋升及参与决策管理等

马斯洛把社交需求、自尊需求及最高层次的自我实现需求看作是高级层次需求。既然人是一个"社会人"而不是"经济人"，社会组织就不可能把物质利益的满足当成调动员工积极性的唯一方式。现代管理学家大都认为，公平合理的薪金和福利是员工关系的基础，若发展到更高的层次，则需要心理上和精神上的满足。这有赖于对社会的需求和贡献，也就是通常讲的尊重员工的个人价值。美国心理学家赫茨伯格将前者列入"保健"因素，将后者列入"激励"因素，也较形象地表明

了精神激励对调动工作积极性的作用。

补充阅读资料

美国国际商业机器公司为满足员工的精神需求，特地在新泽西州的体育场举行一年一度的员工庆功会，100位优秀推销人员像马拉松运动员一般，一个从场外沿着通道跑进运动场的跑道，这时看台上巨大的电子显示器分别打出每个人的名字，公司的高级总裁和其他部门的同事及推销员的家属都在主席台和看台上热烈鼓掌，大声喝彩，这对每一个场上的推销员的激励作用是非常之大的。

1981年，美国马塞州巴莫尔的戴蒙德国际纸板箱厂，因市场萎缩，工人为前途担心，65%员工感到管理层对员工不尊重，56%员工对工作感到悲观，79%员工认为他们没有得到因出色工作而该有的报偿。为此，管理层推出"100分俱乐部"计划，即无论哪位员工，全年工作绩效高于平均水平的，则可得到相应分数，如安全无事故20分，全勤25分，每年结算一次，并将结果送到每位员工家里，如分数达到100分，可获一件印有公司标志和"100分俱乐部"臂章的浅蓝色的夹克衫。

到了1983年，工厂生产率提高了16.5%，质量差错下降了40%，员工不满意见减少了72%，由于工业事故而损失的时间减少了43.7%，工厂每年多创了100万美元利润。

1983年底评议时，86%的员工认为管理层对员工很重视，81%的员工感到自己工作得到了承认，79%的员工认为自己工作与组织成果关系更密切了。

通过满足员工各个层次的需要，可以使广大员工形成和获得：

方向感：对组织的近期和中远期目标的了解、认同与同化。

信任感：员工对组织决策管理者的互相沟通与依赖。

成就感：个人目标与组织目标一致化，认同组织目标的完成需个人的努力。

温暖感：把组织看成是一个延伸的"家"、一个个人发展的最佳天地。

舒适感：对组织的各项劳动及劳动保障条件、环境的认可。

实惠感：对切身利益（尤指物质方面）的相对满意。

松下幸之助认为：工作占据了人们一生中一半以上的清醒时间，因此公司对员工个性的塑造、心灵的美化、精神的创造责无旁贷。他提倡松下"七精神"：产业报国、光明正大、和亲一致、力争向上、礼节谦让、顺应同化、感恩图报。

松下公司还在日常经营管理中给予员工两种训练：一是基本的业务操作和生产技术训练；二是公司特有的"松下精神教育"，每隔一个月，员工们就要在他所属的团体、部门中进行十分钟演讲，阐述公司精神价值观，领会公司整体组织意识，此举非常成功地将员工目标与企业目标融为一体。

2）建立基本价值观念，达成员工奋斗目标与组织目标的一致性

在内部公共关系工作中，培养员工的价值观念对于塑造组织良好形象，促进组织的发展具有重要作用。首先，它赋予广大员工的日常工作以崇高的意义。人们总是希望自己在从事的工作岗位上建立个人与组织及社会的认同关系，获得归属感和荣誉感，并且希望在特定的工作环境中，以自己的才干、实绩赢得他人和社会的承认与尊敬。因此，在内部公共关系活动中应充分地发挥每个员工的自身价值，把他们的日常工作与高层次的价值目标联系起来，使员工超脱低层次的狭隘眼界，获得精神动力，团结一致的为共同的目标任务而精诚合作。其次，员工的价值观念赋予

组织以重大的社会责任。一个正确择定的价值观念和人生价值目标，同时要求组织从社会责任出发，来指导和校正自己的行为，不仅强调组织自身的局部利益，而且能自觉认识到肩负的社会义务，并且以此作为组织的价值规范和行为准则。最后，价值观念为广大员工提供了日常工作的指南。在激烈的竞争环境面前，组织要图生存求发展，必然要求上至领导下到普通员工，共同拥有一个积极上进的价值观念体系，促使上下左右各方围绕共同的价值准绳作"向心运动"，将组织内部全体公众在目标一致、利益一致的基础上紧密地结合为一个有机整体，自觉地调节个人利益与集体利益、眼前利益与长远利益之间的关系，保持员工们思想言行的正确方向和组织运行的健康协调。

许多世界一流的组织管理专家都认为，对于一个成功组织具有根本意义的是一个价值观念问题，即必须有一种基本的信念（或基本宗旨、最高目标），以维系、动员、激励组织的全体成员互相协作不断拼搏，使组织保持长久活力。正如美国国际商用机器公司总经理小沃森所讲的，我坚决相信任何一个组织如果想要生存并且获得成就，就必须有一套健全的信念，信守这些信念是组织成功的最重要因素。技术或经济资源、组织结构、创新能力和时机虽然都会对组织的成就有很大影响力，但都比不上组织里的人员对基本原则的强烈信仰、身体力行。

组织基本的价值观念就是组织的内聚力，这主要通过组织文化表现出来，即能够形成本组织人员都信守的一套行为方式、工作信念、特有的俚语、专用的服饰、独特的环境等，使组织员工一方面可以感到同社会其他组织之间存在一定的差别（优越性），另一方面因本组织拥有这些令人敬仰、羡慕和喜爱的特点而自豪，并努力地遵循它、维护它。可以说，组织内聚力的形成需要通过组织文化的促动，而员工归属感的形成又直接取决于组织内聚力。反过来，员工归属感又能进一步增强组织的内聚力。

承认与尊重组织内部员工的个人价值具体表现为：对员工人格的尊重；对员工为组织所做贡献的肯定；对员工意见的倾听与采纳；对员工生活和工作环境的关注以及让员工分享信息和参与决策。

3）培养组织内部融洽的气氛

组织内部的公共关系工作应包括对员工在业务运作和日常活动各个方面给予积极的关心，使员工感到在组织集体犹如身处自己家庭之中。每一个员工都有经济的、社会的、心理的、精神的不同方面、不同层次的内在需求，只有其各种需求在组织内部得到基本满足，才能促使其努力劳动、勤奋工作。因此，照顾好每个员工的工作、生活是内部公共关系工作应尽的责任。那些获得卓越成就的组织，都十分重视员工八小时之外的生活，在组织内部培养和谐融洽的人事环境和"家庭式气氛"，他们总是把组织看成是一个扩大了的家庭。在内部公共关系工作中，他们把培养"家庭感情"看得比眼前利益和成本投资更为重要。每一位在单位供职的员工，不仅希望自己从事的工作富有价值和意义，在事业上有希望、有奔头，而且希望自己的组织是一个充满人情味与温情的"大家庭"。只有在融洽的家庭气氛中，员工们在日常工作中碰到的焦虑和压力才能得到缓解、消除，同时，这种家庭式的情感需求的满足必然促使广大员工形成强大的工作动力，把组织营造成为一个坚强团结的集体，以卓越的事业绩效去赢得社会各界公众的信任与好感。

4）合理化建议制度

管理界公认的一条原则是，全体员工参与的管理才能算是好的管理，换句话说，培养员工的参政、议政意识是决定管理水平高低及组织效益的关键，而员工参政议政的主要形式之一就是提出合理化建议，因此，健全合理化建议制度是良好员工关系的一个重要体现。世界著名的柯达公司在创业之初，主管乔治·伊士曼收到一份普通工人写的建议书（1898年），内容非常简单，仅仅呼吁生产部门"将玻璃窗擦干净"。伊士曼认为这是员工积极性的表现，应予以表扬、奖励和强化并由此建立起了"柯达建议制度"，并一直坚持至今。对公司员工来讲，因提建议每年总共能获得150万美元左右的奖金。但就公司而言，从这个"玻璃窗"制度所得到的收获就更大了。80多年来，柯达公司员工提出的建议总数已近200万项，其中被采纳的已超过60万项。1983—1984年，合理化建议为公司降低成本、节约投资1 985万美元，支付奖金370万美元。这仅仅是几个直接的数字，实际上这种合理化制度的建立和健全，增强了员工参政意识，大大激发了员工"爱我组织"的积极性，也形成了强有力的"内聚力"，在各方面都能以组织的整体形象约束自己，这一切带给组织的又何止是个数字上的收益呢？有的经济学家认为，战后日本经济之所以能以惊人的速度发展，在很大程度上是与日本的组织管理人员注意激发员工潜能，鼓励参与组织管理分不开的。

在现代社会，合理化建议制度已成为许多社会组织密切员工关系，增强员工参与意识，降低组织内部耗费的"法宝"。如何才能建立和完善合理化建议制度呢？

（1）管理者应真正认识到员工参与管理是现代管理的重要内容。未来的组织环境将更为复杂多变，组织的环境也更难测定，只有通过全体员工，借助于他们对组织各环节的熟识和对公众的了解，发现组织运作中的薄弱环节，才能使管理决策更为全面、准确。

（2）组织专门人员进行策划实施，并使之形成制度。如柯达公司的"柯达建议制度"之所以能持之以恒，靠的是公关部门严密的组织保证。在公司的走廊里，每个员工随手就能取得建议表，丢入任何一个信箱都能送到专职的"建议秘书"手中，建议者此后还可以随时打电话询问建议的下落。专职秘书则负责及时将建议送到有关部门审议，做出鉴定。公司还设有专门的委员会负责审核、批准、发奖。在美国甚至有全国性的建议制度协会。

（3）制订方案、计划，并让全体员工知晓，使计划深入人心。计划应包括以下有关内容：建议人资格的规定，全体员工都有提出建议的权利，但通常不接受匿名建议；同时，一定级别以上的管理人员不能就本身所负责的业务提出建议，这是他的本职，而不是贡献；目前经营管理的重点问题或者是未决的难点及有关情况介绍；提出建议的形式、方法与有关要求；有关建议受理及处理的一般程序；奖励的形式、标准；发奖的日期与方法。

计划制订之后，就应运用各种传播工具，进行广泛的宣传、传播，让员工对该计划有全面的了解，并能产生兴趣及行动。

（4）长期坚持，使员工形成提合理化建议的意识。能否长期实施的一个很关键的因素是应重视员工的所有建议，不仅是可采纳的、有实用性的，还包括那些不成熟的，甚至无现实意义的，都应向提议人回复，说明不采纳的理由和对该提议的善意评价，并向提议人表示由衷的谢意（必要时可赠送纪念品之类以示鼓励）。对于采纳的建议则应给予各种形式的表扬和奖励（甚至可以以员工的名字对某项建议成果进行命名），以激发员工的兴趣。

奖励方式的多样化也是完善合理化建议制度的重要手段。奖励是一种"积极强化"，它可以引导员工的思想意识朝符合组织最高目标的方向发展。奖励分精神奖励和物质奖励，具体实施时应根据每个员工心理需求的重点给予针对性的满足。在许多情况下，赏识更为重要，员工不可能时时得到奖励和晋升，但却希望时时得到赏识，组织领导对员工的表扬、亲近、理解、支持都能起到良好的强化作用。另外，物质奖励也应注意方式的灵活性，国外有的组织把合理化建议奖让员工与家人共同享受（如给有小孩的员工家庭买架钢琴作为奖励）。奖励的适时性和随时性也是奖励时应注意的，很多时候，当场奖励令人倍受鼓舞，如果事过境迁再提奖励就变成了"炒冷饭"，使人觉得没有多大意义。再有，奖励的可获得性也是促使员工关心组织的有效方法之一，奖励面过大自然起不到奖励作用，但面过窄也同样会给人以太遥不可及的感觉，因此，除了大奖外，还可安排各种大小不一的奖励，甚至是对所有建议者的鼓励。

5）妥善处理与非正式群体的关系

行为科学研究表明，社会组织中存在着两种组织形式：一种是以正式组织的结构、权力、任务、职能组合的关系，称"正式组织"、"正式团体"；另一种则是以感情、观念或利益关系的统一而构成的关系，称"非正式组织"或"非正式群体"，这种非正式群体往往是出于自愿自发的人际关系，团体意识感很强。从构成上看，非正式群体可分为：感情型：如校友、老乡、同门师兄弟；兴趣型：如球迷、棋友、音乐发烧友；利益型：或者是因工作上的经常互相联系，为方便办事而结合，或者是为对抗其他群体而结合。

非正式群体的内部具有三大沟通特点：

（1）沟通效果好。沟通大多是不拘形式，并且只借助于亲身传播，是面对面进行的，效果显著。

（2）沟通程度深。都是以浓厚的人情味、以人际关系沟通为主，往往能达到意识上、行动上的一致。

（3）沟通内容广。不仅有工作内容，还有生活的社会的乃至一切人际关系的内容都能进行沟通。

由于这种非正式组织存在于每个组织中，利用得好，往往能起到正式组织所无法起到的作用；利用不得法，则很可能成为组织决策者的"心病"、"定时炸弹"。要控制但不能压制，更不可放纵，应因势利导。

公共关系人员在与非正式团体沟通时应注意以下几个问题：

（1）注意与意见领袖搞好关系。所有的非正式组织都是以意见领袖为核心的，他并不一定比同伴更有社会地位，却因消息灵通、足智多谋或有超人的胆识与品质，或因具有非凡的经历、技术能力、年龄、个性赢得员工的信任，逐渐形成一定的影响力和权威性。与他们的交往一定要注意：一是要尊重他们，对于他们反映的任何情况都要表示重视和信任。要注意，如果你对一个意见领袖流露出了不信任，就等于是在一部分甚至是相当一部分员工中树起了敌意。在平时应多与意见领袖通气，遇到有新规定、新政策需要向下传递时，也应先向意见领袖做解释，注意吸收他们的反馈，并争取他们的理解和支持。二是在工作安排上，应尽可能让这些意见领袖担负一些比较重要的职务，这样就把正式沟通活动和非正式沟通活动有机结合起来了。三是注意千万不要使用任何行政压力，使意见领袖变成组织管理层的单方"传声筒"，这样很可能使他的威望和作用都会荡然无存，甚至会有别的人取代他成为新的意见领袖，给与非正式组织的沟通造成新的困难。

应该指出，一个非正式群体领导人是很难成为一名理想的正式组织管理者的，理由是：

一旦他被授予了官方职权，很可能会变成一个颐指气使的老板。

他们缺少正式领导者的气质要素，因为怯于承担法定的责任。

他们一旦担任了管理职务，也会变得谨小慎微、唯恐犯错，尽管其不在位时经常指责管理者没有独创精神，不敢开拓先机之类。

毕竟正式领导者所面临的职权范围是一个广泛、复杂得多的领域，没有良好的素质、能力是无法胜任的。

（2）管理层应多参与非正式群体的活动。非正式群体的活动一般带有较强的人情味，组织领导主动积极地参与，就能缩短与员工在感情上的距离，甚至会成为他们中的一员，这样，非正式群体与正式组织的隔阂就会随之缩小，也可在一定程度压缩了意见领袖的权力。如多参与文体活动就易获得员工中文体爱好者的好感，使这些员工因与领导爱好相同、志趣相投而产生满足感，进而对组织产生好感。当然，在参与时管理者也不能以上司身份自居。

（3）对非正式群体的消极作用注意引导。非正式群体活动在为组织带来某些好处同时，往往也带有一定障碍性。

①阻碍变革。它具有一种使团体过分维持现在生活方式和在变革面前采取僵化态度的倾向。比如定额变动、机构变动，在开始时都易遭反对。

②角色冲突。为了满足其团体成员需求，有可能使员工（其团体成员）偏离正式组织目标，这在小团体与正式组织两方面需求相冲突时，会显得很明显。例如，组织员工义务加班清洁卫生，如小团体中有其他成员反对，则有的员工很可能自己想参加，但又不敢参加。

③谣传。非正式团体拥有各种沟通系统和沟通渠道，错误信息流传很快。

④说服。它对于迫使人们服从非正式群体具有强大的压力，由于人们日常大部分时间是在非正式组织影响下度过，因此这种无形压力会很明显。如在一个非常随意的团体里，你的衣着端庄就可能成为被取笑的对象。

非正式群体之所以存在，是因为在观念、信念和目标上与正式组织存在着差异性，这种差异性必然会表现在行为上，有时会与正式组织的制度唱"对台戏"，对此，不应横加干涉，更不能动不动以正式组织的条条框框去惩罚对方。心理问题没有解决，光靠外力是难以见效的，应针对这种抵触情绪进行了解分析，弄清楚是什么原因，对症下药加以解释与说服。

4.3　外部公共关系

所谓外部公共关系，是指社会组织主体与其内部公众以外的其他公众的关系总和。它包括服务对象公众、传媒公众、社区公众、政府公众、业务伙伴公众等各类对组织生存与发展有着某种联系的公众，也称组织的外部环境。

外部公共关系具有一般公众的整体性、变化性和相关性特点，也是在从事外部公关活动中必须引起注意的。

整体性是指它们不是单一的群体，而是一个与组织运行有关的整体环境。它是以整体作用方式对组织产生影响，对其中任何一种公众的疏忽，都可能导致整个公众环境的恶化。因此，必须用全面、系统的观念来面对整体外部公众。

变化性是指外部公众不是一成不变的，而是一个开放的群体，其范围、形式、性质等会随着主体条件与时间的变化而不断变化，而这种外部公众环境的变化又会导致公共关系目标、手段及范围的调整。

相关性是指外部公众因与组织存在着某种联系，并因相互间存在着共同的利益问题而相关。这种相关表现为两方面：一方面，组织的行为对公众的某种利益产生一定的影响作用，使公众有必要"关注"组织的行为；另一方面，公众的态度与行为对组织也会生产一定的影响作用，需要组织随时注意公众的"动态"。

我们知道，不同社会组织其所面临的外部公众是不尽相同的，英国公关专家弗兰克·杰弗金斯在其《公共关系学》中，曾以慈善团体、国家旅游局和食品制造商三个不同主体为例，列举了它们的相应公众，并且指出："这份清单并没囊括所有的公众，但足以说明三个组织的相应公众具有明显的区别。"

依照社会组织在日常运作过程中最常见也是最重要的公众类型分析，我们将消费者公众、传媒公众、政府公众及社区公众并称为外部"四大公众群"，并分别加以阐述。

4.3.1　消费者公众的关系

消费者公众也称为服务对象公众，是指社会组织的具体服务对象，如商场中的顾客、宾馆中的住客、酒店中的就餐者及火车、飞机上的乘客等组织主体服务对象的总和。

消费者关系除了纯粹的顾客关系之外，还有一种广义的理解，即社会组织的服务对象关系，也就是说任何社会组织，只要它有一定的服务对象，就必然存在着消费者关系，政府的职能部门也同样存着这种服务对象关系。

早在20世纪50年代，市场营销理论就开始从以生产者为中心，转向了以消费者需求为中心。到了70年代，消费者关系更是上升到直接影响组织体生存的核心层次。可以说，失去了消费者，也就没有了社会组织的生存基础；反之，了解了消费者需求，掌握了消费需求的脉搏，社会组织就拥有了一个生存空间。曾有营销专家指出：在现代社会里，消费者就是至高无上的王，没有一个厂商胆敢蔑视消费者的意见，蔑视了消费者，一切产品就会卖不出去。美国著名公共关系专家加瑞特（Paul Carnett）也在其著作中指出，无论大小组织都永远必须按照下列信念来计划自己的方向，这个信念就是：组织要为消费者所有，为消费者所治，为消费者所享。实际上许多著名企业集团，都将利润视为服务的"副产品"，认为只要服务到位，利润是自然而然的事情。总之，满足消费者需求（包括满足的质、量、时间与空间）是一切社会组织赖以生存和发展的基础，尤其在市场经济高度发达、消费者权益日益受到重视的21世纪。

1）消费者关系的基础与目的

（1）消费者的权利

要争取消费者对社会组织的信任和合作，就必须充分尊重消费者在购买商品或享受服务中本应拥有的权力，这也是消费者关系的基础。我国在几年前就已出台了《消费者权益保护法》，以及产品"三包"服务的若干规定，从法律角度对消费者的正当权益给予明确和保护。《中华人民共和国消费者权益保护法》第九条规定："消费者享有自由选择商品或服务的权利。"其含义包括：消费者有权主动选择提供商品或者服务的经营者；自主选择商品品种或服务方式；自主决定购买或者不购买任何一种商品，接受或者不接受任何一项服务；有权进行比较、鉴别和挑选。

在实际生活中消费者应拥有以下基本权利：

①有权了解产品质量与使用要求等方面的真实信息。

必须让消费者对产品的制造、使用、维护各方面信息有全面、真实的了解，才能使每一位消费者在了解事实真相的基础上，依据自身条件做出选择与购买决定。这方面，过度的广告传播、片面吹嘘、夸大的虚假宣传，往往会误导消费者，诱使其做出错误的购买决定。如有一种保健品，仅仅对促进人体睡眠有一定效疗，却在广告中夸大功能，宣传所谓防止衰老、促进新陈代谢、增强人体免疫力等尚未经国家权威部门认定的疗效，显然就是对消费者正常权益的一种损害。对有的商品，厂家报喜不报忧，仅强调其优越性而回避对使用人本身副作用的说明，也是一种不正常的广告误导行为。

②有权充分挑选商品的式样、种类，在试用满意后再决定最终购买与否。

我国目前的市场经济正处于发育时期，一些社会组织的消费者意识还比较淡薄，体现在销售行为中，往往重售前、售中不重售后，在顾客购买时，售货员面如春风，但一旦要求退换，则是手续繁琐、表情冷淡，实际上是犯了服务大忌。在营销界有这么一条公式："100-1=0"，意思是即使有100个顾客对组织满意，但只要有一个顾客对该组织或产品持否定态度，组织的美誉即等于零。而且调查显示，每位非常满意的顾客会在产生相同需要时，考虑该组织或产品，当一个非常不满意的顾客出现时，他会把不满至少告诉20个人，而这些被告诉者在产生相同需要时几乎都不会光顾该组织或产品。

我国零售业近几年在不断繁荣的同时，受到众多国外零售集团的冲击。美国的沃尔玛、法国的家乐福、德国的麦德隆等纷纷成功抢滩国内零售市场，除经营方式、管理理念的差异外，对顾客服务的差异是一个重要因素。

③有权对商品的质量、款式、性能、价格等要素提出意见，并有权要求这些意见被相关组织听取。

首先，消费者从民众角度有权对社会组织的产品在质量、款式、宣传等方面与国家政策、法规和民俗风情有悖时，提出意见并要求有关社会组织改进。如近年在玩具市场出现的一种仿真恐怖性人体器官玩具和仿真危险性武器，虽然没对使用者构成直接身体伤害，但对儿童正常的心理发育不利，民众就有权要求厂商及时更改，并督促政府职能部门及时作为。其次，消费者就消费角度对其应享有的权利有权要求有关组织切实履行。这点在非工商组织中表现得尤为明显，如对公安、财税、交通甚至地方政府等政府管理部门的不作为，消费者可以提出要求，甚至提起诉讼，要求享有服务对象应有的权利。

④当使用不良的商品或服务受到损害时，有权要求得到赔偿。

当消费者使用（或享受）其所购买的商品（或服务）而受到利益损害时，消费者就可以要求得到补偿。2001年7月，佳木斯一旅客以"既然是特快列车，没理由比快速列车慢，更没有理由比普通列车慢"为由，将哈尔滨铁路局告上了法庭，告其有欺诈行为。其理由就是既然买了特快空调列车的票，就不该享受比普通快车还慢的速度。去年，美国联邦法院做出判决，要求菲利浦·莫利斯等几家烟草制造商向美国烟民赔偿1 000余亿美元，原因则是烟草公司向烟民销售香烟，使广大烟民在吸烟过程中受到了身体伤害，并导致许多疾病的发生。

（2）搞好消费者关系的目的

搞好消费者关系的目的是希望达成社会组织主体与消费者之间利益的和谐，在双方的共同发展过程中寻求"双赢"，具体在组织行为上又可归纳为下列几方面：

①通过市场调研获取消费者对组织决策及行为的基本态度，以求通过改进，使组织更能"投消费者所好"。

②通过了解消费需求及其构成，适时推出消费者称心如意的商品或服务，在满足消费者需求同时，创造组织自己的经济价值与社会价值。

③通过合理的传播手段与方式，向消费者公众展示组织的整体面貌，让消费者

能越了解你，越喜欢你，就越支持你。

④与消费者公众保持良好的双向信息沟通，确保消费需求信息能在第一时间准确地反映到组织的决策层，以便及时做出迅速合理的反应。2001 年 7 月 13 日晚 10 点 11 分，我国首都北京成功申办 2008 年奥运会，就在萨马兰奇宣布北京获胜后大约半小时，可口可乐北京分公司就将一批特制的庆贺申奥成功的金色罐装可乐发往北京各大商场、超市，在商机上领先了一步。同时，通过传播渠道将组织的有关信息通畅地、真实地向消费者公众做以介绍，使消费者能对组织及其相关产品或服务有较全面的认识。

2）消费者关系的内容

（1）研究消费者需求

市场营销学研究表明，当买方市场已成明显态势时，消费者需求的研究就成为一切社会组织决策的先决条件。

还须指出，研究消费需求不单纯是指跟在消费者的后面，单纯为满足现实需求而运作组织行为，更要研究需求的发展趋势，在消费潮流中能抢先机，善于引导消费、创造需求。正如美国著名管理学家彼得·德鲁克所说的："组织的目的只有一个适当的定义：创造顾客。"

（2）坚持始终如一的服务

营销专家曾提出这样的观点：你要推销产品，只有两条路，第一条路是你的产品特别优异，有许多特点非其他同类产品可比；第二条路是以售后服务争取顾客的信心。显然后一条路更具可操作性。

在现代社会，服务的概念已不再是产品的附属概念了，最新的市场营销理论已将服务列入产品概念中之核心要素，并且指出，当技术竞争、广告竞争已难分优劣之时，服务是当今社会组织必须引起重视的首要因素。无论是购物，还是就餐，对消费者而言，与其说他们在享受着商品（或餐饮）本身的感觉，不如说在享受着一种服务。

对消费者的服务包括三个阶段，即售前、售中和售后。每一阶段都直接关系着最后的服务效果。

就售前服务而言，良好的广告宣传、正确的消费观念引导和消费的指导都是必不可少的，只有让消费者充分知晓和了解，组织的产品（或服务）才有可能让消费者问津；就售中服务而言，它包括销售（或服务）环境的布置、陈列和组织本身员工与消费者的接触，以及接待的热忱、主动、耐心、周到程度；售后服务则是指消费者消费后的系列追踪服务，包括送货上门、义务维修、售后三包以及售后的感情联系等。"真正的销售始于售后"，这是众多销售专家的智慧结晶。

许多研究表明，售后服务是留住顾客、增加顾客忠诚度的最有效方略。意大利经济学家帕累托的 20/80 营销法则的内容就是：组织经营利润的最大来源是 20% 消费者的重复购买。美国的一项研究表明：让一个老顾客满意，只需花 19 美元，而要吸引一个新顾客，就要花 119 美元；减少顾客背叛率 5%，就可提高利润 25%。

他们在调查中还发现，顾客从一家组织转向另一家组织，70%的原因是服务，组织的员工怠慢了一个顾客，就会影响40名潜在的顾客。在竞争焦点上，服务因素已逐步取代产品的质量和价格，世界经济已进入服务经济时代。正是基于这样的认识，美国IBM公司公开表示，自己不是电脑制造商而是服务性公司："IBM并不卖电脑，而是卖服务。"

（3）妥善处理顾客的抱怨

社会组织在提供销售与服务过程中，会因为某方面工作的不到位而引起顾客的抱怨甚至投诉，这很正常，关键是在于对顾客抱怨所采取的态度及补救措施，是诚恳检讨、虚心接受还是置之不理，甚至冷漠相对。有时，往往会因为一起小小的抱怨引起整个组织的震荡甚至是致命的打击。

世界最大的超市集团美国沃尔玛公司的创始人曾说："顾客肯上门来投诉，其实对组织而言，实在是一次难得的纠正错误的好机会，有许多顾客，尤其是男顾客，每购买了次品或遇到了不良服务时，因怕麻烦或不好意思而不来投诉，但组织的坏名声和坏印象将永远留在他们的心里。因此对待抱怨的顾客，一定要以礼相待、耐心听取，并尽量使他们满意而归，即便碰到爱挑剔的顾客，在鸡蛋里挑骨头，也要婉转忍让，至少要在心理上给这样的顾客一种如愿以偿的感觉。如果可能尽量在减少损失的前提下满足他们物质上的要求，如果能使这样的顾客也能满意而归，那么你将受益无穷。"

有研究表明，一个最好的顾客往往是受过最大挫折的顾客，得到满意解决的投诉者往往比从没有不满意的顾客更容易成为组织最忠诚的顾客。在重大问题投诉者中，有34%在问题解决后会再次购买该组织的产品，而小问题投诉者的重复购买率达到52%，如果组织迅速解决投诉，则重购率将在52%（小问题投诉者）和95%（大问题投诉者）之间。因此，让顾客感到满意，不仅可以使顾客成为忠诚的消费者，也可以使其成为"传道者"，即通过他向其他顾客做宣传鼓动，而且这种宣传的影响力要远大于一般广告。

处理顾客抱怨我们应该从以下几个方面做起：

①耐心听取顾客对有关商品、服务或环境的抱怨，并表示理解与同情，争取在感情上与心理上和抱怨者保持一致，缩短双方间心理距离，为后阶段说服打下伏笔。同时良好的倾听也是满足顾客心理需要的一种方式，有许多抱怨的顾客，往往会因为接待人员的耐心倾听，满足了他宣泄的要求，事后会变得非常通情达理。

②接待抱怨顾客应设专人，这个岗位除了要求有良好的人际关系处理技巧外，还必须拥有较全面的知识，同时还要富有同情心。当然，对组织高度负责的精神是首要条件。在性别和年龄上一般以中年女性为宜，另外还应拥有一定的头衔以示对顾客的重视。在场地选择上，最好配置专门的接待室，以宁静、优雅的布置和舒适的环境让顾客尽快从冲动状态中安静下来。

③在倾听完顾客申诉后，接待人员应立即表明态度：凡属组织自身原因的（包括员工服务态度），应当场向顾客道歉；对不属组织原因引起的抱怨，则应耐心、

热忱地向顾客做好解释。同时，向抱怨者表示由衷的谢意，应将他们的抱怨看成是对组织的爱护与关怀。

④如顾客的抱怨是正当合理的，应当场表明处理意见，并征得顾客的同意，如属商品问题则按规定或退或赔；如属服务问题，则应让肇事员工直接致歉，情节严重的可按员工条例予以纪律处理。

这里要注意，一是对接待人员应赋予一定的决定权，对一般性问题有权直接处置，确属重大问题则报请决策层处理。二是对一些不能马上处理的问题不能踢皮球，可转告有关部门并负责将处理结果尽快告知顾客，当然要把握分寸，不能轻易许诺，以免后期工作难度增加。三是要遵守诺言，一旦答应就必须全力以赴做到，许多顾客会怀疑你的服务承诺，他们可能觉得你只是在应付了事，你自己必须确信可以交付顾客承诺的东西，否则就不要许诺。

⑤要针对问题提出一种公平、合理的处理办法，在兼顾组织与顾客双方利益的基础上，适当偏重顾客的利益，尤其是对部分抱怨顾客而言，除了宣泄、投诉，他们总是需要有一定的补偿，因此，可以适当准备一些礼品，以示对顾客关注组织行为的一种答谢。

同时可针对给顾客带来的不便或造成的伤害，给予顾客一些具有附加价值的补偿，顾客也会对那些表示出真诚歉意的、合理又富人情味的态度感到满足。

除此之外，发现顾客抱怨带有普遍意义的，并且还有许多顾客尚不明真相的情况，应视事态后果严重程度成立危机管理小组，专题负责处理该事件。

如接到信函投诉，则应及时将处理意见回寄给发信人，在详细说明处理意见同时，向发信人致谢，信函不宜用铅印的固定格式复函，而以亲笔回复为妥，并有部门负责人或组织决策人的签名。

3）消费者关系的沟通方式

社会组织应以积极的姿态、热忱的态度和主动的行为与消费者公众保持正常性联系。这种主动性行为除日常工作业务交往外，主要有以下几种：

（1）口头联系

其包括面对面的答复及电话答询，也可以建立服务热线或负责人接待日，以密切与消费者公众的关系。

（2）消费者和内部通讯

一家或几家社会组织联合编辑出版这类定期或不定期的刊物，及时介绍组织发展的情况、新产品（服务）、如何正确选购和使用消费品乃至组织工作流程、生活小百科等，使消费者较为详尽的了解组织及其产品（或服务）。

组织消费者参观。主动联系各类社会组织和公众团体，组织各类消费者到企业参观，让他们亲眼目睹企业的生产环境、员工们的劳动情景、产品的生产过程，使消费者了解社会组织及其产品。如海南养生堂，针对人们怀疑"中华鳖精"有没有如此大的货源基地，适时组织部分消费者，亲临生产现场，直接感受生产基地充裕的原材料，从而使消费者对产品质量真正放心。

（3）视听通讯

通过报刊、电台、电视台等传媒，企业公共关系人员自己撰写或拍摄组织新闻，或者让新闻记者现场采访，借助大众传播媒介向消费者宣传介绍组织的情况，提高组织的知名度与美誉度。

（4）信函联系

消费者经常会写信给组织，有的是了解产品或服务情况，有的是询问如何选择或使用产品，有的则是抱怨或投诉。无论是哪一种情况，公关工作者都应及时予以回复，详细解释有关问题。如果是本组织产品（或服务）有了问题，则一定认真道歉。必要时组织也可向消费者直接寄发一些新产品的介绍手册和小广告，以及在节假日主动向新老客户寄赠贺卡或答谢信等。

（5）广告和公告

通过广告和公告向消费者介绍新产品的性能和用途，宣传一种新的或更完美的生活方式等。

（6）赞助活动

由组织出资赞助一些特殊的活动，如运动会、社区活动、专场音乐会等，通过对社会热点问题的关注和对社会的回报，体现组织的社会责任心和道义感。

公关工作者应根据组织的具体情况和具体目标，定期或不定期地选择若干种方法与消费者进行沟通，使双方的关系保持良好的状态。

4）CS：追求顾客满意

20世纪80年代，发达国家的市场营销理论，在消费者研究方面又有了新的突破，首先，他们对"顾客就是上帝"这个传统的服务理念提出质疑，斯图·伦纳德的"黄金法则"（要求雇员遵守两条法则。法则一：顾客永远是正确的；法则二：如果顾客错了，参照法则一）也受到了冲击。他们提出，应将顾客与组织形成合作伙伴关系，二者处于平等地位，这样双方就能自由交流、相互了解。一方面，使组织能更透彻地了解消费者，从而满足顾客的要求；另一方面，有利于双方建立信用关系，并由此培养对品牌的忠诚，形成固定的消费群体。同时，他们提出当代企业组织不仅要让顾客满意，还应当超越顾客满意，这就是CS理论。

CS是英文"Customer Satisfaction"的缩写，意为"顾客满意"，是1986年由美国一位消费心理学家所创。作为一种现代营销策略，它要求组织通过发掘在组织生产经营范围内的产品或服务，达到顾客满意程度的要求，然后组织使其产品或服务的设计向顾客满意需求逼近，实现其产品、服务个性化，使顾客在接受该产品或服务后达到满意状态。其理论依据是在现代市场营销中，有许多产品的消费是以牺牲顾客的个性为代价的，顾客买不到能完全满足自己需要（包括个性体现）的产品，只有退而求其次，这就存在了一个潜在市场，一个组织提供的产品或服务与顾客需求满足之间的"满足程度差异"，这就是一个市场空隙，一个市场机会。

CS包括理念满意（Mind Satisfaction，MS）、行为满意（Behavior Satisfaction，BS）、视觉满意（Visual Satisfaction，VS）、产品满意（Product Satisfaction，PS）、

服务满意（Service Satisfaction，SS），其中PS与SS是CS的核心，MS、BS、VS是一次性导入的内容，旨在宣传组织、博得顾客对组织产生良好的第一印象。其重要性在于只有第一印象是满意的，顾客接近、购买组织的产品与服务才能成为可能；PS与SS则是组织留住老顾客，争取新顾客的核心内容，且是组织运行过程中须不断完善的内容。

CS策略实际上是一个"投消费者所好"的过程。这其中消费者需求信息的获得最为关键，顾客需要什么?在商品的多种要求上最看重哪点?为什么对同类、同质产品会有不同选择偏好?这些都需通过详细、科学的市场消费调查才能获得，尤其在顾客需求的个性化方面。事实上，从消费者开始意识到要消费某种产品到最终实现消费并遗弃的整个阶段都有个个性需求问题。无论是产品的功能、款式、质量、价位、品牌，还是运输、安装、服务、维修、付款方式，均是组织必须加以探索的。以蜡烛这种简单商品为例，也有个性化问题。它不仅是一种照明工具，更是一个饰品、一种礼品、一件精美的小摆设、一个可爱的"小矮人"。总之，CS策略的目标就是使组织比消费者自己都更了解自己，真正做到"投其所好"。

4.3.2 社区关系

1）社区关系的含义及特征

社区原指有特定区域、居民相对比较集中的居住区。如一个乡村是一个社区，城市中的一条街道是一个社区，有时一个城市也可以是一个社区。从社会学角度讲，社区是指由共同生活于一定区域的人们因利益关系紧密而构成的一种群体。美国芝加哥大学帕克对社区的定义为：它有一个按地域组织起来的人口；这些人口程度不同地扎根在他们所生息的那块土地上；社区中的每个人都生活在一种互相依赖的关系中。简单地讲，"社区关系"就是一个社会组织的地方关系、"邻里关系"。它是指与某个社会组织主体有地域上互邻且利益上相关的一种公众关系。

社区关系的特征有三：

（1）地域互邻性

社区关系是社会组织公众关系中部分地域互邻、较为密切的部分公众关系组合，当然这种地域互邻性的范围取决于组织主体的自身规模与知名度。对一般组织而言，它的社区范围也许仅仅是一条街道、一个居民区。

（2）利益相关性

既然是邻里，就必然有直接、间接的利益关联，如公用场所共享、社区环境维护、社区建设责任等。一旦社会组织发生社会性环境危机事件，社区公众往往是直接的利益受损者。当然社会组织享有的知名度与美誉度越高，带给社区公众的直接或间接利益也就越多。

（3）组织主体与公众的互相制约性

一个生机勃勃的社会组织能带给社区众多的就业机会与丰厚的利益回报，它的税收能增强社区的经济实力，它对社区的投入又能发展社区经济；反之，一个社会组织如果没有社区的良好支持，其生存就会受到威胁，一旦社区居民对该组织采取敌对行动，就会形成社区危机。

2）社区关系的重要性

俗话说，远亲不如近邻，社区是社会组织生存和发展的根基，组织能否"永续经营"，"睦邻"工作是相当重要的方面。

（1）社区是劳动力的主要来源地

社区成员与组织内部员工间互相渗透，有着千丝万缕的关系，也正因为有这样一种关系，组织内部的情况往往会很快被社区成员知晓。同时社会组织的主要管理骨干也往往是以本社区成员为主，这是因为生长在同一地域，在信息沟通上较易达成共识。如雅戈尔集团其下辖的近200个分市场、1 500余家专卖店，任店长以上职务的管理人员中，宁波籍的就占近70%。

（2）组织的维系和发展有赖于社区的支持

从能源、水电、交通到邮政、网络、生活用品供应等方面都必须寻求社区的支持。

（3）良好的社区关系能较好地促进组织主体的发展

曾有人问一位公共关系专家，社会组织为什么需要同社区公众建立良好的关系?这位专家回答，如果一家人经常同左邻右舍产生纠纷，他们的家庭生活能够幸福吗?良好的社区关系有四个标志：第一，本组织的基本情况为社区公众所熟悉；第二，本组织所生产的产品或提供的服务使社区公众喜爱该组织；第三，组织受到社区政府部门和其他社会团体的尊重；第四，本组织成员同社区公众保持良好的人际关系。具备了上述四项条件，组织主体也就具备了良好的"人和"条件。一方面员工为在该组织工作而感到骄傲，并促使其更加努力工作；另一方面，社区公众对组织形象的正面宣传，能进一步促进组织环境的和谐。

3）社区关系的内容

（1）维护社区环境

保护人类的生存环境，珍爱地球上每个生命，是任何社会组织必须正视的问题。1992年，联合国在里约热内卢召开环境与发展会议，在制定的《21世纪议程》中指出：地球所面临的最严重问题之一就是不适当的消费和生产模式，导致环境恶化、贫困加剧和各国发展失衡。若想达到合理的发展，则要提高生产效率并改变消费习惯与结构，以最高限度地利用资源和最低限度地生产废弃物。

有许多社会组织在其运作过程中，存在着环保与效益的矛盾，即在生产效益的同时，也在生产着污染，尤其在一些不发达地区，更是将自身效益建立在对周边环境的恶意毁损上，许多地下造纸厂、化肥厂、农药厂不停地向外排放各种有毒污染物，使居民苦不堪言，甚至个别不法之徒从国外进口废塑料、洋垃圾，从中牟取暴利，而全然不顾环境保护。这一切随着政府对环境保护的日益重视和民众环保意识的逐步觉醒，会很快得到根治。对于现代组织而言，绿色营销（环保营销）是其发展的必由之路。

所谓绿色营销，是指组织在经营战略制定、市场细分与目标市场选择、产品生产、定价、分销、促销过程中注重个体利益与社会整体利益的协调统一，并在此前提下追求经济利益的一系列经营活动。它不仅包括保护生态环境，消除一切污染环境的经营行为和有不良副作用、危害消费者身体健康的产品，也包括保护消费者心理健康，树立良好的社会风尚。它体现了社会组织兼顾消费者利益，符合人类共同愿望，建立人类与大自然对立统一的协调机制，代表着组织未来的发展方向。

北京终于获得了2008年奥运会主办权，这其中，对环境保护的重视也是本次申奥工作的一大特色。我们可以回忆上一次申奥宣传片中的一个小细节：一位老大爷手提着一个鸟笼，在晨曦中漫步。从环保角度分析，这显然是不适宜的，鸟儿应该有自由的天空可以飞翔，怎么能将之关在笼中忍受孤独呢？而在本次申奥中，"绿色奥运"不仅是我们的口号之一，也体现在具体的行动上：所有运动场馆在材料的选用上都尽可能使用无污染材料或再生性材料，场地绿化选用耐旱植物品种，用水都安装了回收再利用设备；场馆周围80%~90%的路灯将利用太阳能光伏发电技术。连申奥工作人员手中的名片，都是用再生纸制作，体现出了良好的绿色意识，此举也赢得了国际奥委会官员的一致好评。

在保护社区环境的同时，社会组织还应积极美化社区环境，尤其是美化自身生产与经营环境。实际上，整洁的建筑、充满大自然气息的厂区和宁静、祥和、卫生的工作环境，也是一种赢得公众喜爱的举措。

（2）支持社区公益活动

社区关系不能仅停留在社会组织自身行为约束上，而应积极参与社区建设，促进社区繁荣与发展，与所在社区形成"共存共荣"的关系，尤其是在对社区公益性活动的支持上，应不遗余力。

社区的各类领导者与意见领袖一般都希望本社区的社会组织能为社区的健康发展提供多方位的支持，尤其是在资金、人力等方面能给予扶植。如兴办教育、投资科技、赞助社区文体活动、安置老弱病残、支持社区绿化等，这是正常的要求。社会组织身为社区的成员应以此为己任，树立正确的社区意识，取之于民、用之于民，才能让"新睦邻"变成现实，让社区的所有公众真正以组织的存在为荣，从而建立起良好的"地利"环境。

（3）促进社区的安定与繁荣

让社区在繁荣发展过程中，同时拥有一种和睦、友善的氛围，一种高就业率、低犯罪率、祥和、安定的生活环境，是每一位社区公众的理想，社会组织也应积极承担起此项职责。

美国安塞公司在员工中就倡导对公共事业的热心态度，由员工自愿组成的"抢救队"，每周7天，每天24小时，无论何时发生天灾、人祸，随时出动，无偿为社区居民提供救助，成立数十年而不息，成为了社区建设的中坚分子。美国通用公司也不例外，为了培养与社区公众间的"准自家人关系"，他们将组织自身的服务设施和娱乐设施，如医院、汽车俱乐部向社区公众开放。为减少误会，公司还专门编印了一本指导手册，详细介绍了开放组织的意义及运作中的注意事项，其细致程度无可挑剔。长此以往，员工与社区公众的关系变得更为和谐了。

当然，充分发挥社会组织主体的经济与技术功能，帮助社区推进经济繁荣，也是一项重要的"社区义务"。如大力提高组织自身经济效益，为地方多创税收；以龙头作用带动地方附属产业及附属组织的发展；发挥人才与科技优势扶植发展社区经济等。

（4）给社区带来光荣和骄傲

社区里有闻名的古迹、美丽的景观、漂亮的建筑，这些自然是社区居民引以为豪的资本，但如果让社区拥有一个令人侧目、让人尊敬的组织，又何尝不是社区居民的一件幸事呢。就像"长虹"对于绵阳市、宝钢对于上海宝山区、北仑港对于宁波市一样，社区公众也会从自豪中发自内心地真心喜爱、关心这些给他们带来光荣和骄傲的组织。

20世纪80年代中期，广东中山温泉宾馆自成立之日起就善待乡邻，将所在乡的物质与精神文明建设看成是自身建设的一部分，出资帮助社区农民发展生产、改善生活、解决就业、增加福利、提高文化及文明程度，使所在社区由后进乡一跃而成为全国文明卫生的先进乡，成了宾馆的"附属旅游点"，更提高了宾馆的知名度与美誉度。

4）社区关系的手段

（1）通过社区传媒与公众沟通

利用社区大众传媒或组织通讯、年度报告书、小册子、组织刊物等，定期或不定期地向社区公众传递组织运作信息，包括组织运作状况、经营业绩、对社区的贡献等，营造良好的社区舆论环境。

（2）与社区领袖的主动接触沟通

有时，社区领袖也是政府公众关系对象，社会组织应主动向他们汇报组织运作计划与业绩，所承担的社会责任，并征求他们对组织的意见，让这些社区领袖在获得尊重中，更全面地了解组织，并通过他们进而影响社区其他公众的思想。

（3）开放组织

让公众到组织实地进行考察，亲眼目睹整个运作过程，加深对组织的了解。这种印象要比一般的宣传介绍更有效，同时也可借此纠正公众对组织的诸多误解。另外，这种直接的接触也能加深组织与社区公众的感情联系，营造"人和"环境。

（4）发挥员工力量，开展"全员PR"

通过良好的内部沟通，增强员工的内聚力，进而充分调动员工积极性，发挥员工人数多、接触广的优势，利用各种场合，为组织做正面宣传，让社区公众在单个人际传播中接受组织信息，认同组织行为。

（5）展览与陈列

利用社区公共设施，抓住合适时机，一方面，通过积极参与社区组织的专题宣传活动，展示组织的风采。如通过参加社区的"禁烟活动板报展示"、"社区建设成就汇展"等，让社区公众知晓组织的行为与立场；另一方面，主动发起某项主题宣传活动，让组织从中扮演社区活动热心倡导人的角色。

（6）访问社区机构

配合某些特定日子，如老人节、妇女节、儿童节、母亲节、教师节等，主动拜访社区有关机构，像学校、福利院、地方政府机构，向他们表示慰问与感谢，适当时候还可附赠些礼品，让他们感受组织的亲和力。

4.3.3 媒介关系

媒介关系是指社会组织与大众传媒公众关系的组合。这种关系又含有双重人格关系：其一，大众传媒是社会组织与其他公众信息沟通的"中介"环节；其二，大众传媒本身也是社会组织的目标公众。因此，许多社会组织都把保持与媒体的良好关系作为公共关系的重要内容。

在信息化社会，人们对任何组织或产品的了解，已不再停留在亲眼目睹的直接接触阶段，更多的是通过传媒宣传对组织以及产品留下的印象。这其中，如何通过传媒将有关组织与产品信息及时、准确、真实、全面地告诉公众，以及迅速消除公众对组织（或产品）的误解就显得相当重要。正因为如此，国外的学术界称舆论为"第四权力"也不无道理。

美国斯坦福大学的研究人员在调查、分析了媒体和运作状况之后，得出这样的结论："人们的反应表明，媒介不只是工具。媒介应得到有礼貌的对待，它们可以侵犯我们身体的空间，它们可以有与我们本身相称的个性，它们可以是一个队友，它们还可以引出性别的成见。媒介可以引起感情上的反应，要求人们的注意，对我们进行威胁，影响我们的记忆，并且改变那些自然产生的观念。媒介是我们社会和自然界的充分参加者。"

曾有人形象地将公共关系人员比做"一仆三主"（一是社会组织主体；二是公众；三是媒体——组织与公众沟通的"中介人"），比较形象地点出了媒体在社会组织公共关系中的地位。

1）大众传媒的特性

要处理好与传媒关系，首先必须了解传媒的特性，知道怎样与每一个媒介一道工作，怎样针对每一个媒介制作不同的内容，怎样满足每一个媒介的截稿时间，怎样坚持特定的风格要求，并且怎样能吸引每一个媒介的受众。这是公关从业人员工作中的一项主要内容。

（1）传媒的受众数量巨大，分布面广，且传播迅速

其传播范围随着现代科技的发展可超越任何空间限制，在时间上也能使地球上的任何一个角落实现"信息同步"，其受众人数是惊人的。像2001年7月在莫斯科召开的国际奥委会特别会议，其电视转播收看人数估计超过15亿。

在传播时间上，不仅对有计划组织的信息传送可以同步，对于一些突发性事件也能做到迅速、准确地将信息传播到整个公众群体。1981年3月30日，当时的美

国总统里根遇刺，9分钟后ABC发出消息，12分钟CBS的电讯上天，13分钟NBC也向全球做了报道，使事件迅速让公众知晓。

（2）内容繁简兼备且能大量复制和文字化

由于各种传媒的不同传播特性，以及不同的风格特点，使受众接受信息的选择性大大加强，既可以接收一句话新闻，也可以仔细阅读长篇新闻追踪报道，能完全满足受众对事件图像、文字各方面的信息需求，同时还可利用电脑网络对所需信息随时下载保存，使信息的吸收率大大提高。

随着新闻产业的不断繁荣与发展，受众也会接收到越来越全面的信息，发生在全球各地的各种大小事件都可能通过传媒获取，这也是信息社会的基本特征之一。

（3）信息的客观、真实性

大众传媒无论是对社会负责（这是传媒工作的基本原则），还是对传媒本身负责（收视率与发行量是影响传媒自身效益的关键指标），都会力图以最快的速度、最新的角度，对事件（尤其是受众关心的热点话题）做出客观、公正的报道，以赢得受众的尊重与喜爱。这就使得社会组织不得不更重视传媒的"态度"，一旦与传媒界交恶，负面新闻的曝光会使组织形象感受到更大的压力。几年前，我国东北地区的一支足球队，就因为驱逐记者事件而被传媒联合"射杀"，教训可谓深刻。

2）传媒关系的原则

（1）"双向"平等原则

社会组织需要大众传媒的信息传播，但不是被动的附属型关系，恰恰相反，现代社会组织在发展过程中，其许多信息也正是传媒所需要的，大众传媒的新闻性要求尽可能迅速"找到"新闻，这就使双方存在一个互补的"双向"关系，也是一种平等的交往关系。从大众传媒自身要求分析，也不难得出上述结论，除了新闻的素材是采自于社会各界，包括社会组织之外，其经济的主要来源——广告收入也是来源于社会组织。而且，在现今法制社会，如果个别传媒或个别新闻工作者违反新闻报道原则，故意制造不利于社会组织的负面新闻，受伤害的组织也完全可以运用法律武器维护自身权益，这就是平等原则。

（2）"三要"原则

①要以礼相待。应以主动热忱的态度对待各新闻媒体，积极配合，为采访或报道工作提供方便。如主动撰写新闻稿，主动与记者沟通本组织的近期活动计划。即使是可能会对组织不利的采访，也应如实相告，承认自身问题，并及时改正，将此作为一个发现问题更正错误的机会，而千万不能恶言相对，将事态扩大。

②要以诚相待。应主动与传媒建立和维护相互尊重和信任的关系，在各自的切身利益中，有时作为敌手，有时作为同事相互合作。严格遵守公共关系基本准则："将事实真相告诉给公众"，以诚实赢得朋友，既不掩盖事实，也不夸大新闻，确有难言之隐也应向传媒做出说明，求得对方谅解。

③要平等相待。这包括三层含义：一是对不同级别、不同层次的传媒应一视同

仁，不能厚此薄彼；二是对传媒人员，不管是资深记者还是见习通讯员都要平等对待；三是不管是对组织业绩的正面报道，还是不利新闻，都要一样以礼相待。

（3）"四不"原则

①不要 "一厢情愿"。不能向媒体提出不切实际的要求，更不能强迫记者按组织意愿撰写新闻稿。

②不要"以利相交"。与新闻媒体保持正常的联络，不能用庸俗关系，更不能以利益贿赂。社会组织如果在与新闻界关系中采取了不正当手段，一旦被曝光，组织的形象就会严重受损。

③不要"变相交换"。有的社会组织以广告投入换取新闻媒体的正面报道，也不可取，要知道，这种利益制约关系是不可能换来新闻媒体对组织的全面了解与全力支持的。

④不要"临渴掘井"。与传媒的交往是靠平时保持一份君子之交而逐步积累起来的，那种招之即来、挥之即去的实用主义态度是对媒体关系的严重曲解。

美国公关专家斯各特·卡特里普等人在《公共关系教程》中，提出了媒介关系的五项基本规则，并指出只要从业人员遵循了这几个基本原则，这种关系就可能得到最佳实现。这五项规则是：开诚布公；提供服务；不要乞求或吹毛求疵；不要寻求射杀；不要大水漫灌媒介（这包括尊重记者的新闻标准和在与每个媒体联系时将资料只发给一位新闻记者）。

3）如何配合媒体工作

（1）从公众利益而非本组织利益的角度谈问题。

（2）要让新闻易于阅读和使用，包括内容取舍、叙述方式、甚至字体大小。

（3）把最重要的事实在一开头就陈述出来，要懂得新闻稿件内容安排的"倒三角"原理，即先讲中心意思，然后再进行具体介绍。

（4）不要与记者争论或者失去自制而冲动，记者拥有最后的发言权。

（5）不要详细作答，如记者的提问是直截了当的，则回答也应简洁，问题越是棘手，回答就越应简短。

（6）当所要求回答的事实内容尚未得到确认时，不要轻易作答，更不能凭想当然或把将来须证实的事实告诉给媒体。

（7）告诉事实真相，即使这样很痛苦，不能以为坏消息会被人遗忘、疏漏，只有告诉真相，才能免使组织遭受试图隐瞒事实的指责。

（8）除非确实已拥有记者所认为的新闻，否则记者招待会就不必举行，实际上，只有当你没有任何别的手段将一个重要的、社会性新闻事件以及时的方式通报给媒体时，才有必要举行此类招待会。

4）"新闻制造"

所谓"新闻制造"，是指社会组织为提高自身的知名度与美誉度，通过有计划的策划与组织，而将某种事件典型化、新闻化的公共关系行为。它是公共关系活动的实务内容之一。

（1）新闻制造的必要性

现代社会组织要想在激烈的市场竞争中赢得一席之地，就必须依靠新闻制造，以尽快树立起良好的知名度与美誉度。

①只有经常性的成为传媒信息传播中的"主角"，社会组织才不致被人遗忘，而完全让传媒依据其自身新闻素材进行传播，则社会组织成为新闻主角的概率会很低，毕竟在整个社会环境中，媒体的新闻来源是非常广泛的。

②从媒体方面看，它每天所需的大量信息资料来源于基层社会组织，如果主动地向传媒提供新闻素材，或组织一些有新闻报道价值的专题活动，也是对传媒工作的支持，是一种双赢的策略。

③与普通广告宣传相比，新闻制造不仅具有更强的权威性和可信度，且在费用投入上更是广告所无法比拟的。不夸张地说，组织花1万元所要达到的广告效果，新闻策划花100元就能办到。成功运用这一手段的组织，30%的品牌形象来自于它1%的新闻宣传费用。有关调查表明，在众多影响消费者购买行为决策的宣传形式中，新闻报道的影响力排在第二位。

④新闻的真实性原则决定了在社会组织制造新闻过程中，首先必须明确自身的公众利益观念和社会责任，即先让自身的政策与行为符合社会大众价值标准，然后才能"适当展示"，这就有利于社会组织更好地承担起社会责任与社会义务。而且，一般社会组织所制造的"新闻"，往往多是与社会公益事业和公众关心的"热点"问题，这也有利于促进社会的精神文明建设。

（2）"新闻制造"的原则

①真实性：策划、传播的事件是真实存在的。制造新闻不是制造假新闻，只不过这种新闻是人为策划组织的，不同于一般新闻是自然发生的而已。

②可行性：既不能违背政府政策、法规及民众道德习俗的要求，又能为组织主体现有人力、财力所能承受。与前者相冲突，必然会招致政府的干预和社会舆论的谴责；若与后者相冲突，则方案也就成了空中楼阁，无法实现。

③新颖性：新闻本身要求迅速、及时、真实，具备新、奇、特的特点。在新闻制造中也要求新闻的内容能引起受众的注意，跟在别人后面，人云亦云式的制造是无法达成工作目标的。

④贴近大众：公众往往对发生在身边且为自己所熟悉的事件感兴趣，如果某种事件与其利益产生联系，则公众的注意力往往会迅速被吸引。因此在选择"新闻"内容时，应以目标公众的要求、动态与关注热点为基础，以保证新闻的效果。

4.3.4 政府关系

政府关系是指社会组织与政府机构及其职能管理部门的关系。政府是国家权力的执行者，是对社会进行统一、有序管理的权力机构，任何社会组织都必须无条件遵守政府法律与法规，服从政府以及各职能部门的管理。但在政府与社会组织之间这种管辖与被管辖关系之中，还存在着一种关系，一种互相了解、互相沟通的关系，这就是政府公众关系，简称政府关系。

1）政府关系的原则

（1）熟悉政府权力以及各职能部门运作特点

政府权力包括法律、法规、政策、条例的制定与执行，宏观经济发展计划与控制、财政与税收、审计与统计、进出口贸易与外汇管制（包括汇率）、物资与能源的计划和调配、市场规范与监督、环境和生态保护、公用和公益事业、公共安全与社会秩序、产品与服务标准及商标与专利等，涉及社会各个方面，是社会整体秩序的调节器。

熟悉政府权力范围及其内部分工，一方面吃透政策，能使社会组织最大限度"受惠"；另一方面也有利于增强沟通的针对性，减少因公众目标不明而带来的"公文旅行"，提高办事效率。

（2）严格遵守法律、法规，确保组织的一切活动都在政府法规与政策允许范围内进行

这是政府关系的前提，同时在局部利益与全局利益出现矛盾时，应以国家利益为重，正所谓"国家有难，匹夫有责"。只有社会组织在日常运作中做政府的"良民"，才能在组织需要政府支持时，所提出的一些合理建议与要求为政府所理解与支持。

在日常运作中遵纪守法、照章纳税、积极承担组织的社会责任与社会义务，在弘扬社会传统美德、伸张正义等活动中能不甘人后，都是创造良好政府关系的先决条件。

（3）主动沟通与传播

要建立良好的政府关系，就必须采取主动与合作的姿态，及时将组织主体的各种信息，如经营业绩、发展规划、遵纪守法状况、对社会的贡献、在承担社会义务方面的义举等，以适当的渠道向政府部门进行传播。

沟通的方式除了信息资料的直接传递之外，还可利用各种适宜的方式与政府领导直接接触。如利用各种庆典、展示活动，新厂房落成、新设备投产等邀请、安排政府有关领导出席这类活动，主持仪式、剪彩、管理、考察、指导等，通过现场实地观察，增强对组织的了解与信心。

2）政府关系的主要手段——游说

这是一种通过私人访问形式，以人际直接沟通为主的传播方式。其目的是尽力影响政府的行政决策与方法，使之能充分考虑组织的利益，在体现国家利益时，能兼顾到组织利益，创造有利于组织生存和发展的政策、法律环境。

开展游说活动时应注意：

（1）要认识到现代游说活动是建立在对所要讨论的问题进行充分研究的基础之上。事前应邀请有关专家、管理人员对问题进行深入研究，提出完整的论点和充足的依据。

（2）在向有关人士阐述自己的观点时，论点要简明，措词要慎重，最好能集中于有争议的或有疑问的问题上。对所要表达的内容应有事前的熟练准备。由于政府管理者的公务都较繁忙，他们没有时间也不愿意来听取不着边际的夸夸其谈。

（3）要了解问题的对立面。通常政府官员及立法人会要求游说者简要谈谈处于疑问中的问题的正反两方面的理由。一位素质良好的游说人员应对此有充分的心理准备，并能以不致削弱自身理由的方法进行表达。对此，游说人员应保持直爽坦诚的态度，以免造成对信誉的损害。

（4）要了解你的游说对象的背景，他所代表的机构、政治团体及其一贯的政见。根据不同的对象来确定游说所要达到的期望目标、应采用的方法、诉求的重点等。

（5）如果游说对象赞同你的主张，就不要再占用对方更多的时间，一有可能，马上就结束会见。

（6）在会见结束时，应留下一份有关组织对所谈问题的观点、态度的文字报告书。不应期望每一位官员或立法人员都能完全记住你的主张。提供事前预备好的研究报告或资料，有利于这些人士事后与其同事进行研究，为他们做决策提供依据。但这种资料一般不宜太长，这与提交给各种专门政策研究机构或在有关方面的审议中，列席阐述自己见解的详细材料应有所不同。

（7）在会见的基础上应进一步做的工作。在你的建议或报告的信息已送达政府有关人员之后，要密切注意被游说对象对这一问题所做出的各种反应。如果某些对象已决定推动你所提议的问题或事实，仍要与其保持密切的联系，应继续采用寄送各种文章或其他各种新的、切题恰当的文件资料，以保持这种接触关系的发展。

（8）在游说活动中，公关人员应时时注意交往的礼节，表现出良好的礼仪风貌。如果被游说对象愿意倾听你的意见，会见后就应立即以书面信件的形式，向其及各位有所助益的助手、智囊人员表示感谢。

3）政府关系的辅助手段

（1）良好的政府关系始于良好的人际关系

这要求社会组织应配专人负责与政府部门的沟通联系工作，以便随着时间的推延，形成较好的人际关系。同时专职沟通人员应具有一定头衔，这对于政府沟通渠道的尽快建立非常有利。

（2）良好的媒介关系是良好政府关系的保证

它能使传媒经常性地从正面宣传组织的良好形象，并成为新闻"主角"，从侧面向政府部门和领导提供组织的有关信息，达到借社会舆论影响政府公众的目的。

（3）良好的意见领袖关系也是良好政府关系的"添加剂"

社会知名人士、社团领袖、著名专家学者是社会注目的"新闻人物"，他们与政府之间存在着很独特的关系。尽管在政府机构中，他们可能没有任何职位，但其影响力是不容忽视的。可以通过与他们保持密切联系，让他们支持、认同组织的政策与行为，然后通过他们的影响争取政府的支持。

（4）良好的社会表现是良好政府关系的前提条件

社会组织要寻求政府公众的理解与支持，就必然充分认识到公众利益之于组织利益、社会责任之于组织责任的重要性，既要有报效国家之心，又能在行为上、决策过程中充分体现出来，做一个社会公益事业的热心倡导和积极拥护者，作为对政府工作的一种支持，以行动赢得政府公众的高度认同与厚爱。

4.4 网络公众

随着互联网的迅速发展，人们对互联网的应用越来越广泛，它的影响范围也越来越大，如同社会活动一样，人们在互联网上进行的各种活动都是在某种特定环境下进行的。从技术层面上讲，网络环境是指将分布在不同地点的多个多媒体计算机物理上互联，依据某种协议互相通信，实现软、硬件及其网络文化共享的系统。从文化层面上讲，互联网环境是指在互联网上的一切信源、信息、文化现象及其传播方式所造成的用户心理上对网络的宏观认知。

网络环境是现实社会环境的折射，其信息来源于现实社会，信源和信宿实体也存在于现实社会，信息内容和发布方式也受到现实社会其他组织的制约，因此，网络环境是以现实社会环境为基础的，有什么样的现实环境就有什么样的网络环境。此外，网络环境并不完全忠于现实社会的反映，而是一种拟态环境。所谓拟态环境，是指传播媒介通过对现实信息进行选择、加工、重构等活动后向人们展示的环境。网络上的信息和它们的展示方式归根结底是由各个社会上或大或小的媒介提供和展示的，这些以群体或个人身份出现的媒介在进行信息传播时会不可避免地融入自己的价值观或目的性，从而导致在网络上所呈现的环境与现实中的环境有所出入。由于吸引受众的需要、投资方的要求、权责的相对松散会使网络上的信息集中向某一个或几个方向靠拢，最终形成具有特定属性的网络环境。

网络公众即网络公关的客体就是经常浏览网页的、与网络组织有实际或潜在利害关系或相互影响的个人或群体的总和。

从环境角度，网络公众大致可分为两大类型：一种是围绕组织由利益驱动形成的垂直型网络用户，包括投资者、供应商、分销商、顾客、雇员，以及目标市场中的其他成员；另一种是围绕某一主题形成的横向网络用户，包括竞争对手、行业协会、联合会等。由于网络媒体的双向互动性，网络公众更加明确、具体，出现细分化趋势。

4.4.1 公众的特性

1）广泛性

在网络环境中，会有更多的人通过了解相关信息而和组织发生联系，组织往往需要面对范围比现实中更加广泛的公众群体。

2）个体性

在网络上，一般人们都是以个体形式对信息进行搜集、思考，并提出反馈意见，受别人的影响相对较少。例如，一个社区的业主可能在现实生活中不能充分表达自己的意见，而在社区的论坛上则比较容易办到。

3）参与性

网络环境中的社会制约力量小，表达意见简单直接，因此在组织的公关工作中，网络公众的参与性比现实中的公众要高，而这种参与性高的氛围又会带动更多的人参与进来。例如在一个企业组织里，员工一般不愿意直接对公司的状况或决策表态，而在该企业的内部网络论坛里，很多人就会比较积极地发表自己的看法，表达自己的意见或建议，这很有利于公司凝聚力的提升，是现代企业搞好对内公关工作的有效方法。

4）功利性

网络上有着数量庞大的信息，网络公众一般不会在一条信息上停留很长时间，他们对信息的要求比在现实社会中要高。在现实中由于社会关系的复杂性，一个信息往往要伴有大量无关内容才能传播出来，在现实中的大众也习惯了这种信息传递方式。而在网络环境中，组织面临的公众是具有较强功利性的，他们在浏览信息时只会寻找与自身有关的部分，他们希望组织公布的信息是简洁的、有价值、指向性明确的。冗长的信息根本吸引不了公众，达不到公关的目的。

5）虚拟性

网络公众除了少数是以实名状态出现，绝大部分还是以一个 IP 的状态出现的，这种虚拟的存在形式使得网络公众在网上活动时没有过多的顾忌，他们在网络上的活动也缺少责任感。组织在进行网络公关时会收到大量的反馈，但很难确定这些公众的现实存在情况，而且其中有相当一部分是不可靠的，甚至是故意制造混乱。网络公众的虚拟性对组织的公关工作造成了一定的障碍，相关部门需要花费更多的时间和精力在信息的区分和定性工作上。

4.4.2　网络公众的分类

组织在进行网络公关活动的时候需要充分把握新环境下网络公众的特点，进行科学的分类分析，有针对性地做好公关工作。

对网络公众的分类除了使用对传统公众的分类方法外，基于网络环境的特点，还有一些新的分类形式需要加以考虑。

1）实名公众和匿名公众

实名公众指的是在网络上以真实的身份出现的群体或个人，包括政府机构、企事业单位、社会名流等。他们在网络上公开自己的现实身份，在网络上的言行都可以找到现实的施行人，比如政府发布的公告，名人写的博客等。实名公众的可信度较高，组织在对他们进行网络公关时也会有较为准确的定位。

匿名公众指的是在网络上隐瞒真实身份，以虚拟状态出现的群体或个人。绝大部分网络公众属于匿名公众，他们在网络上的言行不容易找出现实的施行人。作为组织网络公关的对象，很难确定他们的属性，他们的反馈有一定的价值，但也具有很大程度上的随意性和盲目性。

2）目的性公众和随意性公众

目的性公众指的是在网络上有意识地寻找组织的有关信息，并会对该信息进行较为认真的阅读与思考的公众。这部分公众为了自己的某种需求会主动寻找组织公布的信息，会对其进行分析思考，并有可能提出反馈意见。目的性公众作为组织的网络公关对象，具有较大的价值。

随意性公众指的是在网络上随意浏览信息，无意中阅读到与组织相关的信息，进而和组织产生联系的公众。这部分公众对组织公布的信息一般不会给予非常认真的态度，提出的反馈意见往往也是很不成熟的。随意性公众对组织的公关工作而言价值不是很大。

3）活跃性公众和沉默性公众

活跃性公众指的是在网络上不仅浏览阅读信息，还热衷于把自己接收的信息传播给他人的公众。活跃性公众往往对各类信息有着较高的敏感度，而且愿意把自己对各种信息的看法或态度通过各种网络传播渠道展现给他人。在组织的公关工作中，他们不仅会较多地接触组织提供的信息，而且还会把信息和自己的态度传播给更多人。搞好与活跃性公众的关系对组织公关工作有很大帮助。

沉默性公众指的是一般对网络上的各种信息不发表看法的公众。这部分公众也在网络上接收信息，但仅限于自己了解，并不把自己的态度或看法展现给更多人，也很少参与反馈活动，比如论坛里始终"潜水"的用户。在组织的公关工作中，沉默性公众是很难确定的，他们对组织的意义相对于活跃性公众要小。

4）按照公众参与活动心态和途径来划分，可以划分为一般公众和特殊公众

一般公众指的是以一种正常的心态通过一般的渠道参与组织网络公关工作的公众。我们在网络上见到的大部分公众都属于一般公众，他们在网络上的行为相对比较正常，不会对组织产生过大的冲击。

特殊公众指的是怀着特殊的动机，或以非正常渠道参与到组织网络公关工作中的公众，比如网络黑客、网络推手、激进分子的网上联盟等。这部分公众是一般组织很难掌握的对象，他们参与网上活动的动机和方式都有别于一般公众，他们的一些行动有时会对组织产生非常强烈的影响。

网络公众与传统公众并不是两个相互排斥的概念，相反这是两个相互联系甚至在一定条件下可以相互转化的范畴。从某种意义上来说，网络公众是在传统公众基础上的延伸，他的特性和分类在很大程度上可以借鉴对传统公众研究的成果，这也是本章在介绍网络公众前先介绍传统公众的原因。网络公众是随着互联网技术的成熟而出现的一种新的公众形态，由于网络的影响力巨大，具有诸多传统社会不具备的特点，因此在现在这样一个互联网高速发展的时代，把网络公众作为公众的一个特殊种类加以处理是很有必要的。

4.4.3 网络公共关系中的公众参与

网络公关过程中，由于公众参与而表现出一般公众参与和特殊公众参与。

1）网络公关中的一般公众参与

互联网是人类社会发展到一定阶段的产物，信息技术的进步是互联网产生并不断发展的物质基础，而人类教育水平的提高、社会制度的完善是互联网发展的精神动力。互联网既体现着这个时代科学技术的发展，也体现着人文精神的完善。这种信息技术的发展为公众参与网上活动提供了客观便利，这种人文精神的进步为公众参加网上活动构建了主观动力。可以说，参与性是网络公众的天生属性。而这种属性也正是网络公关工作的魅力所在。

社会组织的公关工作需要公众的参与，任何一个组织都希望自己的公关工作能够取得好的效果，而公关活动的好坏与否不是由组织的主观意愿决定的，而是由公关活动所产生的客观效果决定的，组织公关工作的客体——公众是否接受、认同组织的公关工作才是界定公关工作好坏的标准。为了让自己的公关工作能够得到及时的修正，能够更加接近自己的预期目的，公众的参与和反馈应该是组织非常重视的信息。在传统的公关活动中，由于社会关系的压力和反馈渠道的缺乏，公关主体所收到的反馈信息往往很有限，并且带有很大的滞后性，这使得组织在进行公关工作时常常不能做到有的放矢，等到发现公关策略发生错误时为时已晚。在网络公关过程中这个问题可以得到很好地解决，网络作为一个高度开放性的系统，为其用户提供了很多方便、安全的参与方式，一个组织在进行网络公关时，经常会收到数倍于传统公关方式的反馈信息。比如在现实社会环境中，政府想与一般百姓进行交流是比较困难的事情，政令的自上而下已经成为了一种习惯方式。而网上"市长信箱"的出现，很好地增进了政府与公众的沟通，政府获得了更多的反馈信息，也在人民心目中树立了更加美好的形象。

网络公众的参与性是组织获得所需信息的重要保证，不仅如此，社会组织还可以利用这一特性来制订公关计划，通过与网络公众的互动来达到自己的公关目的。

网络公众之所以成为了某个组织的公众，是因为他们与组织产生了联系，这种联系可能是因为与组织产生了利害关系、对组织的某些状态产生兴趣或被组织的某些信息所吸引。公众在与组织产生联系的时候，都会对自己所关心的问题有着一定的看法或意见，在现实社会中，这些看法与意见往往会因为种种社会因素的制约不能得到有效的表达，这对于组织和公众都是一种不良的状态，组织得不到想要的反馈信息，公众不能释放自己情绪、表达自己的意见。而这些情绪和意见如果有了合理的渠道是需要表达的，互联网以它宽松的环境和便利的条件为公众提供了表达的渠道，很多公众上网的目的就是想对一些问题发表自己的看法，表明自己的态度，很多在现实中几乎不可能拥有的表达机会在网络上都会出现。

网络公众在参与公关活动时并不都是被动的，不总是沿着公关主体设置的议题讨论下去，在很多情况下，网络公众会通过各种网络信息传播工具主动地发表自己对公关主体的评论。在拥有论坛、博客、播客等众多表达渠道的情况下，公众可以非常方便地对自己关注的网络公关活动发表自己的看法。网络公众还可以选择以独立的主题对此事进行宣传或评论，通过自己的个人行为对公关主体产生更大的影响。由于网络环境的特性，公众的这种参与是在很放松的情况下进行的，态度和语言都会比较随意，更能充分表达自己的情感。在现实中很难有这样的机会酣畅淋漓地表达自己的观点，更难以形成较大的影响，在网络上公众可以畅所欲言，可以表达自己甚至表现自己，他们当然愿意参与到网络公关活动中去。

（1）网络公众的参与形式

网络公众参与网络公关活动的方式主要可以分为两种：

一种是沿着公关主体设置的议题相对被动地参与，指的是公关主体已经事先设置好了几种公众参与的方式，比如投票、征集意见、打分等，然后公众按照这些事先设置的方式参与到其中，不管是征集创意还是投票，都是公司事先设置好的方式。

另一种是开辟独立的主题相对主动地参与。主动参与指的是一些公众没有按照公关主体预先设置的方式参与到活动中去，而是就自己感兴趣的信息通过一定的渠道独立地发表自己的见解。如有些公众没有设计也没有投票，而是在自己的博客上宣传了这一活动或是对其进行了评论，就属于比较主动的参与。

（2）网络公众的参与渠道

网络公众参与公关活动的动机不同，选择的渠道也不同。

当公众有着明确的对象和目的时，会选择一对一的参与渠道，最典型的方式就是电子邮件，通过这种清晰的互动方式传达自己需要传递的信息。

当公众是为了表达自己观点或造成更大影响时，会选择一对多的参与渠道，如论坛、博客、播客等。通过这种公开浏览和讨论的方式，可以最大限度地传播自己的观点，造成更大影响。

（3）网络公众表达的内容与结果

网络公众参与到网络公关活动中所表达的内容各有不同，一部分属于态度的表现，例如对自己感兴趣的信息进行投票、用一些简洁的语言表现自己的好恶等。有些则是思想的表达，例如对公关主体提出意见或建议，以独立的主题表达自己的看法等。在分析这些反馈信息时，公关主体需要对不同类型的内容使用不同的统计方式，这些不同类型的信息对于公关主体的价值也不同，有些需要认真分析，有些则不必过多过问。

网络公众是一个庞大的群体，他们的积极参与使得组织在进行公关工作时不能忽略网络公众的力量。网络公众参与到网络公关活动中的直接结果就是公关主体获得了大量的反馈信息，增强了与公众间的互动，有助于更好地开展公关活动，而网络公众参与的结果还远不止这些。随着互联网的快速发展，越来越多的人通过网络获取信息，有很多人已经习惯了通过网络搜索来了解一个组织，网络上对一个组织的评价将成为很多公众对它的衡量标准，网络公众的参与将形成一个有力的舆论环境。当然，网络也有它的局限性，在虚拟世界里的意见很难变成现实世界的指令，网络公众所构造的舆论环境是强大的，但并没有实际的约束力，它给组织带来的影响是间接的，但这并不意味着公关主体可以忽视它，它将成为组织公关工作所面临的公众环境的重要组成部分。

2）网络公关中的特殊公众参与

（1）什么是特殊公众

所谓特殊公众，指的是与一般公众相比，拥有一些特别属性，能够起到特殊作用的公众。

一般来说，特殊公众会通过抵制、抗议或投票活动等对有关问题采取行动。特殊公众的特殊之处可以体现在身份地位上，如在网络上具有较大影响力的人物，也可以体现在心态动机上，如网络推手、激进分子等。特殊公众在参与到网络公关活动中时往往会产生比一般公众更大的影响，公关主体对他们的公关策略也要有所变化。

①身份地位特殊的公众。

根据传播学的一般原理，信源的性质对传播的效果有着很大的影响，在公众参与网络公关时也是如此。名流、权威这样身份特殊的公众往往意味着更高的关注度和更高的可信度，他们所传播的信息在更广大的网络公众中有着更大的影响。这些身份特殊的公众参与网络活动时会因为自身的影响力产生连带效果，而不仅仅是个体意见的表达。他们会带动更多的人关注和参与到某些问题中来，他们的态度会影响许多一般公众的态度。

在某个组织开展网络公关时，包括娱乐明星、文化名人、商界英才甚至草根名人在内的众多身份特殊的公众都可能通过他们的名望创造出远超过作为一般参与个体的影响力。

②心态动机特殊的公众。

公众参与某网络公关活动一般是为了表达意见、释放情绪、展示自己等，在这个过程中广大的网络公众会表现出各式各样的心态：有的理智，有的感性；有的随意，有的严谨；有的温和，有的激进。这里提出的心态动机特殊的公众指的是带有极端心态和隐藏动机的激进分子。

（2）公关主体对特殊公众的对策

特殊公众比一般公众对公关主体有着更大的影响，这种影响可以是有益的，也可能是有害的。作为公关主体，当然需要尽可能利用对自己有益的因素，摒弃对自身有害的因素，具体的对策有：

培养对自身有益的特殊公众。网络上意见领袖的力量是巨大的，公关主体在进行一般性工作中需要重视网络意见领袖的作用，通过合理的代价努力争取尽可能多的对自身发展有益的特殊公众。

减少对自身有害的特殊公众。公关主体在进行网络公关时的一个重要任务就是要减少公众对它的不满情绪，包括特殊公众。很多用极端形式对某个组织表达不满的公众都是因为自己的合理要求不能得到相关组织满足才采取行动的。因此，制订合理的公关计划，最大程度地争取顺意公众、减少逆意公众是一个公关主体常抓不懈的主题。当然，即使是这样，一些动机难以捉摸的特殊公众还是很难争取的，他们有时仅仅是为了挑战或证明自己而对一些网站做出破坏性举动。对于这样的公众，仅仅通过一般性的公关努力是很难争取的，需要采取相应的措施。

案　例

禽流感疫情

2005年，我国有14个省份、26个地市、33个县区发生33起高致病性禽流感疫情。

禽流感是一种由甲型流感病毒引发的动物传染性疾病，主要在鸡、鸭、鹅、鸽等家禽和野生禽中传播，死亡率很高，是危害最大的动物传染病之一。

流感可以分为非致病性、致病性和高致病性三种。非致病性禽流感没有明显症状；低致病性禽流感可有轻度呼吸道症状，病禽出现零星死亡；高致病性禽流感最严重，被感染鸡群的死亡率常常是100%。通常所说的禽流感，实际上指的就是高致病性禽流感。2005年发生的禽流感多数属于这种。病毒如果由禽类传染给人，病后死亡率高达60%。禽流感爆发后不易控制，易造成巨大的经济损失。世界卫生组织发出警告：禽流感对人类的威胁可能超过"非典"。世界卫生组织官员和专家警告说，禽流感病毒一旦发生变异，在人际传播，将比"非典"疫情更加可怕，更难预防。

在第一时间发布消息，成功为媒体设置议程。这符合危机处理的第一时间原则。自2005年在内蒙古、安徽和湖南地区相继发生禽类的流感疫情后，有关部门都及时向社会进行了通报。第一例人感染禽流感病例确认后，卫生部在第一时间就对外发布了消息。5分钟后，中国媒体即播发第一条快讯，不到10分钟，美联社、路透社、法新社、共同社和"中央社"纷纷转播来自中国的消息。随后，中国媒体又抢在外国媒体之前，对农业部、卫生部和世界卫生组织的专家进行了专访，做出了详细的报道。

以后，每次出现谣言后有关方面都能及时进行辟谣，详尽细致地做解释说明工作。如针对有些海外报道说，已经有121个人死于禽流感，中国国家首席兽医官、农业部兽医局局长贾幼陵迅速在新闻发布会上进行辟谣。

直接食用"八角"可防治禽流感的误传刚刚露头不久，相关部门及媒体也及时出面辟谣，避免在各地形成大的抢购风潮。

由于有了"非典"的经验和教训，中国政府在处理禽流感问题上遵循危机处理公开透明原则，建立了公开透明的疫情通报制度，规定：如果发生禽类流感疫情，应由农业部向国际组织和有关国家以及社会公众进行公布；如果发生人禽流感疫情，则由卫生部进行通报，并且严厉查处隐报瞒报现象。温家宝总理专门召开国务院常务会议，要求迅速公开信息，防止疫情蔓延。回良玉副总理强调，要进一步规范疫情监测、报告、诊断、公布、处置等行为，依法查处瞒报、谎报、迟报疫情等行为，依法追究疫情处置不力、造成疫情扩散责任人的责任。报纸、广播、电视、网络等媒体也纷纷采取信息公开化、透明化机制。卫生部在不到两个月内就禽流感防控情况就召开了三次新闻发布会和新闻通气会。对几例人禽流感的来龙去脉，国内主流媒体都做了详尽的报道，有关部门还多次邀请中外媒体记者一起到疫点采访。信息的公开，使公众对禽流感这一疫情有了充分的了解，知道如何预防，现疫情发展到什么程度，自己如何避免感染等，避免了恐慌。

中国的这些措施得到各国媒体和有关国际组织的称赞。

充分发挥专家的权威影响。专家和权威的声音的及时出现对安定人心、消除公众的恐慌、社会稳定起到了极大的作用。医生和专家纷纷在媒体上发表文章，回答公众关心的一些问题，例如鸡鸭感冒怎样传染人？人与人之间会传播病毒吗？吃鸡鸭肉会被感染吗？穿羽绒服、盖被会被感染吗？有专家建议，如果对市场出售的鸡肉还不放心，可以加热处理，这种病毒对热敏感，高温能很快杀毒。常用消毒药就能迅速破坏禽流感病毒的传染性。穿羽绒服、盖羽绒被以及接触制品，是肯定不会传染禽流感的，因为它们通常经过消毒、高温等多个物理、化学环节的处理等。这些做法符合危机处理第三方原则。广大群众了解有关禽流感的情况十分畅通，知道禽流感是可防可控的。

资料来源　邹建华.突发事件舆论引导策略［M］.北京：中共中央党校出版社，2009.

案例分析

禽流感对人类威胁大，人感染后死亡率高。世界卫生组织官员和专家都发出了警告。

虽然其危险性和危害并不比非典差，但全国任何地方都未出现"非典"时期的大量谣言和由此引起的公众恐慌，甚至生活在疫区的人们的生活依旧井然有序，大家几乎不受影响地照旧吃着新鲜的鸡鸭，并未谈"禽"色变，最后，疫情也迅速得到有效的控制，并顺利扑灭。这是因为有了"非典"的经验和教训，中国政府在处理禽流感问题上采取了与非典完全不同的做法，能及时主动通报情况并采取措施杜绝隐报瞒报。正是政府空前的高透明和大信息量有效地消除了公众心中的疑虑。这进一步说明，国家在遇到公共危机的时候，越是透明才越是安全的。

这是一次非常成功的危机公关。

本章小结

公共关系活动的最高标志就是全员公关。员工关系的核心是相互理解和支持，寻求员工与组织奋斗目标的一致性。这其中了解员工需求、改善员工物质待遇是基础，通过合理化建议制度，提高员工参政、议政能力是关键，妥善处理好组织内部非正式群体关系是必要的手段。

外部公众中有四个主要目标公众，其中消费者公众是首要的外部公众。消费者公众关系的核心是坚持始终如一的服务，并妥善处理顾客的抱怨。在社区关系中，社会组织应成为社会利益的积极维护者和社区活动的热心倡导人，以良好的睦邻关系营造"地利"环境。传媒关系具有"两重性"。"新闻制造"是社会组织必要的传播手段。政府关系的关键是社会组织自身的良好行为与主动的沟通。

复习思考题

1. 如何提高会议的效率？
2. 为什么说非正式群体的意见领袖不能成为称职的正式领导？
3. 如何理解员工物质和精神需求之间的关系？
4. 外部公共关系的特点有哪些？
5. 怎样理解售后服务的重要性？
6. 社区关系的重点是什么？
7. 在传媒关系中要坚持怎样的原则？

第 5 章

公共关系目标管理

学习目标

通过本章的学习，掌握以"认知度"、"美誉度"、"和谐度"作为公共关系的三大目标；了解"三度"的分解与量化的确定。

5.1 公共关系目标管理的内涵

5.1.1 认知度的内涵

"认知"，是 20 世纪 50 年代兴起的认知心理学的核心概念。该心理学流派主要是从信息加工的角度来研究认知或认识活动，如此，"认知"即认识知晓之意。世界最大的公共关系公司——博雅公司，1997 年对公共关系做了全新的诠释，认为公关即"认知管理"。由"认知"转换过来而为公共关系目标之一的"认知度"，表述的是一个社会组织被社会公众所认识、知晓的程度，其包含被认识的深度、被知晓的广度两个方面。比如，一个企业的企业名称、产品商标、行业归属、历史沿革、主要产品、产品特征、经营状况、法人代表等诸多具体信息在多大范围内被公众所知晓，在多深的程度上被公众所认识，合起来则为这个企业的"认知度"。

认知度与知名度相比，其内涵更加丰富。它不仅可以指组织的名声在多大范围内被公众所知晓，而且指组织有多少信息被公众所认识。一般来说，公众如果只闻组织其名，即"知名"，对组织的意义并不很大；而在知名的基础上，公众对组织的认识越多、越深，对组织的意义或作用就越大。如某公众群只知道"海尔"，可谓"海尔"在该公众群中拥有知名度；但该公众群如果还对"海尔"的产品——电冰箱、洗衣机、空调等，"海尔"的产地是青岛，"海尔"的内部管理——"日清日毕"、"日清日高"、"零缺陷"等，"海尔"的当家人——张瑞敏，"海尔"的发展历史有砸不合格冰箱的故事、"琴岛·利勃海尔"向"海尔"的演变等，"海尔"的深层文化——以"真诚到永远"理念为核心的"海尔文化"等都有所认知，那么，应该以认知度表达的后者，对企业发展的意义显然比前者重要得多。因此，任何组织开展公共关系工作，其目标之一就是追求较高的认知度。

5.1.2 "美誉度"的内涵

美誉度，即一个社会组织获得公众赞美、称誉的程度，是组织形象受公众给予美丑、好坏评价的舆论倾向性指标。美誉度与认知度不同的是：认知度是中性的，不存在道德价值的判断；而美誉度则是有褒贬倾向性的统计指标，是对组织道德价值的判断。

5.1.3 "和谐度"的内涵

与美誉度一样，和谐度也属对于组织道德价值判断的范畴，但却是美誉度在目标公众中的延伸，即一个社会组织在发展运行过程中获得目标公众态度认可、情感亲和、言语宣传、行为合作的程度；是组织从目标公众出发、开展公共关系工作获得回报的指标。

在客观世界，关系无所不在，而关系的最佳境界就是和谐。爱因斯坦认为，统一、联系、和谐、协调是自然界的普遍性质。和平共处、和谐发展，同样也是处理各种各样关系最基本的准则。公共关系学本身，便正是求得组织与公众关系的和谐而产生的。美国著名公共关系学专家卡特利普和森特在《有效公共关系》中对公共关系的定义就表述为："公共关系是一种管理职能，它确定、建立和维持某个组织与决定其成败的各类公众之间的互利关系。"在这个定义中，我们应注意到两点：一是公共关系重点关注的是决定组织成败的"各类公众"，即目标公众，而不是可能对组织认知度、美誉度做出反应的非公众；二是确定、建立、维持"互利关系"，实际上就是取得组织与目标公众之间的和谐。显而易见，和谐度是在认知度、美誉度基础之上的必然延伸，是组织最为关心的一个指标。

如此，和谐度的确定就与认知度、美誉度的确定有所不同。它不是在向普遍性的社会公众（含非公众与目标公众）调查统计的基础上产生，而是建立在专门向各类目标公众调查统计的基础之上。

5.2　确定公共关系目标的意义

我们在"知名度、美誉度"这一公共关系既有的目标表述基础之上，提出"认知度、美誉度、和谐度"这一新的公共关系三大目标。之所以做如此的努力，是因为公共关系科学的目标体系的建立对学科本身、对社会组织的运行发展有着重要意义。其具体体现在以下三个方面：

5.2.1　是"公共关系"独立存在的个性化标志

对于公共关系，从艾维·李的公共关系职业实践到爱德华·伯内斯的理论建树，始终是围绕着组织的形象、组织与公众的关系展开的；只是至今组织的"形象"与组织的"公众关系"，一直没有一套科学、系统的目标体系，以至于组织开展公共关系的效果只能间接地体现在组织的管理指标之中，如此则必然地影响了公共关系学科地位的提升。而对比企业品牌无形价值的评定、产品质量管理的ISO 9000体系、国家卫生城市的评比验收等都具有科学、明确的指标体系，公共关系原有的、以知名度、美誉度进行的衡量判断，就显得模糊、不科学，如此也就无法强有力地证明自身的独立存在。科学哲学认为：一门可确定和测量它所研究之现象的学科将比那些不能够做到这一点的学科发展得快一些。如此，学科的发展与理论的实践，都呼唤着公共关系学建立可量化、更精确的目标体系。

不仅如此，由于公共关系学具有学科交叉的特点，其涉及管理学、传播学、心理学、社会学、交际学、策划学等多个学科，因此，如果自身没有核心的概念，没有完整、严谨的体系，就容易丧失自我，失去本体。虽然，公共关系学经过近百年的发展，已形成了若干稳定的、被人们广为接受的概念，如"组织形象"、"公众"、"四步工作法"、"沟通"、"双向对称"等，但公共关系工作的意义具体体现何在?公共关系理论的凝聚点将由怎样的个性化的概念来表述?种种疑问都在呼唤用个性化的、科学严谨的概念来表达公共关系的目标。科学的发展往往是用新的概念代替较旧的概念，或者从根本上修正这些旧概念，因此常识便受到科学的改造。而汲取既有概念长处的认知度、美誉度、和谐度三个概念，既科学地表述了公共关系的目标，又显示出鲜明的个性色彩，也就自然地成为公共关系独立存在的个性化标志。

5.2.2 使组织的公共关系工作具有了可比照性

工作目标越具体，其实施操作就越有章可循，工作的结果就越容易接近目标。由于公共关系三大目标的可分解、可量化，同时在分解量化后又可合理地概括、综合，从而做出组织公共关系状态的科学评判，因此，就显得具体可行，使整个公共关系的操作过程都具有可比照性。

以上面所分别阐述的三大目标内涵为基础，组织的公共关系工作目标可以具体、稳定地划分为如下等级:

认知度: 5级　　　A——国际、B——全国、C——大区、D——省区、E——当地

　　　　10等　　　0、1、2、3、4、5、6、7、8、9

美誉度: 11等　　　-5、-4、-3、-2、-1、0、1、2、3、4、5

和谐度: 11等　　　-5、-4、-3、-2、-1、0、1、2、3、4、5

"三度"、"四档级"的合成，就是一个组织公共关系状况的等级。它首先是可以作为组织公共关系目标的表述，其次是作为组织公共关系状态的反映。在一般情况下，组织的公共关系状态总是呈正数的，其标准的"公共关系状况等级"表述则由4个符号构成:

公共关系状况等级=认知度档级+认知度区域级+美誉度等级+和谐度等级

比如: 一个组织的认知度为6档、区域为全国——B级、美誉度为3、和谐度为4，那么，该组织的"公共关系状况等级"则表示为"6B34";

一个组织的认知度为5档、区域为大区——C级、美誉度为2、和谐度为3，那么，该组织的"公共关系状况等级"则表示为"5C23"。

在极少数的情况下，组织的美誉度或和谐度可能呈负数，那么，只要把负数写进"公共关系状况等级"即可。比如:"6B-21"、"5C2-2"、"4E-1-3"。但只要一出现负数，这个组织就相当危险了，"危机公关"也就成了必然的选择。

有了"公共关系状况等级"，组织公共关系状态衡量就有了标准体系，组织所制定的公共关系目标也呈科学化、系统化，而公共关系调查的开展也有了针对性;同时"公共关系状况等级"还成为公共关系的评估体系，以使公共关系活动开展以后的效果评估，有了可进行比照的具体指标。比如一个组织的公共关系状态，根据对认知度、美誉度、和谐度的逐项调查，得出"公共关系状况等级"为"7E44"，即在当地有7等的认知度，且美誉度、和谐度均为4等，离最高的5等仅一步之

遥，应该说这个组织在当地的形象是很不错的，于是，它就可以比照性地制定更高的公共关系目标。如果将"公共关系状况等级"定在"4D44"之上，即在认知度上区域从"当地"扩大为"省区"，等级则降低了3档，美誉度与和谐度维持不变，则公共关系工作实施后的评估，可以比照"7E44"、"4D44"来进行。总而言之，认知度、美誉度、和谐度这"三度"构成的"公共关系状况等级"，使得组织公共关系目标的制定可以更为具体，也使得社会组织公共关系的每一步工作都具有了可比照性。

5.2.3　使公共关系工作更好地服务于组织目标

一个社会组织开展公共关系工作，努力实现较理想的认知度、美誉度、和谐度的公共关系目标，其实并不是终极目的，而是为组织的生存、发展的总体目标服务的。

组织的总体目标体现在经济效益与社会效益上，这两个效益都是可以量化的；而任何组织都只能根据自身实际，制定出切实可行的量化目标。相应地，组织也就要求公共关系的目标与之接轨、为其服务。而可分解、量化的公共关系三大目标，就能有效地与组织目标接轨，并促使公共关系工作更好地服务于组织目标。比如，某个企业在当地（城市或地区）是个较有影响的企业，其品牌在当地属于地方名牌，其"公共关系状况等级"为"8M45"，这时，该企业制定的战略目标一般为：把市场的覆盖面扩大到全省，品牌则从地方名牌提升为省级名牌，其产值、利润也应有大幅度的提高。为了服务于组织的新的战略目标，组织的公共关系目标当然也应该进行相应的提高：

（1）根据组织"公共关系状况等级"中认知度的实际等级——"当地E级"，合理地确定自己认知度的区域应该向"省区D级"攀升。虽然区域等级只上升了1个等级，但区域范围、社会公众的人数却往往扩大了数十倍，短期内不可能奢望认知度的等级也如同在当地一样为"8档"，因此就可以确定在若干年内达到"5档"。如此，企业认知度的目标即为"5D"级，为企业要在省区内有一番大作为，从认知度上进行了铺垫。

（2）企业要开发全省的市场、创省级名牌，美誉度是基础，其要求丝毫不能降低。但考虑到原有的美誉度"4等"已经很高，且在全省范围内无形的标准会更严格，因此美誉度仍可以确定为"4等"。如果实现这一目标，就可以为企业的战略目标奠定良好的舆论基础。

（3）根据战略目标企业将在全省的市场上进行开拓，企业的目标公众也将大幅度地增加、扩大，如此，企业与新的、更为广大的目标公众之间就有一个认知、认可、亲和、合作、磨合、协调的过程，其和谐度便将面临一个全新考验的过程。因此，在短期内，其和谐度就可能有所降低，暂且确定为"3等"则是适宜的。但企业的决策者必须明确，企业战略目标的实现很大程度上取决于企业与目标公众的和谐度。只有和谐度在更大范围内得到保证，企业的经济效益才能得到提高，企业才能得到实质性的发展。

此外应说明，企业的社会效益，一定意义上与公共关系效果是一致的。

虽然，这里仅仅是从企业发展的角度来谈"三大目标"对组织实现工作目标的作用，但对更重视组织形象的政府机关、事业单位来说，公共关系的三大目标一定程度上在组织目标中占到了更大的比重。所以，公共关系三大目标的确立，对服务于组织整体目标的意义是毋庸置疑的。

5.3 目标的分解与量化确定

认知度、美誉度、和谐度这三大目标，由于已经赋予它们可量化的等级，比起原有的、一般只做模糊把握的知名度、美誉度之"二度目标"，确实显得科学、清晰多了。但是如果不对它们进行分解，它们量化等级的衡量评定，依然缺乏大量科学的数据来作依据。为此，三大目标就必须进行分解与量化。

5.3.1 认知度的内容分解与量化确定

"认知度"的内涵在前面已经指出，它有着两个衡量角度，即区域的广度、认知的深度，并分别分有5级、10档，而一个组织最后确定为哪个等级，却还需要进行如下分解与量化：

1) 区域的广度

区域的广度共有A——国际、B——全国、C——大区、D——省区、E——当地等5个级别，而这5个级别如何确定，则应将组织影响力分解成以下几个主要的要素来进行衡量：

（1）该组织的规模、级别

主要以企业规模，从总资产、年产值、利润、员工人数等方面确定企业为大型企业、中型企业、小型企业。一般大型企业认知广度的级别为B级或C级，少数为A级；中型企业为C级或D级；小型企业为E级。如大庆油田、宝山钢铁公司无疑可定为B级，而某地的牛奶厂、制冰厂则只能是E级。政府机关、事业单位主要看其档级，从它归属中央、省、地市而相应地确定级别。

（2）与组织发生关系的公众分布

生产性企业主要看其产品消费公众的分布范围，如长虹电视、联想电脑，其产品销售全国，其就可以定为B级；而某地的食品厂、标准件厂，其产品在省内销售，就只能定为D级。服务性企业以及政府机关、事业单位，则主要看其服务对象的分布范围，从而确定级别。如安徽的黄山市、广西的桂林市因常年接待国际旅客，就可认定其具有A级。相反，这两个省区的省会（首府）城市合肥市、南宁市，却只能认定为B级。

（3）媒介传播所及的范围与频率

一个社会组织在运作过程中总会得到传播媒介进行传播报道的，而传播媒介所及的范围，如全国及海外发行为主、省内发行为主、地市发行为主，往往使被宣传传播的组织的形象区域等级与之相对应，但是还得考虑组织被传播的次数与频率。一个当地组织偶尔被中央级、省级的媒介传播信息，并不等于就是B级、C级或D级认知度；只有被某一级媒介频频报道且被媒介所及范围内的公众所认知，才能确定相应等级的认知度。如山东的潍坊市因举办风筝节、广东的珠海市因举办大型航空航天展览而经常被国际传媒报道、传播，因此，可认定其认知广度具有A级；而江苏的张家港市因创建文明城市、重庆的綦江县因虹桥垮塌而被国内媒介报道，则可认定具有B级的认知广度。

2）认知的深度

前面，我们已经把组织的10个最基本的信息要素按照由浅入深、由表及里的排序列举了出来，即已经经过了一次分解，这里，则需要把这些基本的组织形象信息要素再分解一次，以便于在量化的基础上确定组织的认知度：

（1）组织名称，含组织名称的全称、简称；

（2）地理位置，含组织所处的省、城市或城镇、街道；

（3）行业归属，含企业、事业单位或政府机关，以及进一步可分解的工业门类、服务业门类、事业的门类、机关的部门等；

（4）规模档次（参见"区域的广度"）；

（5）发展历史，含组织的成立时间、发展阶段、经验与教训等；

（6）组织业绩，含组织最近的经济效益、社会荣誉等；

（7）交换物，含交换物的品牌、品种、技术含量、服务质量等；

（8）组织领导，含企业家、单位领导、首席官员的名字、性别、年龄、经历、业绩、性格、领导作风等；

（9）个性概念，含个性化的管理经验、个性化的交换物（如企业的新产品、新的服务项目）、个性化的广告词、个性化的公共关系活动等；

（10）深层文化，含组织理念、组织制度、组织风气、文化生活等。

如上再分解后的10个要素，经过问卷调查以及统计后，再运用坐标图综合标出，就可以在量化的基础之上对组织的认知度做出准确的确定。

5.3.2　美誉度的内容分解与量化确定

美誉度是一个社会组织获得公众赞美、称誉的程度，是组织形象受公众给予美丑、好坏评价的舆论倾向性指标，是一种对组织道德价值进行的评判。由于不同的社会组织其道德价值的体现有所不同，对其美誉度的确定也就应分解为不同内容进行衡量。这里，我们主要对生产性企业美誉度、服务性企业与事业单位美誉度以及政府机关美誉度的不同衡量的角度进行分解：

1）生产性企业美誉度内容分解

（1）产品评价，含产品性能、材料质量、技术（手艺）含量、可靠性、美观舒适性、多样性、价格因素等；

（2）服务评价，含意见征询、销售服务、售后服务、信息服务等；

（3）贡献评价，含就业提供、纳税数量、产品覆盖、环境保护、公益赞助等；

（4）文化评价，含企业名称与标志、品牌名称与商标图案、包装设计、广告品位、管理风格、企业理念、员工行为素质、企业家形象、企业环境、企业重大举措等。

2）服务性企业与事业单位美誉度内容分解

（1）硬件评价，含建筑设施、技术装备、服务环境等；

（2）服务评价，含服务项目、制度措施、信息咨询、服务态度、服务艺术、投诉处理、服务价格等；

（3）贡献评价，含就业提供、经济效益、便利地方、公益赞助等；

（4）文化评价，含环境设计、陈设布置、服务理念、管理风格、员工行为素质、领导人形象、宣传品品位等。

3）政府机关美誉度内容分解

（1）政绩评价，含政策制定、政府投资综合收益、卫生文明建设、科教实绩、政府外交、社会稳定、民众生活质量、可持续发展状态等；

（2）服务评价，含服务项目、服务渠道、服务能力、服务方法、服务效率、服务态度等；

（3）民主建设评价，含民主制度制定与执行、沟通民众的渠道与畅通程度、政府工作透明度、决策的民主程序、民众监督力度等；

（4）廉政建设评价，含官员财产公开、干部任命公开公平、政府投资与采购招标、官员待遇公开、廉洁制度规范、廉政监督保证等。

案 例

联想集团奥运战略公关

奥运会是全球规模最大的体育盛会，2008年北京奥运更是中华民族举国盛事。作为源自中国的全球PC领导厂商和国际奥委会全球合作伙伴，参与和支持北京奥运是联想的光荣使命，其为联想在全球塑造品牌提供了历史性的机遇。

为此，联想支持和参与2008年北京奥运的全线举措，发布了针对北京奥运的"两大战略、十大计划"。联想奥运战略发布之后，迅速引起国内外众多媒体的广泛关注，并在其后长达18个月的执行过程中，不断掀起阵阵热潮，在奥运公关史上书写了浓重的一笔。联想奥运战略公关是一个为期漫长的项目，从2007年4月27日发布战略开始，到6月23日启动奥运火炬手、护跑手选拔，再到8月8日奥运倒计时1周年活动，还将通过2008年奥运火炬接力以及奥运会举办期间的一系列推广活动，持续到奥运会结束后。

4月27日，联想集团在北京隆重发布科技奥运和人文奥运两大战略、十大奥运计划。在成为首家源自中国的奥运会火炬设计单位、首家源自中国的奥运会火炬接力全球合作伙伴之际，联想正式发布包括奥运火炬推广计划在内的2008年奥运战略。

其中，联想科技奥运战略致力于以卓越的产品、技术和服务，打造稳定的信息系统，支持2008年北京奥运的顺利运行。针对奥组委和赛事运营，联想制订了技术设备计划、IT运营服务计划；针对各国代表团和全球媒体，制订了奥运网吧计划、多品牌电脑维修计划；针对现场观众，制订了数字奥运体验馆计划。

联想人文奥运战略致力于向全球推广北京奥运，传播中国文化，传递奥运精神，针对国内外公众、运动员和运动队，以及国内外客户，分别制订了奥运火炬推广计划、系列公益传播计划、全球冠军计划、全球贵宾接待计划，以及千万客户关怀计划。

6月2日，奥运联想千县行在井冈山再次启动，以"一起奥运，圆梦2008"为全新主题，通过近百位历届奥运明星组成"联想奥运冠军团"，在当地展开丰富多彩的奥运主题广场体验活动，以及在全国范围内选拔出100名品学兼优、富于奥运拼搏精神的优秀青少年组成"联想奥运圆梦团"，2008年亲临北京奥运会。2007年奥运联想千县行在全国1 500个左右的县镇地区展开了丰富多彩的奥运主题广场体验活动，直接影响600余万人。

6月12日，联想举办发布会，向北京奥组委正式交付了第三批用于北京奥运会的共计3 547台计算技术设备。同时，150余名联想奥运工程师将从即日起陆续进驻各"好运北京"体育赛事场馆。联想支持"好运北京"体育赛事的设备和人员准备工作已全部就绪。

6月23日下午，继在北京奥组委发布火炬手选拔标准之后，联想集团携手CCTV等全国32家媒体在北京启动奥运火炬手、护跑手全国公开选拔活动，寻找具有不断探索、超越的奥林匹克精神，为创建和谐家园做出贡献的人。联想同时公布了濮存昕、申雪、赵宏博、孔祥瑞、王顺友首批5名提名联想奥运火炬手和张胜凯、王一硕、孙涛首批3名提名护跑手名单。

7月4日，联想正式成为中国田径队战略合作伙伴，中国田径队的领军人物刘翔也同时成为联想的签约运动员。联想和中国田径队在技术支持和营销两方面展开合作，共建"联想科学化训练工作站"，联想将从科技装备、系统软件、人力支持、资金支持等方面协助中国田径队及刘翔备战北京奥运。

2007年8月7日，联想宣布正式成为"国家体育总局水上运动管理中心科技合作伙伴"，以及皮划艇、赛艇、帆船帆板、激流回旋四支国家队的合作伙伴。双方共建"联想中国水上运动科学化训练工作站"。

在全球冠军计划方面，联想在中国先后携手中国登山队、中国田径队和刘翔，以及国家体育总局水上运动管理中心，代表了奥林匹克"更高、更快、更强"的精神。在全球范围内，联想还签约了众多国际巨星，其中包括在2007年世界游泳锦标赛上独揽5枚金牌的泳坛新女皇、澳大利亚的利比·莱顿，沙滩排球奥运会和世锦赛三连冠、美国的凯利·沃尔什和米斯蒂·梅等。联想希望在科技、资金等方面全面地支持这些运动员，帮助他们不断突破，创造佳绩，并以他们的精神和形象感召全球公众。

联想还启动了"有你有联想——千万客户奥运分享计划"，拿出奥运纪念版产品、奥运门票、奥运火炬手名额等宝贵资源，与广大客户共同分享奥运的激情与欢乐。

继6月23日联想集团启动奥运火炬手选拔后，为了让在华外国友人有机会参与火炬接力，9月7日，联想与中国日报携手，启动了在华外国人火炬手选拔计划，产生了8位国际友人火炬手。

9 月 19 日，联想集团和国家体育总局登山运动管理中心宣布双方深化战略合作，共建"2008 年北京奥运会珠穆朗玛峰火炬接力活动指挥保障信息系统"（简称"火炬登顶珠峰信息指挥系统"）。

联想同时发布了一系列助力火炬登顶珠峰的笔记本、服务器、打印机、移动存储产品，并将其赠送给登山运动管理中心。

联想与中国登山队在 2008 年共同建成"火炬登顶珠峰信息指挥系统"，在珠峰大本营搭建局域网，同时在北京建立远程监控管理平台，为登山队提供全方位的信息服务。联想为该信息系统提供万全服务器、ThinkPad 笔记本、天逸笔记本、打印机、移动存储等计算设备及相应的技术支持。

10 月 22 日，联想携手搜狐展开"你就是火炬手"联想奥运火炬手搜狐网络复活评选暨网友选拔活动。由网友投票和专家评委综合评选出的 5 名搜狐网友荣膺 2008 联想提名奥运火炬手。此外，备受网民关注的 10 名联想奥运火炬手网络复活赛获胜选手名单也正式出炉。

联想奥运战略公关为企业品牌带来巨大提升。2007 年 5 月中旬进行的调查显示，在中国市场，公众对联想设计奥运火炬的认知度达到 26%，对联想成为北京奥运会火炬接力合作伙伴的认知度达到 32%，对联想奥运 TOP 认知度提升到 59%，联想的知名度上升到 70%，美誉度上升到 64%，为 7 年来的最高点。

在全球范围内，在联想全球奥运战略的拉动下，从 2006 年 9 月到 2007 年 9 月，联想在全球（除中国以外市场）的品牌知名度从 40% 提升到 50%，上升了 10 个百分点，购买考虑度从 39% 提升到 47%，上升了 8 个百分点。

资料来源　中国国际公共关系协会.最佳公共关系案例［M］.北京：中国市场出版社，2009.

案例分析

2008 年奥运会，中国向世界展示了经济文化实力，开始更深层次地融入国际主流社会。民族品牌也一样，通过奥运跳板，越来越多的民族品牌开始融入全球化的商业环境，适应全球化的公共关系。

一次成功的奥运营销，除了通过奥运平台提升企业知名度外，企业还应该设定多项目标，包括增强企业的影响力、提升品牌形象、促进产品销售、增进与相关利益方的关系，以及增强企业内部的凝聚力等。而良好的公共关系，将推动企业更好地实现这些目标。

从案例中，我们可以感受到联想持续的公关活动堪称是世界级的。随着北京奥运会获得"无与伦比"的成功，联想作为奥运会的 IT 合作伙伴，也获得了一枚奥运公关的金牌。

品牌传播方案应该从新闻公关入手，通过新闻公关去塑造知名度，进而建立企业的美誉度，最终达到提升企业品牌价值的目标。联想利用奥运 TOP 赞助商以及北京奥运会火炬传递全球合作伙伴的身份，在奥运开始之前以及奥运过程中，不断制造新闻，通过媒体的强势曝光，全面提升了品牌知名度和美誉度。

从效果上看，联想的奥运营销，在品牌上的目标应该是实现了。至于在产品销售方面是否真正实现了他们的目标，还需要等市场来给出答案。从联想退出伦敦奥运 TOP 阵容，我们应该可以看出联想对奥运营销的深层认识。

值得注意的是，作为奥运战略公关的总结，案例中缺乏对议题管理以及危机管理部分的总结。比如，针对刘翔退赛事件，以及媒体上有关联想产品和服务的质疑，联想都建立了怎样的预警机制并采取了哪些应对措施，这方面的经验值得总结和分享。

本章小结

　　公共关系的主体——社会组织是人们为了达到特定的目标而建立的系统，明确的目标是社会组织的显著特点之一。组织目标指的是组织争取达到的一种未来状态，是组织开展各项活动的依据和动力。公共关系目标是组织目标的一个子系统，指的是社会组织通过一系列工作，所欲达到的树立组织形象、与公众取得和谐的状态。与组织目标一样，公共关系目标也是一个变量，有长远目标、中期目标、近期目标、特定目标之分；但它与组织目标在一个时期往往由特定的工作重心派生出特定的目标不一样，公共关系目标由于涉及的主要是组织与公众的长远关系，其制定与衡量便有着一个统一的标准，这就是社会组织的认知度、美誉度、和谐度，即本章所要阐述的公共关系的目标。

复习思考题

　　1.请解释组织公共关系状况等级 "3A34"、"4B33"、"6C35"、"6M2"、"8E-31" 的内涵。
　　2.请为你所属的某一组织 （企业、单位、政府）进行公共关系与形象衡量，并确定它的"公共关系状况等级"。
　　3.说明社会组织的美誉度、知名度、和谐度的内涵。

第 *6* 章

社会组织形象管理

学习目标

通过本章的学习，掌握对"组织形象"进行的界定；掌握组织形象的定位与设计、组织形象的建立与推广、组织形象的巩固有关理论和知识；结合实例说明组织形象塑造的方法与程序。

6.1　组织形象的内涵

6.1.1　组织形象的界定与构成

1）组织形象的界定

组织形象是指社会公众对一个组织综合认识后形成的印象和评价。组织形象对于社会组织来说至关重要。在现代社会中，一个组织的形象如何，会直接影响到组织的生存和发展。因此，树立良好的组织形象，是组织至关重要的任务，也是公共关系工作的重要目的。

组织形象具有以下四个基本特征：

（1）组织形象的客观性。公众心目中的组织形象不是从天上掉下来的，也不是公众头脑中固有的。它是公众在对组织各方面有了具体的感知和认识之后才逐渐形成的印象，是组织各方面活动和所有外在表现这一系列客观状况在公众心目中的反映。因此，组织形象具有鲜明的客观性。

（2）组织形象表现的主观性。组织形象作为公众对组织的一种综合性认识、一种综合性的总印象，必然会受到公众的价值观念、思维方式、道德标准、审美取向、性格差异等主观因素的影响。因此，任何一个组织形象在不同的公众心目中有不同程度的差异。所以，为了塑造良好的组织形象，社会组织应全面重视自己的每项活动，力求把每件小事做好，以便使自己在公众心目中留下良好的印象。

（3）组织形象的相对性。组织形象的好坏既受同一定的参照物相比较所表现出来的优劣的影响，又受主客观两方面因素的影响，任何一种要素的变化都会对组织形象产生作用。因此，组织形象具有相对性的特征。

（4）组织形象的稳定性。组织形象是组织综合行为的结果。组织形象一旦形成，不论其内在理念还是外在形象，都会在一定时空条件下，在一定的公众心目中形成一种心理定势。它不会随着组织行为的某些变化而马上改变。因此，它具有一定的稳定性。

2）组织形象的构成

组织的总体形象的建立是受众多具体要素影响的。以企业为例，其构成组织总体形象的要素有：

（1）实力形象。它是企业形象存在的物质基础。富有强大的经济实力，便使形象的其他因素均有了附加的落脚点。实力形象主要包括企业固定资产、总资产、流动资金、产品销售与生产规模、员工人数、装备先进性等。

（2）文化形象。它是组织形象的精髓所在。它以组织的价值观为基础，以组织系统和物质系统为依托，以组织员工的群体意识和行为为表现，形成具有特色的生产经营管理的思想作风和风格。文化形象主要包括组织使命、组织精神、组织价值观和组织目标。

（3）人才形象。它是指组织现有人才的状况对组织形象的影响。一个人才济济、阵容整齐的组织，会使组织的形象倍增光彩。人才形象主要包括人才阵容、科技水平、管理水平等。品牌形象，即为组织的产品质量和服务、组织的标志等留给公众的总体印象。品牌形象是组织形象的生命线。如果在其他要素上存在缺陷仅仅会影响其他形象的话，品牌形象的低劣则会使组织形象毁坏殆尽，从而直接威胁到组织的生存。

总之，一个组织形象的状况不是由一两个因素所决定的。组织形象是一个有机体，它的每一个要素都会对组织形象产生效应。因此，要树立一个良好的组织形象，必须使这个形象系统中的每一个要素都发挥作用。如果忽视了其中某一个或几个要素，则有可能使整个组织形象毁于一旦。

6.1.2 塑造组织形象的意义

市场经济的基本特征是竞争。竞争的最高层次就是组织形象的竞争。谁拥有了良好的组织形象，谁就能赢得公众的支持，谁就拥有了市场，并获得了源源不断的利润，且能使产品和组织在激烈的市场竞争中立于不败之地。就塑造组织形象的意义而言，主要可以概括为以下三点：

1）组织形象是无形资产的重要组成部分

无形资产是组织资产的重要组成部分，是不具有实物形态而以知识形态存在的重要经济资源。美国可口可乐公司的老板曾说过：如果公司在一夜间被大火烧成灰烬，第二天各大银行就会主动上门来向公司贷款。这是因为公司还有价值360亿美元的无形资产。可见，无形资产的作用、价值可以远远超过有形资产。自然灾害可以损毁有形资产，但对无形资产却无可奈何。世界上许多著名的组织的无形资产都是具有很高的价值的。万宝路的商标权为330亿美元，是世界烟草行业无形资产价值最高者，世界排名第二；柯达商标权为120亿美元，是世界摄影材料、器材行业无形资产价值最高的，位居总排名第三……无形资产之所以具有如此大的魅力，是因为它代表组织在公众心目中的良好形象。组织形象的好坏决定了无形资产价值的高低。无形资产主要是靠组织形象来作为表现形式的。组织形象的认知度越高，美誉度越好，和谐度越佳，定位越准，无形资产的价值就越大，增值率就越高。日本丰田汽车公司就是依靠其组织形象的不断完善来维系、保护它的无形资产的。一般的汽车公司厂家维修中心都是顾客把车开到维修中心进行维修，而丰田汽车维修中心接到电话后，会派人开辆好车到用户家中，开走需要维修的汽车，留下一辆好车供用户日常使用。汽车维修好后，维修中心会在汽车中加满汽油再开回用户家中，开走上次留下的汽车。这种处处为用户着想的服务思想，为丰田汽车树立了良好的组织形象。这种深入用户心目中的组织形象使丰田汽车公司的无形资产倍增。因此，一个组织要不断地发展，维系自己的无形资产，就必须充分重视组织的形象。

2）组织形象是生存发展的精神资源

组织形象之所以能以精神资源作用于组织的生存发展，是因为其具有以下的功能：

（1）规范与导向功能

组织形象是把组织的价值观念和行为规范加以确立，为组织自身的生存和发展树立了一面旗帜，向全体员工发出了一种号召。这种号召一经广大员工的认可、接受和拥护，就会产生巨大的规范与导向作用。像美国 IBM 公司提出"IBM 意味着最佳服务"，日产公司强调的"品不良在于心不正"，德尔塔航空公司倡导的"亲和一家"等，都是在教育、引导、规范着员工的言行、态度，让他们在尽善尽美的工作中注意把自己的形象与组织的形象联系起来，使本组织成为世界一流的组织。

（2）凝聚与整合功能

组织因不同的人从事不同的工作，人的性格、爱好、追求又不一样，如果没有一种精神力量把他们"黏合"起来，组织就会成为一盘散沙。组织形象确立的共同价值观和信念，就像一种高强度的理性黏合剂，将组织全体员工紧紧地凝聚在一起，形成"命运共同体"，产生"集体安全感"，使组织内部上下左右各方面"心往一处想，劲往一处使"，成为一个协调和谐、配合默契的高效率集体。

（3）激励功能

良好的组织形象可以使组织内部的员工产生一种自豪感。这种感觉可以让员工保持一种士气高昂、奋发进取的精神状态。这是因为每个人都有被尊重的需要，希望得到他人的尊重与羡慕。因此，当员工在与别人谈起"值得骄傲"的组织时，那种对组织的热情与爱戴就不言而喻了。这种对组织的热爱会产生强烈的激励作用，诱导并刺激着员工的工作热情和积极性。

（4）辐射功能

组织形象的建立，不仅对内有着极大的凝聚、规范、号召、激励作用，而且能对外辐射、扩散，在一定范围内对其他的组织乃至整个社会产生重大影响。像我国20世纪60年代的"铁人精神"以及在日本企业界经常听到的"松下人"、"丰田人"等说法，都是组织形象对外辐射的典型范例。

3）组织形象是外在扩张的市场铺垫

在现代社会中，公众对商品的购买，不仅是对产品功能和价格的选择，同时也是对组织精神、经营管理作风、服务水准的全面选择。组织形象的优良与否，是公众选择的重要依据。良好的组织形象，会使公众对产品产生"信得过"的购买心理，使公众能够在纷乱繁杂、令人眼花缭乱的商品世界中培养起对组织、对产品的忠诚度，从而达到使组织争夺更大的市场份额、进行组织扩张的目的。德国大众汽车公司通过在北美和欧洲进行的顾客调查发现，如果顾客的愿望在一家公司没有得到满足，那么他便会疏远该公司的产品。调查报告认为，一个厂家失去了顾客，只有30%是由于产品质量或价格的原因。60%的顾客转向其他产品是由于服务或售后服务不好，使他们没有受到礼貌的接待。大多数消费者会对组织的服务进行评价，并且会一传十，十传百。这种口头传播的效力是十分惊人的。因此，树立了良好的组织形象，就等于留住了顾客，就等于达到了组织扩张的目的。新加坡东方大酒店就利用"顾客至上、以人为本"的组织形象,为顾客在力所能及的范围内提供"超级服务"。一次,4位来东方大酒店咖啡厅的客人,因人多嘈杂,随口说了声"吵死了,听不清"。这话让一位服务小姐听到了,她马上为他们联系了一间免费客房供他们讨论问题。对此,4位客人十分吃惊、感动。两天后,4位客人给酒店送来了感谢信:"感谢贵酒店前天提供的服务,我们受宠若惊,并体会到什么是世界上最好的服务。我们4人是贵酒店的常客,从此,我们除了永远成为您的忠实顾客外,我们所属的公司以及海外来宾,亦将永远为您广为宣传。"可见,良好的组织形象可以赢得社会舆论,铺垫潜在市场。社会各界的了解、信任、好感和合作,有利于改善组织的生存发展环境,便于组织的对外扩张。

6.2 组织形象的定位与设计

6.2.1 组织形象的定位

组织形象的定位是指组织根据环境变化的要求、本组织的实力和竞争对手的实力,选择自己的经营目标及领域、经营理念,为自己设计出一个理想的、独具个性的形象位置。

定位理论最早出现于20世纪60年代末美国广告界的一些文章里,到1972年在美国很有影响的《广告年代》杂志上正式出现。当时强调的是通过广告攻心,将产品定位在顾客的心中潜移默化,而不改变产品的本身。到20世纪80年代,美国著名营销专家菲利普·科特勒开始把定位理论系统化、规范化。他指出:定位就是树立企业形象,设计有价值的产品和行为,以便使细分市场的顾客了解和理解企业与竞争者的差异。可见,要想组织在公众心目中留下清晰、深刻的印象,就必须有准确的形象定位。

1)组织形象定位的缘由

在现代社会中,多数组织为了塑造自身的形象,大都采用公共关系、广告等宣传手段。可由于公共关系活动及广告数量的暴增,导致了对公众的影响力相对减弱,加上繁多的形象宣传方法而造成的沟通"过度",使公众更难在眼花缭乱的市场中确认某一组织。此时,最有效的识别办法就是明确独特的组织形象定位,只有这样,才能使组织形象的信息深入人心,让他们在消费者心目中扎下根,否则组织形象根本不可能产生。比如日本尼西索公司在第二次世界大战结束时只有30多名职工,却生产雨衣、游泳帽、卫生带、尿垫等多种产品,品种杂多,缺乏明确的形象定位,生产经营极不稳定。战后的经济恢复和发展为企业带来了契机。有一次,尼西索公司的董事长多川博在考虑市场定位时看到了一个日本的人口普查报告,得知日本每年大约出生250万个婴儿。多川博想,如果每个婴儿用两条尿垫,一年就需500万条。如果能够出口,市场就更大了。于是尼西索公司把企业及产品定位于"尿垫大王"上,放弃一切与尿垫无关的产品,最后靠它明确的形象定位占得日本

70%以上的婴儿尿布市场，成为名副其实的"尿垫大王"。

由此可见，在当今产品及其宣传都先进的时代，组织形象要得到公众的认可，首先就必须进行准确的定位。

2）组织形象定位的三要素

公众的喜好与要求是千变万化的，处于不同地区、不同行业的公众对一个组织的形象会有不同的看法与评价。因此，组织在哪方面出名，便成为树立形象的关键。

认识到这一点，我们就有必要来系统研究一下组织形象是怎样定位的，哪些因素会影响组织形象的定位。

（1）组织形象定位要素之一：主体个性

主体是指组织主体；个性包括品质个性、价值个性两个方面。

主体个性，是组织在其品质和价值方式方面的独特风格。

唯物主义强调物质决定意识，所以，组织形象定位必须以主体的存在特性为基础，否则定位是虚假的。当然主体有些共性，如都要良好的质量，都需要售前、售中、售后服务优良，都要生产适销对路的产品等，都是共同的。但更值得思考的是个性特点，像组织目标定位、组织精神定位、组织风格定位等。

日本的五大电器公司都是以各自的个性来表现其组织形象定位的。索尼是以冒险、创新的精神作为其形象定位；东芝尽量满足公众的各种需求而生产包罗万象的产品为其形象定位；松下则在为生产像自来水一样廉价的家电用品而努力；日立是以不断改革自身技术来发展组织形象；三洋则是在薄利多销上狠下工夫。这些定位都从不同程度上体现了组织目标、组织精神、组织风格的定位。

组织形象定位必须是组织所具有的个性，不能夸张，也不能捏造，否则一定会被公众所遗弃。像劳斯莱斯是以"不求廉价便利，只求高档豪华"来作形象定位的。但这种定位必须以过硬的产品及服务作为基础。如果一家品质、服务平平的组织，也提出高档豪华的形象定位，其结果只能是事与愿违。

因此，组织形象定位不是空泛的，也不是随心所欲的，而是实实在在需要以自身品质、价值方式作为其保障和基础的。

（2）组织形象定位要素之二：传达方式

传达方式指的是把主体个性信息有效准确地传递到公众方面的渠道和措施。如果主体个性信息不能有效传达，公众就无法加以了解和把握。

传达方式主要指营销方式和广告与公关等宣传方式。

组织形象不见得在主体个性上有过多的优势，但其传达到位是不容置疑的。IBM并不是电脑的发明人，电脑是由兰德公司发明的，从这一点讲，IBM在电脑方面的主体个性肯定不是优势。但是IBM确实运用有效的传达方式使人们将电脑与IBM联系起来，并以优良的服务，建立起"IBM，意味着最佳服务"的形象定位。

从营销角度讲，IBM在售前、售中和售后服务上确实是快捷、便利、放心使用、保证维修。所有这一切，使其确立了组织形象的地位。

广告与公关宣传也要把定位宣传到位，IBM的广告和公关无时无刻不在宣传着服务的理念，这样的配合，使IBM不容置疑地大获成功，成为蓝色巨人。

（3）组织形象定位要素之三：公众认识

主体个性确定以后，有效的传达方式使用之后，真正达到形象定位完成的标志，应是公众认知。以烟草公司形象定位为例：从烟草质量的角度来说，烟草质量的差距远没有目前烟草业名牌公司与非名牌公司销售距离巨大，其口味、口感的差距更小，但公众认知差距却相当大。

像万宝路香烟，最初是一种女士香烟，由于市场销售不畅，公司决定以新的西部牛仔的粗犷形象定位，最终成功获得公众认知。公众在吸万宝路香烟时，油然而生的是一种冒险、创造、粗犷的感受。这种公众接受、认可的形象，使组织大获成功。

同样，555香烟以高贵不凡为其形象定位，KENT香烟以浪漫、休闲为其形象定位，沙龙（Salem）香烟以清新和淡雅为其形象定位，都是公众认知成功的表现。

公众对组织形象的认识是在获得组织提供的物质、服务的同时，也要能获得精神上、感受上的满足，才能使组织形象更易、更深地被公众认识、接受。

上述三要素，分别从主体、通道、客体三个方面构成了完整的组织形象定位，使得组织形象的功能和效应得以发挥。

3）组织形象定位的方法

组织形象定位的方法有很多，这里主要介绍以下几种：

（1）个性张扬的定位方法

个性张扬的定位方法主要指充分表现组织独特的信仰、精神、目标与价值观等。它不易被人模仿，是自我个性的具体表现。这既是组织形象区别于他人的根本点，又是公众认知的辨识点。因此，组织在形象定位时一定要注意把这种具有个性特征的组织哲学思想表现出来。太阳神集团就以"健康、向上、进取、开拓，以人为中心"的经营管理理念为个性特点；美国IBM也是以"科学、进取、卓越"的独特定位来表现组织哲学的。这种个性形象可以是整体性的，也可以是局部性的，如组织的人员个性、产品个性、外观个性、规范个性等。像丰田汽车的"车到山前必有路，有路必有丰田车"，就是其局部性——产品个性的表现。当然，这种个性也应是组织整体个性的代表性、集中性的表现。

（2）优势表现的定位方法

在这个"好酒也怕巷子深"的年代，组织要想在激烈的市场竞争中立于不败之地，除了利用个性的张扬之外，还必须扬其所长而避其所短，重视表现组织的优势。公众对组织形象的认识实质上是对其优势性的个性形象的认识。组织只有给予公众这种优势性形象的定位，才能赢得公众的好感与信赖。这是因为公众都会不同程度地得益于这种形象定位。当然，组织也同样会因这种定位而获得更高的社会效益与经济效益。不同特色的组织都有不同特色的优势，只要抓住其优势特色进行定位，就可以很好地发挥作用。如法国轩尼诗公司的XO白兰地，在1991年6月6

日，历经 38 个月的海上航行，到达上海客运码头时，不仅动用了中国传统舞狮和鼓乐开道，还举行了有爵士乐队和时装模特献技的宣传活动，充分表现了法国轩尼诗"高贵气派"的形象定位，给中国老百姓留下了深刻的印象。

（3）公众引导的定位方法

组织通过对公众从感性上、理性上、感性与理性相结合上的引导来树立组织形象的定位方法。

感性引导定位法主要是指组织对其公众采取情感性的引导方法，向公众诉之以情，以求消费者能够和组织在情感上产生共鸣，进而获得理性上的共识。比如"百事可乐，新一代的选择"，就是针对新崛起的年轻一代而定的；海尔集团的"真诚到永远"，则以打动人心的感情形象扎根于公众心目中。

理性引导定位法主要指对消费者采取理性的说服方式，用客观、真实的组织优点或长处，让顾客自我做出判断进而获得理性的共识。比如艾维斯出租车公司的"我们仅是第二，我们更为卖力"，就表现出公司对公众的真诚、坦率；苹果电脑那只被挖掉了一块的苹果，让公众清楚地知道公司仍然存在不足，并非完美，但他们会不断努力。这种理性的引导公众的定位更有利于培养起公众对组织的信任。

感性与理性相结合的引导定位综合了感性与理性的双重优势，可以做到"情"与"理"的有机结合，在对公众"晓之以理"、"动之以情"的过程中完成形象定位。麦当劳以其干净、快捷、热情、优质而组成的"开心无价，麦当劳"为其组织形象定位，充分表现了公司愿让每一位顾客都享受到"高兴而来，满意而归"的宗旨。这种既表现出组织的价值观又带有人情味的形象定位，能适应不同消费者心理的多方面需求，更能受到公众的青睐。

（4）形象层次的定位方法

形象层次定位法是根据组织形象表现为表层形象与深层形象来进行定位的。

表层形象定位是指构成组织形象外部直观部分的定位，如厂房、设备、环境、厂徽、厂服、厂名、吉祥物、色彩、产品造型等的直接定位。例如可口可乐那鲜红底上潇洒动感的白色标准字就体现出了"世界第一可乐饮料"的大家风范。

深层形象定位主要是根据组织内部的信仰、精神、价值观等组织哲学的本质来进行定位的。例如，美国通用公司的"以提供高品质的产品与服务为目标，满足顾客需要，成果共享，利益均沾"的定位即为深层形象定位。

（5）对象分类的定位方法

对象分类定位方法主要是针对内部形象定位和外部形象定位而言的。内部形象定位主要指企业家、管理人员、科技人员以及全体员工的管理水平、管理风格的定位。如喜来登酒店的"在喜来登小事不小"，昆仑饭店的"深疼、厚爱、严抓、狠管"，都是其管理风格的真实写照。外部形象定位是指组织外部的经营决策、经营战略策略、经营方式与方法等方面的特点与风格的定位。如今日集团"一切为了国人的健康"，长安汽车的"点燃强国动力，承载富民希望"等，都属于外部形象定位的方式。

组织因其形象定位的不同，采取的方法也是不一样的。但各种方法归纳起来目的都只有一个：在公众心目中留下深刻、清晰的组织形象。

6.2.2 组织形象的设计

在全球经济一体化的今天，市场机制日趋成熟，市场的产品、服务差异日渐缩小，组织间的竞争已发展到了组织形象的竞争。于是，如何树立个性化的组织形象，成为现代组织中的重要课题。

1）组织形象的内在基础

组织形象的设计必须首先从它的内在基础开始，这是组织形象相互有所区别的根本，其中主要包括组织事业领域的确定、组织目标的确定和组织理念的确定三个方面。

（1）组织事业领域的确定

组织的事业领域与生产领域有很大的差别。生产领域是组织生存的基础，事业领域则是组织面向未来的总体方面，是组织发展的长远意图。它作为组织行为的总纲领，组织事业领域能够并且应该使每个员工都清楚并参与到以后的组织活动中来，确定各自的责任范围，在工作中获得自我的满足、自我的成长机会，并为组织今后的资源分配和利用指明方向。如雅马哈是人们熟知的日本公司，它本以生产钢琴为主，后来发展到电子琴、射箭用具、滑雪设备、游船、网球拍和游乐场，这实际上就是根据企业的事业定位——娱乐工业而进行开发的。

事业领域的内容主要包括四个方面：组织历来的"业务"是什么?组织的总目标是什么?组织在未来该如何?组织怎样才能在不断变化的环境中稳步发展?一般而言，对组织事业领域的表达必须包括核心产品或服务、基本市场、主要技术、组织性质等四个要素，由此，才能为组织的发展确定一个基础的范围。

组织在确定事业领域时，必须充分考虑技术发展的未来趋势，使组织的形象定位能为组织的发展提供相当大的空间；同时，组织的定位还要充分考虑消费者形态的变化趋势，既要谨慎，保持经营内容的连续性，又不可过于死板，丧失了灵活性和可变性。实际上，组织要繁荣兴旺，就必须对自己的任务进行不断的审查，并在必要时加以改变。

（2）组织目标的确立

组织的事业领域只是描述了组织的发展前景、希望，它并不是详细的量化指标，欲使它真正落实还必须设定相应的目标。没有组织目标，就如同马拉松选手不知道自己要跑多远，终点在何处一样，或者中途退场，或者大费周折，浪费时间，绝不会有很好的成绩。

组织目标分为总目标和阶段目标。任何一种目标的确定都必须遵循下列原则：

①一致性原则。总目标的确定必须与组织确定的事业领域保持一致，是组织事业领域的量化指标；阶段目标必须与总目标一致，是总目标的分解。

②可行性原则。组织确定的目标必须既富于挑战性，又符合客观发展规律，是

最终能够实现的。

③可衡量性原则。目标必须是明确的。应侧重定量化和便于计量。目标定得越明确具体，越具有可行性。

④优先性原则。总目标的实现往往要经过相当长的时期。因此，必须根据阶段目标对总目标的重要性进行排序，将其中重要的、具有决定性的阶段目标优先实行，保证其实现。

（3）组织理念的确立

在组织形象的内在基础中，组织理念是十分重要的。组织理念特指带有个性的组织经营活动的思想或观念，其作用如同空气对于生命，虽然看不见，摸不着，但足以影响组织的兴衰成败。IBM公司的创始人在谈到组织信念时说："任何一个组织要想生存、成功，首先就必须拥有一套完整的信念，作为一切政策和行动的最高准则，其次必须遵循那些信念。处于千变万化的世界里，要迎接挑战，就必须自我改变，而唯一不能变的就是组织信念。换句话说，组织的成功主要是跟它的基本哲学、精神和驱策动机有关。信念的重要性远远超过技术经济资源、组织结构、创新和时效。"由此可见，组织理念是组织生命力和创造力的综合的整体反映，是一切组织形象的出发点和归宿点。

2）组织形象的外在条件

组织形象的设计除了注重内在基础的建立之外，还需要与外在条件相配合，才能使组织形象在市场竞争中保持优胜的状态。组织形象的外在条件可分为市场环境中的条件和未来发展中的条件。

（1）市场环境中的条件

社会进入高度成熟的消费时代后，公众需求的，不只是量的满足、质的追求，他们更强调"感性"的需要，也就是说，消费要求有一种被关心、被理解、被诱引、被个性化服务的感觉。面对如此"挑剔"的消费者，组织只有通过具有个性化的形象战略，赋予组织独特的魅力，才能接受消费者的挑战。如三菱公司的"诚实、和睦、公私分明、顾客第一"的定位；MINOLTA的"通过以光为中心的视觉器材，来提高住处的质量，使人人都能享受并实现创造的梦境"的定位；美国兰铃公司"优质与服务"的组织形象定位，都是各自整体组织的文化特征在为公众服务中的集中表现。正如畅销世界的《成功之路——美国优秀公司的管理经验》一书中所说到的："不管是不是都像弗里托公司、国际商业机器公司或迪斯尼公司那样醉心于服务，所有的优秀公司看来都充满着强大的服务精神。我们的一个重要结论是：不管这些公司的业务是金属加工、高级技术，还是汉堡包，它们始终都把自己规定为服务性企业。"所以，从创立良好组织形象的本质上讲，创造满足公众需求的、具有文化内涵的一流服务是其形象的基础。

市场环境中的条件的另一个方面就是组织形象必须与同行组织间保持差异性，这样才能在复杂的市场中独树一帜。组织形象的差异性不仅表现在组织的标志、商标、标准字和标准色等不同于其他组织，还表现在组织的经营哲学、企业文化、市场定位、产品定位、营销手段、组织机构设置等不同于其他组织。同时，这种差异性还表现在国与国之间的民族差别上。由于各个国家在政治环境、文化背景、社会特征、组织形态、国民心态等方面存在差异，使组织形象的内涵及形成的运用规律、具体模式都具有不同的社会性和民族性。因此，在组织形象的设计时必须重视其形象的差异性。

（2）未来发展中的条件

在设计组织形象时，不仅要考虑现在的定位，而且要考虑如何在公众心目中立于不败之地，如何继续发展组织形象的问题，即必须注意到组织形象的统一性和动态性，这对组织形象在未来的发展中起着重要作用。

①统一性。组织形象设计的基本内容就是形成统一的组织形象系统，使组织形象在各个层面上得到有效的统一。它是突出组织个性、强化组织印象的最有利的武器，是组织形象可持续发展的基本保证。组织形象的统一性具体表现在企业理念行为及视听传达的协调性、产品形象、员工形象与组织整体形象的一致性、组织的经营方针与其精神文化的和谐性等方面。各要素之间的系统一致性就像奔流不息的同一脉流水，互相导引，互相照应。因此，组织在形象设计之时，一方面要把组织形象灌输在经营管理思想和经营管理活动之中，不仅要注意通过厂徽、建筑物等外表形状，而且还要通过组织的优质产品和优质服务，以及组织文化活动来体现组织的完整形象；另一方面则要调动组织员工塑造组织形象的积极性，教育和要求组织每个员工充分认识自己所处的地位和作用，用组织形象规定的价值观和准则来约束自己。只有这样，组织形象才有可能在未来发展中不会被人所忽视。

②动态性。组织形象的设计和导入是一项复杂的系统工程，它牵涉到组织经营的方方面面，既是组织外在"形象"的更新，也是组织内部"灵魂"的革命。因此，组织形象的树立不是一次性的短期行为，而是一项长期的工作。在这一期间，组织的内外环境，比如经营战略、经营方式、市场定位、产品定位及组织机构设置等都可能发生一定的变化。因而，组织的形象设计也不可能是固定不变的，它应随着组织内外环境的变化而不断进行调整。组织形象的设计和推广应是一个只有起点而永无终点的螺旋上升过程，这才是保证组织形象可持续发展的重要条件。

3）组织形象设计的作业流程

组织形象的设计是一项周密、复杂、系统的长期发展规划。作为一项系统工程，必须要按照一定的规则，循序渐进地展开工作，才能达到预期的目标。原则上各组织形象设计程序都大致相同，这里，我们细化、分解为43个作业流程，以便各组织根据自己的特点和实际，具体操作和实施。

（1）组织形象设计计划的开始和确认

有关导入组织形象设计的提案被批准，组织形象设计计划的施行正式得到公司内部的承认。

公司内部与其他相关人士，确定执行已确认的作业。

公司与所委托的机构签订基本合同。

（2）组织形象设计委员会等的设置

设置组织形象设计委员会。

选定委员会负责人和具体业务负责人。

（3）系统分析

以委员会为中心，研讨有关组织形象的期待成果和现状问题。

如有必要，通知相关单位来参与讨论。

（4）搜集内部意见

发放调查表，请公司内部职工记下有关组织形象的现状问题，以及对组织形象的期待事项。

收回调查表，经过分析后再加以整理。

（5）组织形象设计方针的确认和决定

以系统分析结果和调查表等为基础，构筑组织形象系统，使组织形象计划的推进方针明确化。确认是否有必要设置执行机构来协助。

（6）实地考察

为了让外界顾问机构了解公司情况，可安排他们到本公司的事业部门和流通部门实地考察。

（7）公司内部的信息传递活动

唤起公司员工的组织形象意识，进行内部启蒙教育，策划信息传递方式、媒体。

编发《组织形象信息》等刊物，进行公司内部的启蒙活动，并分别举行各员工阶层的说明会议。

（8）调查体系的策划

根据组织形象设计以客观地调查企业形象的现状为目的，安排调查对象和调查方法。

确认调查方针。

（9）调查设计、调查对象和调查方法的决定

选定调查对象和调查方法，具体实施有关调查问题和问卷的设计，事先预估调查作业，选择适当的调查机构。

确定调查作业的概略计划表。

（10）选定调查机构

与选定的调查机构签订合同。

确认调查顺序、调查内容的明细计划表。

（11）调查准备

根据调查计划而进行准备工作，如抽样、印制问卷、分配调查工作等。

调整并事先约定访问对象。

（12）实际调查

施行公司内、外环境的调查。

整理收回的调查问卷，安排统计分析作业。

（13）调查结果的统计分析

完成定量调查后，根据调查资料进行分析。

搜集定性调查结果的资料，加以整理。

（14）信息媒体调查

根据信息媒体的需要，设计问卷调查表。

将有关信息媒体的方式和期限等计划立案，同时对内部进行传递和说明工作。

整理信息媒体收集的结果。

（15）视觉审查

分析已有的识别系统和识别要素，进行设计的视觉审查。

（16）访问负责人

直接访问负责人，了解其意向。

向企业经营的负责人请教其企业理念，以便了解公司未来的活动方针，以及探讨有关视觉问题等。

（17）解析调查分析结果

以一切调查结果为基础，解析这些资料所显示的意义去向。

找出公司目前形象活动中的问题点，以探索未来发展。

（18）制作总概念报告书

根据调查的综合整理结果，制订组织形象概念的方案。

对企业思想、将来的企业形象和识别问题等，经过充分研究做出结论。

（19）总概念的发表

对公司高级主管阶层（或董事长）说明总概念。

审议总概念提案内容，决定施行方针和内容。

（20）企业理念体系的构筑

根据总概念的施行方针和内容，探讨表现新企业理念体系问题。

由高级主管阶层决定新企业理念的表现内容，加以讨论后正式通过。

完成组织形象设计，接受新管理系统的业务。

（21）企业识别系统的再构筑

根据总概念和新企业理念决定企业名称、识别内容，以及有关标志和个别标志的问题。

企业识别系统的再构筑作业完成后，争取公司内外的认同。

（22）变更企业名称、称呼

决定变更企业名称后，先选出几种新名称，经过讨论后再决定新的企业名称。

办理必要的法律手续。

（23）制定组织形象设计开发计划书

根据总概念和变更企业名称的结论，整理出设计开发条件。

如果须依靠外界设计时，应先制定"设计开发要领"或"设计开发计划书"。

（24）设计人员的挑选和签订合同

挑选负责组织形象设计开发的设计专家或设计公司。

必须按照"设计开发要领"的规定与负责设计的专家和机构签订合同。

（25）设计人员确定方针

选定设计人员后，应提示调查结果的开发条件标准，并说明各种有关设计开发的问题。

（26）介绍设计基本形态

设计专家完成以基本要素为中心的设计基本形态后，呈送上级组织形象委员会和企业高层主管阶层。

审议此设计案。

（27）设计测试

对指定受测对象，进行新设计基本形态的反应测试、视认性测验。

（28）法律上的核定

核定商标、标志等设计方案。

办理商标注册等必要的法律手续。

（29）决定设计基本形态及精细化

从几件基本形态设计方案中，经讨论选定企业的设计基本形态。

对选定的设计形态进行造型精致化作业。

（30）制定企业标语的措施

制定企业标语，作为基本设计要素的一部分，也可采取对公司内部公开征求标语的措施。

企业标语确定后，应列入设计系统中。

（31）基本设计要素及系统的提案

以设计基本形态为中心开发基本设计要素及说明设计系统的提案。

以基本设计要素的组合为中心，经讨论决定设计原则。

（32）制作基本设计手册

编辑基本设计手册。

定稿后，印制基本设计手册。

复制用的清样制作完成。

（33）对外发表计划

策划设计对外发表的有关计划。

做好关于发表的方针、时机、方法、费用等问题的计划。

（34）公司内部的信息传达计划

策划有效的诉求方式，将组织形象设计的成果有效地传达给全体员工。

制订周详的有关信息传达的方针、方法、顺序、资料、费用等计划。

（35）应用的适用计划

对开发的新设计在具体项目中展开适用性考察，并制订详细计划。

妥当安排适用计划的方针、时机、方法、费用等。

整理新设计对各项目的应用条件。

（36）应用设计开发

将基本设计具体地使用于应用项目。

对应用项目的设计进行试作、测试。

（37）编辑应用设计手册

编辑应用设计手册。

定稿后，印制应用设计手册。

（38）新设计的应用展开

按照新设计的项目，配合应用适用计划而进行实际制作。

（39）策划制作企业内部使用的用具

制作公司内部信息传递用的用具。

制作公司内部信息传递用的概念手册。

（40）对内推广

对内推广组织形象成果，施行员工教育。

（41）对外推广

对外推广组织形象成果，以及企业思想和企业识别的变化等。

发行报道组织形象设计消息的报刊。

利用广告媒体来进行公开发表活动。

通知各交易对象。

（42）组织形象相关计划的推行

对于与组织形象相关的计划，必须考虑其应用问题以及有效的推行方法。

（43）组织形象管理系统的施行

确定施行组织形象设计的管理维持作业系统。

决定组织形象相关计划的结束和继续管理问题，建立新企业的信息的开发管理系统。

由此可见，就整体而言，组织要一次性完成所有的组织形象设计并使之统一化，并不是轻而易举的。这不仅需要投入大量的资金，更需要大量的人力和时间。因此，组织可以根据自身的需要和状况，有秩序、有选择地逐步进行。

6.3　组织形象的建立与推广

6.3.1　组织形象的建立

对于一个组织而言，组织形象的建立一般有以下三个步骤：

1）组织现有形象的调查

在这一步骤中重点在于把握组织的经营现状、外界认知、设计现状，客观地分析组织现有形象的优劣。它是组织形象建立的依据。对组织现有现象的调查可以通过内部调查、外部调查和组织综合指数调查。

（1）内部调查

内部调查主要通过对组织经营理念、行为准则、营运机制、生产管理水平、技术及人才储备、产品结构、员工状况、产品开发策略、财务、信息传达方式、现存组织形象等方面的内部检讨、研究和分析，整理出组织形象的问题点。内部调查应从与高层主管访谈、与员工访谈、文案调查、情报视觉审查等四个方面入手。

（2）外部调查

外部调查可分为两个层面：一是宏观层面，包括经济、政治、社会、科研等方面；二是微观层面，包括竞争对手、市场调研等方面。

外部调查可以了解和掌握组织面临的外在状况，为组织形象的准确、顺利建立提供重要的依据。

（3）组织综合指数调查

它主要是调查公众对本组织的认识、态度和印象。这是一个受综合因素影响作用的结果。其中主要包括组织文化，组织精神，组织的产品质量、服务态度，组织认知度，组织美誉度，组织和谐度等方面。它直接影响着组织的整体形象。特别是认知度、美誉度、和谐度这三个指数更为调查的基本内容。为了有的放矢地建立或改善组织形象，就必须围绕关键公众（员工、消费者、新闻媒介、融资界等公众）对组织的意见和态度展开调查。这是组织形象调查的重要因素。

2）组织形象框架的设定

这一阶段主要是以组织形象的调查评估为基础，对组织未来形象建立构筑理念、行为和识别系统，提出具体可行的形象塑造方案。组织形象是否能扩大，是否能成功，与这一阶段的工作成果有很大的联系。组织形象的框架设定主要是从以下三个方面来进行：

（1）组织理念的确定

组织理念主要包括四个基本内容：组织使命、组织精神、组织价值观和组织目标。其具体的表现形式为：口号、标语、守则、歌曲、警语、座右铭以及组织高层人员讲话。它是把组织的价值观念、最高追求连为一体，为组织的发展指明方向。它是把模糊、抽象而又分散的意念统合起来，概括成明确、精炼、具有感染力的语言文字，从而对员工起到教育、激励、塑造英雄、增强凝聚力的作用。理念只有以具体的形式渗透到员工之间，渗透到整个组织之中，才能树立起有个性的组织形象。组织理念没有固定的规定，可根据组织自身的特色来定。通常决定组织理念构建的有三个方面，它们是：本组织是什么组织；本组织将是什么组织；本组织应是什么组织。

通过对这些问题的认识、检讨，可设计出自己的理念。

世界上许多大企业在确定自身理念时可谓煞费苦心。他们都希望借助理念取信公众，树立良好形象，争取顾客，谋求自身的繁荣。

从现状来看，组织理念的概括越来越抽象，大多用精神口号、标语式的简单语言文字来表达，表面上看显得有些空洞无物，不着边际，实际它把无形的思想变成有形的可视物凸显出来，作为统一的意志和行动的焦点，深入人心，能唤起某一群体的斗志。

从组织理念中可以看到组织形象是建立在深层的价值观念基础之上的。如果没有这一点，难以建成良好的组织形象，或者无法保持持久的良好组织形象。

（2）行为规范的确立

组织形象不是说出来的，也不是想出来的，而是做出来的。它是靠组织员工行为规范的一致性来实现的。组织的行为主要包括五个方面的规范化管理：

①指挥系统的规范化管理，即通过章程等形式建立和完善领导制度，合理设置机构和人员，明确组织各部门的责任和权力，保证组织机制正常运行。

②组织决策的规范化管理，即根据问题的大小，分类制定决策原则、决策标准、决策程序，明确决策层次、决策机构乃至决策人，力求使每一个问题都得到正确、及时的解决。

③产品流转的规范化管理，即通过一系列规章制度，明确各环节的任务、标准、程序，使各环节运转自如，环节之间配合默契。

④专业工作的规范化管理，即对计划、财务、业务、信息等专业工作进行规范，并以此作为日常活动的依据和准则，使组织各项工作有章可循，顺利开展。

⑤部门工作与岗位工作规范化管理，即通过责任制等形式，让各部门明确自己的基本职能、工作范围、工作标准、权力和责任，以及与其他部门的关系等，使组织紧张、有序地运转。通过规范化管理，规范组织的一切活动和全体员工的行为，使本组织从意识到行为达成完全统一，从而有效地塑造和提升组织形象。

（3）识别系统的确立

识别系统是组织形象外在的硬件表现。这一系统所包括的内容清晰可见，非常明确，具有极强的感染力和传播力。识别系统的设计必须遵循以组织理念为核心的原则，美学原则，动情原则，习惯原则，法律原则，民族个性设计原则，化繁为简、化具体为抽象、化静为动的设计原则，才能使识别系统具有很强的冲击力、识别性。一个完整的识别系统包括如下内容：

①基本要素：组织标志/产品商标、组织名称、标准字（中、英文）、应用标准字、标准色、组织造型/吉祥图案、组织辅助图案。

②应用要素：办公事务用品、产品包装、广告传播、建筑环境、车辆标识、服装制式、展示规划、接待用品、环境标识、规范手册。

③基本要素组合规范：基本要素组合规定、基本要素组合系统的变体设计、禁止组合规范。

组织形象框架在经过组织理念的确立、行为规范的制定和识别系统的设计之后，已基本建成。但其框架是否正确，是否可行，则需要经过专家们的认真、周密的论证。于是，我们便进入到下一步——组织形象方案的论证。

3）组织形象方案的论证

组织形象框架确立之后，必须经过多次反复的论证，才能得出切实可行的行动方案。论证的主体是专家，因此，组织在选择专家时不仅要注意选择本部门、同行中造诣高的专家，而且还要注意选择各门学科，比如社会学、心理学、经济学、管理学、文化学、传播学等方面的专家共同为组织形象的可行性加以论证，才能保证方案的全面合理。

经过组织形象的调查、框架的设立、方案的论证，组织形象的建立就基本完成，下面要做的就是怎样让公众了解组织形象，即组织形象的推广。

6.3.2 组织形象的推广

组织形象的推广，必须要经过周密的策划，拟订详尽的推广计划，通过对内宣传和对外推广，使崭新的组织形象能够尽快得到社会公众的认同。

1）组织形象对内的宣传

组织形象对内的宣传是组织形象推广的第一步。这是因为组织形象的建立是靠全体员工共同努力得到的。内部员工不仅是组织形象的传播者，更是组织形象的缔造者，他们的言行和对组织的态度直接影响到组织的形象。正如施乐公司的领导人马库罗所说的："以设计来统一企业的印象，必须由最高经营阶层至基层员工彻底实施，内部统一之后，方能对外诉求。"所以，在组织向外推广形象之前，一般都要对组织的员工做一次详细的宣传，使他们成为组织形象向外推广的主力军。

（1）对内宣传的主要内容

对内宣传主要就是向员工传递两个最关键的信息：一是组织的前景如何；二是组织目前的处境，我们应采取何种行动。

①组织的前景如何。

向员工传递这个信息是为了提供给员工组织发展的目标，使员工有努力的方向。让员工了解组织未来的形象，可以利用"前景宣言"来进行宣传。

"前景宣言"主要描述了组织未来运行的方式以及组织必须达到的目标。它既给员工指明了前进的方向，不会使大家误入歧途，又可以在员工士气低落时鼓舞员工。

一个强有力"前景宣言"虽不必长篇大论，但必须铿锵有力，直言不讳，富有感染力。它一般包括三个因素：它的焦点在如何运作上，对员工起到指导作用；它包含了可测的目标，可不时检查进度；揭示未来产业变化的趋势与机会，甚至可以彻底改变产生竞争的规则。

②组织如何进行变革。

告之员工组织目前的处境，是要给员工敲响警钟：我们不能故步自封，必须建立、推广、强化或修正组织形象，才可能不被时代所淘汰。而组织的变革又要涉及员工利益、行为的调整，因此要说明这部分的内容，我们可以借用"行动方案"来规范、引导我们的变革。"行动方案"揭示了现存危机与事实，具有较强的震撼力；说明了如何抵达未来的方法，具有很强的指导性。其语言应简洁、明了，并具有强制性。一旦发布了这一消息，就要求员工必须按时执行，不能只是纸上谈兵。

（2）内部宣传的方式

美国行为学家卢因曾就组织变革提出了"变革三部曲"：第一阶段，明确变革的必要性。在这一阶段主要收集令人不满意的证据，与其他组织进行横向比较，发现自身的差距，认清变革的形势和紧迫感。第二阶段，实施变革的过程。它要求向员工提供变革的资料，鼓励员工参与变革计划的拟订和执行，并向员工提供变革的咨询，随时解决变革中的新问题。第三阶段，巩固变革成果。此时要采取各种方法强化员工的新的价值观念、行为规范及行为方式，并使之持久化。由此可见，要使组织形象内部宣传成功，还必须加强宣传。

①注重自上而下的宣传。

先对高层主管进行培训，再依靠组织内的等级结构，向下通知、指派和解释。比如召集全体员工召开组织形象宣传大会，由董事长宣讲《前景宣言》，再由各职能部门主管具体向本部员工介绍组织理念、行为规范和组织视觉识别，并制成说明书，要求全体员工遵照执行。1932年，松下电器公司只不过是一个只有168人的小企业。在一次职工大会上，松下提出了他的长远理想："经过10个阶段（每个阶段25年，直到250年以后），建设一个使所有人都富有、舒适、幸福的乌托邦。"他把第一阶段的25年分为三个时期：10年用来建设，10年全力以赴地工作，然后在公司所有成果的基础上，用5年时间为社会做贡献。具体工作由各部门的经理布置。由于有了明确的目标和具体的宣传，使松下公司发展成为全球著名的大企业。自上而下的宣传方式具有很强的号召性，一般应用于对内宣传的初期。

②强调自下而上的反馈。

在组织形象的宣传中，仅靠行政手段的强制传达是远远不够的，还必须运用各种技巧和方法，对员工进行教育、培训，充分发挥全体员工的主观能动性。比如员工意向调查、演讲会、征文比赛、征求宣传标语等，都是自下而上的信息反馈，都可以调动员工的积极性。在松下公司有一个"泄气中心"，里面摆放着松下幸之助的橡皮模型，工人可以在这里用竹竿随意抽打"他"，以发泄心中的不满，等他们骂完了，喇叭里就会自动响起松下的声音："这不是幻觉，我们生在一个国家，心心相通，手挽着手，我们可以一起去求得和平，让日本繁荣富强。干事情可以有分歧，但记住，日本人只有一个目标：让民族强盛、和睦。从今日起这绝不再是幻觉。"这是松下写给员工的诗，意在宣扬松下的理念。而员工则每隔一个月至少要在他所属的团体中进行10分钟的演讲，表明他对公司的精神、公司的使命以及行为方式等的看法，以便公司搜集意见，加以修正。

③深化横向沟通方式。

横向沟通主要通过组织内部召开的各种会议来进行。比如各部门主管的形象讨论会，可以就"如何展开公司的未来"等问题进行讨论，在讨论中贯彻组织形象的方针。

在员工之间可以开展小团体活动，让员工们相互讨论组织形象的问题。本公司是一家什么样的公司，将来的变化如何，公司对于我的意义，我怎样为公司服务等。

通过这些问题的讨论，可进一步了解公司，并说明自己应当为公司做些什么；应当怎样做才能使自己的观念、行为与他人行为和公司的规范要求协调一致。

另外，还可以利用公司内的宣传海报、墙报、公司会报、员工手册、幻灯片等媒体，传递信息，提示说明。

组织形象建立的最根本的作用是改变意识、提高内部人员素质，以此来显示良好组织形象内涵，而不单纯是变更公司招牌、标志等。正因为如此，组织形象对内的宣传教育才显得至关重要，不可缺少。

2）组织形象对外的推广

组织形象建立的总目的，就是通过周密、系统的策划，从复杂的内外关系中整理出秩序，从而建立一个统一而独特的组织形象，因此，在对外推广组织形象时，必须针对组织不同的关系对象，选择与之相适应的传播媒体和手段。

（1）人际传播

人际传播是指人与人、人与群体之间的直接传播。它具有如下特征：一是无媒体的参与；二是传播范围有限；三是因人因事而异；四是能及时了解公众的反应。因此，人际传播是人类社会进行交流和传递信息的一种最普遍、最常用、最直接的传播方式。它对于组织形象的推广，特别是组织美誉度、和谐度的建立，具有极大的作用。

①美誉度的建立。

由于公众认为大量广告是在吹牛，是王婆卖瓜、自卖自夸，因此消费者判断组织形象的好坏时，只有亲自使用其产品，享受其服务或听信其他使用者。调查数据显示，公众对其他使用者介绍的产品品牌质量、性能、文化特性的相信程度，是广告宣传的18倍。其中公众相信其他使用者介绍的产品优点的人数比例为92%，而消费者相信广告上宣传的优点比例数只有5%。

因此，组织形象中所包含的美誉度要素，主要靠人际传播取得。另外，人际传播在传播组织形象美誉度的同时，也逐渐地积累提高组织形象的认知度。作为大众传播的补充，人际传播在组织形象的二级传播和多级传播中是必不可少的。有时候，公众通过二级传播（人际传播）所获得的组织形象认知度，甚至超过一级传播（媒体传播）。

②和谐度的建立。

人际传播有助于增加公众对组织的和谐度，其和谐度表现在对品牌的忠诚度上。消费者行为的研究者们通过调查发现，每个消费者在购买和使用某个品牌或某个商号的服务后，一般评价很好或很坏，满意或不满意，觉得受骗上当还是觉得合算，受虐待还是受到善待，都会向他周围的亲友、同事们诉说，传播对这个品牌的评价信息。其传播的面比较少，只有亲友、熟人中比较接近的一部分，9~10个人。

我们假设这9~10个人中有一半人记得了，一半人忘记了。这其他的5个人如果听他人介绍那么好，会亲自去试一试，去购买使用他人介绍很好的品牌（如果听他人说某品牌不好的话，他就不买这个牌子了，明知不好就没必要去试了）。如果购买试用的结果，果然如他人介绍那么好，他又会再向其他9~10个人传播这个品牌的好的信息。如果品牌评价是中等的一般的，就不值得再传播了，一般评价就没有传播的价值。这与所谓一传十、十传百是如此地吻合。在这9~10个人中，又会有一半人记住，并且也去购买使用他人介绍的这个评价很好的品牌。这样，经过两轮的品牌美誉传播，某品牌一共就拥有几十个购买者。

实际上品牌美誉传播不只是两级的，可能是多级的。传播级数的多少，取决于推动这种人际传播的力量大小。顾客对这个品牌评价越高，产品越优异，推动传播的力量就越大。因此，企业要创名牌，必须首先创造质量优异的产品，创造超越他人的产品特色，才能获得顾客的高度品牌忠诚，从而推动持久的多级的传播，逐渐增大美誉传播。如果我们好好对待一个顾客，经过美誉传播，就至少会带来随后的成百笔生意；反之，如果我们虐待一个顾客，通过负面传播，就可能会失去以后成百笔的生意。

（2）大众传播

大众传播是通过一定的传播媒介，向公众进行的组织形象的宣传。它具有如下的特征：一是由报纸、杂志、广播、电视进行的间接传播；二是受众多、范围广；三是传播速度快；四是无直接反馈。在现代社会，对于组织形象的推广而言，大众传播是最快捷、最有利的手段。大众传播对组织形象推广主要有两种方式：广告和形象推广活动。

①广告。

广告是完全由组织控制的对形象宣传最直接、最有效的方法。大规模的广告战，大大缩短了组织形象推广的周期。现代高度发达的传播媒体为品牌传播提供了超越时空的能量，显示了人际传播所无法与之比拟的巨大威力。

企业要利用广告创造组织形象，必须深入研究各种媒体的特点，进行周密精心的策划。

由于使消费者了解产品、了解组织最好的办法就是广告的传播，因此，企业不惜以重金去争夺广告段位，为的就是要利用广告传播来推广、宣传企业产品、企业形象，让组织形象能深入人心，让其组织形象之花在广告的传播中越开越艳，越开越久。这正是为什么每年中央电视台黄金广告时段招标活动竞争激烈的主要原因。

②形象推广活动。

形象推广活动是由组织向各种传媒提供真实的信息以便宣传组织的一种方式。它通过庆典活动（开业剪彩、周年纪念、庆功表彰、重要仪式、赞助活动、举办文化体育竞赛评选活动、企业开放日、名人示范举措、新闻发布会、制造新闻等）、社区活动、促销活动（展览会、订货会、贸易洽谈会、技术交流会、研讨会等），有效地提高组织的认知度、美誉度。

形象推广活动是个低投入、高产出的传播方式。它被有识之士认为是免费或省钱的广告宣传，它是一种巧妙地传播企业和产品品牌的方式。所以，近几年创出名牌的企业，无一不对形象推广活动予以高度重视。健力宝饮料、霞飞化妆品、太阳神保健品、乐百氏奶等名牌，都曾大量运用形象推广手段塑造企业和品牌形象，提升认知度、美誉度、和谐度。

6.4   组织形象的巩固与矫正

组织形象在对内的宣传得到了员工的理解和支持，对外的推行得到了公众的认同和拥护之后，其组织形象就可说得到了很好的建立和推行。但要使组织在公众心目中一直保持良好的形象，就需要不断地加以强化和修正，才能确保形象能永葆青春。

组织形象成功建立之后，喜悦、荣誉、利益等均随之而来。与此同时，巩固形象也就成了现实而迫切的任务。古人云："祸兮福所依，福兮祸所伏"，"打江山易、守江山难"，由此看来，巩固形象并不是一件容易的事。

从世界著名企业发展的历史我们可以看到，曾有多少红极一时的名牌纷纷衰落了。即使目前排位在全世界前50位的名牌企业，也无不几经风雨，最后方才巩固形象成功。

怎样才能巩固组织形象呢？

6.4.1   组织形象内质的更新

组织形象的更新是通过内在组织理念、领导者观念、员工素质、质量水准等方面的更新提高来完成的。

1）组织理念的更新

组织形象是以组织理念为内涵而建立的。组织理念要随着组织的发展、进步而不断地加以调整、修正，以创造出最能体现组织精神、组织价值观、组织目标的组织观念，最能征服公众的组织形象。虽然对组织理念的丰富、补充过程是十分艰辛的，但组织理念的更新带给形象的升级，其威力是不可估量的。因此，组织理念的丰富是组织形象更新的基础。康佳集团也是因其不断更新的组织理念使企业不断有新的活力产生，使企业不停地向前发展。20世纪80年代初，康佳提出了"爱厂爱国、遵纪守法、团结协作、好学上进"的企业理念，强调团队精神和奉献精神。这激励了康佳人在早期的市场竞争中求生存、求发展。随着改革开放的深入，1986年康佳对其理念进行了更新，提出了"质量第一、信誉为本；团结开拓、求实创新；员工至亲、客户至尊"的理念文化，充分表现了强烈的市场观和人的主体性，使员工在各种企业活动中受到了尊重，得到了友爱，增强了员工的归宿感，调动了员工的积极性、创造性，为企业发展找到了内在驱动力，使康佳集团进入了第一次腾飞期。到了1995年，为了在激烈的市场战中获胜，康佳再次更新了其理念："康乐人生、佳品纷呈"，即为企业内外公众健康快乐的生活，不断奉献优秀的产品与服务。它体现了员工为社会服务这种将个人价值的实现与企业的发展、社会的进步相统一的理念，反映了企业由生产型向经营型转变的新特质。康佳经过不断更新而形成的适应社会需要的新理念，培养了现代康佳人"爱国家、爱康佳"的康佳精神；树立了"我为你、你为他、人人为康佳、康佳为国家"的康佳风格；营造了"情感留人、待遇留人、事业留人"的康佳环境，为康佳集团成为中国彩电行业的龙头起到了巨大的推动作用，为康佳集团的国际化奠定了良好的发展基础。

2）领导者观念的更新

约翰·奈斯比特在他所著的《亚洲大趋势》中指出："当代亚洲的强大与崛起，将造就一代企业巨人。他们将重塑现代人的灵魂，在唤醒个性意识、树立坚定信念和倡导苦干与献身精神方面，他们将以先驱者的姿态出现"。这些"巨人"就是现代企业朝气蓬勃、不断奋进，具有新思想、新观念的领导者。他们就是组织形象更新的核心主宰，决定着组织形象更新的方向和前途。因此，他们是否具有新的观念，是否从旧文化中脱胎换骨都直接影响着组织形象的更新。日本大型企业川崎钢铁公司就是在其领导的不断改革下发展了企业的形象。西山弥太郎作为川崎钢铁公司首任总经理，"长期执政"达16年之久，他的积极进取精神，冲破阻力不断开拓的企业作风，曾给当时的日本经济界留下了深刻的印象。然而，随着公司规模的不断扩大，川崎钢铁公司的形象及企业文化反倒越来越淡漠了。公司在一次对子公司内7 000多名员工进行公司形象的民意测验中发现子公司中大多数对川崎钢铁公司没有太深印象。这一结果让公司的领导八木靖浩十分惊讶，他决心对原有企业文化进行更新，重塑公司形象。他以原企业文化中的那种开路先锋为基础精神，以力求创新、加强团结、尊重信赖、自由开放、不断上进为主要内涵，形成企业的新名牌文化。八木靖浩不仅亲自通过卫星通讯网向分布在全国各地的子公司员工宣布了川崎钢铁公司的新的企业文化体系，而且还以开放的形式向社会介绍了"谋求不断发展、与时代同步、革新经营"的新的企业文化理念。在更新后的名牌文化的支撑下，企业员工心往一处想，劲往一处使，不但重塑了企业良好的社会形象，而且也大大提高了企业的认知度和美誉度。

3）员工素质的提高

被世界企业界誉为"经营大王"、"企业家之圣"的松下幸之助在总结其经营文化精华时说："事业的成败取决于人"，"没有人就没有企业"。日本顾客在评价松下时提出："别家公司输给松下电器公司，输在人才的运用上。"可见，企业的人才、高素质的员工是企业的发展、企业组织形象更新的主要推动力。因为一个人的能力是有限的，如果只靠领导者一个人的智慧指挥一切，即使一时取得了惊人的发展，也肯定会有行不通的一天。所以，发挥全体员工的智慧，运用全体员工的力量才是组织形象永葆青春的根本。

员工素质的提高首先要注重对其思想观念的引导、更新。"一切美好从今日开始"是广东今日集团的主体理念。这个理念引导了今日人致力于阳光下的事业——为孩子们生产、开发各种不同的饮品，以他们的健康为己任，以他们的快乐为回报，以此发展自己独特的企业形象，使组织形象不断更新。

提高员工素质的另一个重要方面就是专业素质的提高。过硬的质量是名牌延伸的前提，只有良好的专业素养，才能保证形象的质量。许多国际知名的大企业就十分重视人才的培养，把这看成企业发展、文化延伸的保障。松下总公司就设有教育培训中心，下属8个研修所和一个高等职业学校，分别培养不同层次、符合不同要求的人才。中央社员研修所主要培训主任、课长、部长等领导干部；制造技术研修所主要培训技术人员和技术工人；营业研修所主要培训销售人员和营业人员；海外研修所主要培训松下在国外的工作人员和国内外贸人员；在东京、奈良、宇都宫和大板的四个地区研修所主要负责培训地区工作人员；高等职业训练学校负责培训刚招收进来的高中毕业生。为了不断提高员工的专业素质，松下公司还有内留学制（即技术人员可以自己申请、公司批准，到公司内办的学术或培训中心去学习专业知识）、海外留学制（即定期选派技术人员、管理人员到世界各地去学习）等一系列培养人才的计划。这既为公司的发展储存了后备军，也为组织形象更新提供了必要的条件。

4）质量水准上的提高

组织形象的巩固、更新是以企业名牌产品不断推陈出新、不断进步为基本前提和必要保障。如果产品质量上不去，技术不更新，组织形象的巩固、更新也就是一句空话。所以，组织形象的更新必须包括产品质量水准上的提高与创新。

组织形象以质量为依托，如果质量水准难以提高，其形象迟早会落伍。被誉为中国国车的红旗牌轿车，一度曾是中国民族工业水准的象征。但在社会不断变化的环境下，若干年不变，质量水准没有明显的提升，制作工艺落后，设计款式陈旧。有那么几年，它只是博物馆里的陈列物品，成为人们缅怀历史、追寻往昔的物质寄托。今天的质量优势，有可能成为明天的质量劣势。所有名牌企业都在进行质量水准提升的竞赛。名牌企业要抓住目前质量优质、技术领先、人才济济、资金实力雄厚等优势，把质量优势提升到他人无法与之抗衡的水准，使名牌形象不断更新。

产品都有特定的生命周期，如果一味死抱原产品不放，最终必定被市场淘汰。上海名牌奶糖"大白兔"，早在10年前就进入美日市场，然而渐渐地，"大白兔"不受欢迎了，在琳琅满目的糖果市场上消失了。因为10年来一成不变的老配方、老味道、老形象、老包装根本无法跟上市场的变化和产品换代的需要。中国消费者是能感受到日本名牌电器的换代速度的，像索尼、东芝、日立、松下、夏普等，每年都会推出几款新品和几种新型号，令消费者时时感到其形象的更新。

组织形象要巩固、更新，其产品必须要建立在一定的档次之上，否则就会影响形象的巩固、更新。像江苏盐城的燕舞集团，在20世纪80年代初，其收音机、收录机曾非常有名气，也称得上是中国名牌了。然而，市场调查显示燕舞牌产品认知度高，美誉度、和谐度低，产品返修率高，档次比较低。这对于组织形象来说无疑是危险的。果然，20世纪80年代中后期燕舞"消失了"。但20世纪90年代中期，档次较高的燕舞音响又进入市场，给人耳目一新的感觉。

产品质量的创新，不仅可为组织带来滚滚的财源，而且也可巩固组织形象，加速形象更新，为组织形象的丰富、提升起到良好的推动作用。

6.4.2 组织形象的外观改良

1) 名牌产品的外观更新

组织形象外观的更新也就是从包装到品位上的更新。一味地墨守成规、数年如一，只能让消费者对其形象产生厌倦感。因此，更新形象是组织得以持久发展的关键，而形象更新主要又是创意的更新。一个形象创意的更新是否成功，主要取决于消费者的认同度，即公众对形象的心态。在市场经济条件下，公众就是市场，公众心态就是消费者对形象更新的要求。只有符合了公众心态的需求，才能得到公众的认同，才会拥有市场，组织形象更新也才能为企业带来光明的前程。组织形象外观上的更新主要包括包装上的改良和传播内涵的更新。包装是组织形象最直接的外在形态。随着组织形象的更新、公众品位的变化，包装也一定要随之变化，以与组织发展、公众的要求相适应。包装要精心设计、精工制作，使包装文化、使用质量和消费效益达到"尽善尽美"。

2) 传播内涵上的更新

国内有许多知名的企业，像太阳神、霞飞、孔府家酒等许许多多曾经红极一时的企业，在20世纪90年代末纷纷受到冲击，或难以高速发展，或产品发展和市场营销严重滑坡，其重要的原因是文化内涵未进行及时调整和充实。太阳神从"猴头菇"一举成名以后，产品单调，形象更是固定在"当太阳升起以后，我们的爱天长地久"模型之上难以突破。孔府家酒曾是中国白酒行业中的新贵，其广告词"孔府家酒，让人想家"随着《北京人在纽约》的走红而火爆，连创销售佳绩。但昨天的成功不等于今天的经验，多年不改的广告词使文化内涵已被抽取得一干二净，毫无新生气和冲击力。

纵观世界知名企业，从可口可乐、柯达、摩托罗拉到耐克、雀巢、索尼等没有一个是墨守成规、一成不变的。麦当劳的主导产品虽仅有汉堡包和薯条两大类，但它的内涵形象永远是在主旋律下而变化多端、层出不穷、新鲜生动：有一闻到麦当劳香气就清醒的儿童；有摇篮里婴儿对麦当劳的喜爱；有利用汉堡包扯弄主人的小猫；有想吃薯条但又被鱼柳枝吓跑了的鱼群……这些不断变化的形象总能给人们一个又一个的惊喜，让人感到了"开心无价，麦当劳"。又如，可口可乐每年利用广告对其内涵的形象宣传就多达几十款，让人备感新鲜与活力，为其成为世界一流企业做出了巨大的贡献。

组织形象的外观改良使其外观更具个性、更有特色、更富内涵，也更能适应消费者的各种需求。满足了这些需求就等于开发了新市场，等于为组织的发展壮大铺平了前进的道路，为组织形象的传播、名牌产品的创立提供了广阔的天地。天高任鸟飞，海阔凭鱼跃。组织形象外观的改良创造了需求，也创造了企业的辉煌。

6.4.3　组织形象的矫正

组织形象在发展中常常会遇到因自身失误损害了公众利益，导致了公众的不满，或公众对组织的认识不够全面有所误解，从而影响组织的认知度和美誉度，影响了组织的形象等情况，此时就必须对形象加以矫正。

┗╠ 案　例

汶川大地震

北京时间 2008 年 5 月 12 日 14 时 28 分，四川汶川县发生 8.0 级强烈地震。这是自我国新中国成立以来最为强烈的一次地震，几乎震动了半个中国，北京、上海、天津、重庆、云南等 20 多个省、市、自治区都有震感，有些地区甚至震感非常强烈。受灾地区 70% 公路与桥梁现均无法通行。地震造成重大人员伤亡和财产损失，遇难人数超过 8 万。

温家宝总理在地震后的第一时间赶到震灾现场，他冒着余震和风雨奔走于四川的各个灾区。他向遇难公众的遗体三鞠躬。他爬上破损的建筑，满含热泪地抚慰流泪的孩子，手拿扩音器高声慰问，划破手臂也不顾，展现了其"平民总理"的风范。他多次表示当前的第一要务是救人，"房子裂了、塌了，我们还可以再修。只要人在，我们就一定能够渡过难关，战胜这场重大自然灾害。"他反复说："人命关天，只要有一线希望，我们一定要竭尽全力救人，废墟下哪怕还有一个人，我们都要抢救到底。"

温家宝总理在抗灾前线的感人话语，不知疲倦地奔走、慰问于震灾现场，感动了灾民，也感动了无数国人。

一网民说，严重的自然灾害对我们是一场考验，也是一次锻炼。我们无法控制地震，但我们能够应对地震。在突如其来的地震灾害面前，最重要的是镇定、信心、勇气和强有力的指挥。从这个意义上来说，指挥救灾的行程，总理一路风尘亲临一线，不仅是一面鼓舞人心的旗帜，更是一面催人奋发的镜子。

5 月 18 日，国务院决定，2008 年 5 月 19—21 日为全国哀悼日。在此期间，全国和各驻外机构下半旗志哀，停止公共娱乐活动，外交部和我国驻外使领馆设立吊唁簿。5 月 19 日 14 时 28 分起，全国人民默哀 3 分钟。这是第一次为死难的平民举行的国哀。

目睹中国领导人的非凡表现，西方媒体和社会改变了对中国领导人的印象。几周前西方媒体还充斥着的对中国的批评之声已经被同情和赞叹所取代。他们对中国的救灾表现和救灾能力表示肯定和赞赏，认为中国救灾组织有力，政府反应敏捷，在灾难处理上表现出了惊人的冷静和能力。中国政府不拒绝外国援助，体现出了大国的自信和人道主义精神。

资料来源　邹建华.突发事件舆论引导策略［M］.北京：中共中央党校出版社，2009.

案例分析

这次大地震不能不说是中国政府面临的一次空前的大危机，但由于中国政府和中国领导人在救灾中的突出表现和以人为本的有效救灾措施，使之成为一次非常成功的危机管理，化解了国际公关危机，树立了良好的国家形象。

一是中国的国际形象在抗灾中大为好转，国际社会特别是西方社会对中国的许多误解和偏见得以改变。

在大地震前，中国的国际舆论形势并不是很好，2008年在经历了拉萨"3·14"打、砸、抢、烧事件，4月初奥运圣火境外传递遭袭等事件之后，国家的形象在西方遭遇了空前的挑战，中国民众与西方媒体之间的对立关系一度达到剑拔弩张的地步。但由于中国政府在地震中出色的危机公关，这场地震却转化成中国化解国际公关危机、树立国家形象的机遇。

中国在应对这场危机中所表现出的前所未有的民族凝聚力、举国动员力和舆论传播力，特别是政府领导人身先士卒，在第一时间赶赴灾区指挥抗震救灾；解放军战士迅速进入灾区，冒着余震的危险，进行生死大营救；社会各界纷纷慷慨解囊，以各种有效方式为灾民排忧解难，得到了海外媒体和公众的广泛赞誉。西方媒体一改过去挑刺的做法，做出了大量正面的甚至赞扬的报道。

二是地震并没有引发社会大乱和造成疾病流行，人员损失也减少到最低。

首先，中国政府对灾区的迅速救援，挽救了无数人的生命，把伤亡减少到最低，受到了全世界人民的一致好评。

其次，没有大疫出现。地震灾区也无传染病暴发疫情和其他突发公共卫生事件报告。

最后，此次大地震虽然波及面甚广，损失极为惨重，但社会上基本没有多少谣言传播，民心稳定，社会秩序安定，更没出现抢劫等社会动乱现象。与"非典"爆发期间，民间谣言满天飞，百姓惊慌恐乱的局面形成鲜明对比。

三是中国人民在灾难面前表现出来的空前团结、同舟共济的精神面貌，让世人看到一个坚强的民族。

马来西亚《东方日报》5月19日载文《中国的"人和"》称从一个外国人的眼光看来，中国的"人和"是很惊人的。以前说起"全民运动"，我们会当成笑柄来谈。经过这次地震，切身体会到，一个国家的向心力，能给生活在里面的人带来多大的安全感。现在听到"在党和政府的领导下，开展救灾工作，战胜困难"也不觉得如何空泛了。

本章小结

在市场经济的激烈竞争中，企业立于不败之地的保证是拥有被社会广泛认可的良好的组织形象。只有良好的组织形象，才能占领市场并获得源源不断的利润。所以，组织形象是社会组织的无形资产，是组织发展的精神资源，是外在扩张的市场铺垫。因此，在企业管理中，很重要的是做好组织形象的定位和设计，重视组织形象的巩固和矫正。只有这样，才能使企业在竞争中求得更进一步的发展。

复习思考题

1.请为你所在的组织（学校、企业或城市）进行组织形象定位。

2.阐述塑造组织形象的意义是什么?组织形象是由哪些因素构成的?

3.请为你所在的组织写一篇"前景宣言"。

4.如何对组织形象定位?设计组织形象应考虑哪些因素?

5.组织形象为什么需要不断地加以强化和矫正?

第 7 章

社会组织的传播管理

学习目标

通过本章的学习，了解传播的基本知识及公共关系传播的特点与活动类型；掌握会议准备、联谊活动、庆典活动、赞助活动、公关事件、开放参观、展览展销、新闻宣传（新闻稿、大众传媒、新闻发布会、记者招待会）、公关广告等公关宣传活动的传播管理方法。

7.1　传播与公共关系传播

7.1.1　传播

1）传播的含义

如果说农业社会人们更多地与自然打交道，工业社会人们更多地与机器打交道，那么信息社会人们则更多地与人自身打交道。日本流传这样一句话，如果美国感冒了，那么欧洲就要打喷嚏，而日本就要得肺炎，以此说明信息社会使世界的普遍联系更明显了。特别是信息高速公路的出现，使人们的联系在时间上增加了频度，在空间上缩小了距离，地球好像变小了。

信息是包含于情报、资料，指令、数据、图像等符号或信号形式中的知识内容，它能消除人们对客观事物在认识上的不确切性，从而缩短人们认识的距离。信息可以开发、传输、存储、加工、提取、再生、转让和增值。

“传播”一词是由英语“communication”翻译过来的，还可翻译为“沟通”、“交往”等。传播是一个信息传递和分享的交流过程，一般的辞典解释为“通过语言、文字或者消息的交互作用引起思想和观点的变化”。把传播理解为“传播过程”，而不仅仅是“传播”的概念，有助于对这一问题的认识深化。

最早并最有影响的传播模式之一是申农和韦佛提出的描述传播过程的模式。这最初是作为通信理论提出的，其任务在于解决通信的两个问题，即提高消息的效能和保证传送消息的完整。申农和韦佛提出最一般的通信过程或信息过程的系统模型可解释如下：

信源就是信息的来源；编码是把信息转化成一定规则排列起来的符号或信号；信道是传播信息的通道；噪音是附加在所传递的信息上对所传递信息的真实性所产生破坏的一种信号；译码是把符号或信号转化成代表的信息的过程。例如，电话系统就是一个典型的通讯系统：信源是说话着的语言声音；话筒起编码作用；通道是导线；听筒起解码作用；信宿是受话者；电话线中的杂音是噪音。噪音会使信息在传递过程中失真，受话者会因为噪音对信息产生错误的解释而影响传播效果。

社会组织的目标能否达到，很大程度上取决于该组织公众分享信息的有效程度。个人或机构为达到共同理解的目的，需要分享信息，这是一个双向的过程，人们互通信息而不是单向传播。信息分享始于发送者，即传者，它给出某项信息以期引出接收者，即受者的反应；而受者则根据自己的理解解释这一信息，并做出相应感应而返回传者；一旦传者的意图与受者之反应不相一致，就会导致失误。公共关系体现传者与受者的双向传播机制。

2）传播途径

传播一般分为四种：发生在两人之间的人际传播；个别人对一群人所做的群体传播；组织内部上下左右之间所进行的组织传播；通过以报纸、杂志为代表的印刷媒体和以电视、广播为代表的电子媒体，向社会进行的大众传播。这四类传播既各成体系，有各自的形式、要素、结构和功能，同时又相互联系，逐次涵容，互为补充。它们随着受众面的扩大，传递双方在距离和感情上越来越远，信息的个体化越来越淡，组织系统和传播技术越来越复杂。公共关系工作必须有选择地运用不同的传播媒体，并借助于这些中介的有机结合，处理好与公众的关系。成功的公共关系往往最大限度、持续有效地交织使用各种层次的传播方式，促进社会组织与公众互相了解和适应。而从传播有效地为公共关系工作服务上看，我们侧重关注的传播方式有两种：一是言语传播；二是大众传播。

（1）言语传播

言语传播是就传播主体的具体实施人而言的，又包括言语语言传播与类言语语言传播。言语语言是一种具有一定形式和语音的信息载体，人们在言语语言发明之后，以言语语言为思维工具，并赖以进行交际。人类历史是以借助言语语言口头传递信息为特征的。书面的文字出现后，人类用文字记载下知识的结晶，主要有书籍、报刊等形式。书面的同口头的相比，记录更加精确，也更加持久。电子媒介产生后，广播、电视、互联网等更具广泛性、及时性。言语语言首先应注意的不是如何表达，而是要清楚地认识到：第一是倾听，第二是观察，第三是感受，第四才是表达。我们要把公众想听的，以他们最能接受的方式，把我们想说的，传播给他们。运用言语语言进行口头传播时，一般而言，应做到：表情要自然亲切；态度要真诚热情；语言要准确规范；意思要完整明确；语气要柔和诚恳；音量要高低适度；语速要快慢适中；口齿要伶俐清晰；内容要客观实在；表述要言简意赅。

类言语语言是人们除了言语语言之外，所能给出的一切信息。它是人作为一个完整的肌体在神经系统各个部分统一协调下对外界的反应。人们有所思、有所想、有所欲、有所求，必然会在类言语语言上有所反映。类言语语言在一般沟通交往中，伴随着言语语言，成为人们传情达意的方式和彼此感知的重要信息传播，它是人们心照不宣、彼此理解的代码。

类言语语言所显示的意义要比言语语言多得多，而且深刻得多。说出来的语言，往往并不等于存在于人们心中的语言。类言语语言比言语语言更能表现人的情感和欲望，人们常常"词不达意"、"言过其辞"、"言不由衷"或"欲言又止"，因此，交流双方不仅要"听其言"，而且要"观其行"、"察其意"。

类言语语言包括表情、手势、体势、副语言、空间语言、时间语言、物饰语言。

掌握类言语语言，有利于更好地认识和评价自身，调整和修正自己的言谈举止，使之更加合乎礼仪，更有修养，提高自身的文明程度，更好地表达自己意欲表达的思想和行为，有益于沟通。类言语语言也有利于我们洞察"举手投足间之秘密"，达到"知人、知面、知心"的目的，更加了解他人，善解人意，使交往更有效，关系更融洽，工作更顺利；通过了解需要和动机，消除隔阂，改善关系。

（2）大众传播

大众传播主要依靠以下媒介，即广播、电视和报纸、杂志。它们均以传播新闻信息为主要特征，也被称为新闻传播媒介或新闻媒介。大众传播媒介时效性强，特别是广播和电视这两种电子传播媒介，靠电波以每秒30万公里的速度传播信息，可以在最短的时间内控制最大的空间。报纸也十分重视时效。而且，它们多具有权威性，可信度比较高。

①报纸。报纸又称为新闻纸。它种类繁多，覆盖面甚广。报纸的优点是与全国的各社会组织有着传统的密切联系，是我国目前占首要地位的新闻媒介。其特点是弹性大、版面灵活，可根据新闻内容、数量要求调整结构或安排版面，较少受限制，读者的选择余地大，随时可读，随地可看，不受时间和空间的限制。报纸报道较深入、细致，即宜于处理反复思考的问题，也宜于处理有深度的内容，一次读不懂可以再一次读。报纸上的资料便于检索和保存，可以剪贴、摘抄成各种专集，供日后反复地、自由地取用、参阅。报纸专业性强，宣传报道效果显著。报纸的主要缺点是受发行环节的限制，不如广播、电视等传递信息迅速、及时。

②期刊。期刊又称杂志，是一种重要的印刷性大众传播媒介。杂志的优点在于种类繁多、发行量大、读者范围广，同时，其专业性和针对性强，读者群比较稳定，报道的内容深入细致。与报纸相比，新闻性杂志采编时间充足，经过精细加工，形成翔实完整的报道，既能给读者留下强烈深刻的印象，又具有学术价值和史料价值，易于保存，易于检索，便于读者重复阅读。杂志一般印刷精良，图文并茂，有较强的艺术感染力。杂志的缺点是：出版周期较长，不及影视节目感人。杂志要求读者具备一定的文化素质和接受能力，尤其是专业性杂志，要求读者具有特定的专业知识和专项志趣。

③电视。电视播放在时间上具有同时性，在空间上具有同位性。随着生活水平的提高，电视机也已经普及到家庭，有效范围较广，人们往往在业余时间与家庭亲友等一起收看，情绪较好，易受感染。电视既有音响又有图像，同时诉诸人们的听觉和视觉，综合应用文字、图像、声响、音乐等，直观、形象地传播，有亲切感，易于理解，一般也不要求受者有较高的文化层次和艺术素养，并且，电视还可以采用特写、全景、定格、重播等各种表现手法加强受者的印象。但是，电视在排定的时间内播放，一看就过，使受者不能很方便地加以保存和反复使用，因此，电视也需要反复播出才有效。电视广告影响大，富有感染力，这是它最大的优点。

④广播。广播覆盖面广、传播快，一般不受时空限制，能较及时、广泛地传播到受者，有效范围广。它不要求受者有较高的文化层次，接受容易，可边做事情边收听。广播的节目制作、播放成本低廉。它以语言和音响作为传播的主要手段，可通过语音、语调、语速的变化和丰富的表现方法加强传播的效果，具有感染力，能激发受者的想象。广播节目的专业化，又使社会组织易于识别听众与组织的求诉对象是否一致，易于选择利用。但是广播无法展现图像，它以口语化方式播放，文字简洁，但不易深入。广播在固定时间内播放，稍纵即逝，受者不能像运用报纸、杂

志那样易于保存和反复使用，因此，广播需要反复播出方能收效。

⑤互联网。互联网是人类社会当今拥有的全新的传播媒体，是 21 世纪信息高速公路的雏形。它主要是通过电脑、光缆和现成的电话通讯线路，将全世界多个国家和地区的数千万用户连接起来，形成一个全球范围的电脑互通网络。它可以进行文字、数据、图像、声音等多媒体的沟通，具有许多诱人的传播沟通功能，为现代公共关系工作提供了新的思维方式、新的策划思路和新的传播媒体。互联网的特点如下：范围广、超越时空、高度开放、双向互动、个性化、多媒体、超文本、低成本。

7.1.2　公共关系传播

1）公共关系传播及其特点

公共关系传播，就是指一个社会组织为了提高自身的认知度、美誉度、和谐度，借助传播的方式所开展的传播活动及其传播管理。

公共关系传播具有社会性、道德性、文化性、情感性和新奇性的特点。

（1）社会性。任何形态的组织都是社会的一员，组织与其周围环境是否适应，是否协调，决定了组织能否生存和发展。这不仅是生产与消费、供给与需求的协调一致，还是与整个社会系统的协调一致。经济的因素仅仅是一个方面，而政治的、社会的因素往往起到很大的作用。政治是经济的集中表现，社会进步是经济发展的目的，满足人民群众日益增长的物质文化生活的需要是每个社会组织的使命。社会组织的公共关系传播要站在社会整体利益的高度，体现作为社会一员的社会责任。

（2）道德性。道德是人们应当遵循的行动准则和规范。理念在社会关系中，必然会表现为道德认识、道德情感、道德意志、道德信念和道德行为，表现为社会义务、良心、荣誉和幸福观念等，把对于社会的义务视为自身的使命、职责、任务和理想，是一种自觉的道德追求。为了他人的利益，为了将来的利益，需要做出有利于他人、有利于社会的行为。当履行自己的道德义务的时候，同时也可能得到社会舆论的赞扬，甚至也可以获得社会给予的权利和他人给予的报答。但是，对于组织来说，它并不以这些作为行为的动机和目的。社会组织在社会生活中对社会履行道德义务，负有道德责任，同时也把应负的道德责任变为内心的道德感和行为的准则，这就形成组织的良心，从而自觉地调整自己的行为。如果说义务是自觉意识到道德责任，那么良心就是对于道德责任的自觉意识。由于有良心，因此要考虑"如果我是消费者会怎么样"，"如果我这样做可能会有什么样的效果"；严肃地思考、权衡和慎重地选择，就不会以不正当的手段进行竞争，就能够做到自尊、自爱和自律，有正确的荣誉感，在不断创造的过程中与公众分享幸福。成功的公共关系传播往往会以道德的目的达到功利的效果。

（3）文化性。文化性是指社会组织自身的文化和外在的文化氛围。一个社会组织的内外公众与组织的沟通，很大程度表现在文化层次上。如果商品气息太浓，买卖关系太重，金钱味太强，这种沟通就会产生障碍。人有生理、安全、社交、尊重和自我实现的需要，这些需要是呈阶梯形的，满足了初级层次的需要，人们就会有高级层次的需要。随着社会物质生活的提高，人们的文化追求越来越显重要，"文化搭台，经济唱戏"已经成为很自然的现象。因此，社会组织的公共关系传播不但要有市场意识，还要有文化意识。

（4）情感性。随着生活节奏的加快和生活水平的提高，人们越来越强调情感交流，强调精神生活的愉悦。人们不仅从生理上，而且从情感上来把握和体验生活。例如，顾客作为"上帝"已经不仅仅是物质上的满足，而且是一种心理上的满足。公共关系传播往往以情感人，达到理性方法所不能达到的效果。

（5）新奇性。人们对于新事物总是比较敏感的，会引起兴趣，加以关注。它也给人们的生活增加新的情趣。不断创新的社会组织，由于活力，由于其新招迭出，将不断地赢得公众的青睐。所谓新奇，一般是首创之举。如成功的企业无论是对于它的产品，还是其他举措，往往是"嘴里吃着一个，手里拿着一个，眼里看着一个，脑子里想着一个"，总是领先一步。成功的公共关系传播不仅能给公众带来意外的惊喜，而且还有一定的新闻价值。

2）公共关系传播的活动类型

（1）宣传性公共关系。宣传性公共关系即社会组织运用各种传播媒体和活动类型进行传播，使各类公众充分了解，以获得更多的合作者与支持者，达到促进社会组织发展的目的。

（2）交际性公共关系。交际性公共关系一般通过人与人的直接接触和交流，进行感情上的联络，广结良缘，广交朋友，建立广泛的社会关系网络，形成有利于社会组织发展的人际环境。

（3）服务性公共关系。服务性公共关系以向公众提供各种实惠服务为特点，把社会组织形象与优质服务融合在一起，感化公众，赢得公众的理解，在公众心目中留下深刻难忘的印象，以具体实在的实际行动向公众证明其诚意。

（4）社会性公共关系。社会性公共关系是社会组织举办公益性活动，以提高社会声誉，扩大社会组织影响，赢得公众支持。这些活动虽然不能给社会组织带来直接的经济利益，而且还付出了额外的费用，但从长计议，为社会组织创造了一个良好的发展环境，也体现了社会组织的实力。

（5）征询性公共关系。征询性公共关系指社会组织在发展中广泛征求公众意见，就市场、社会情况及公众意向进行调查研究、民意测试，以采集信息，供决策参考，同时也树立了社会组织形象。这类活动形式包括：发布征询性广告，公开征询方案设计，进行市场调查，访问用户，建立质量服务跟踪卡、信访制度，设置接待机构、监督电话等。

（6）建设性公共关系。建设性公共关系特别指社会组织初创时，为打开局面而开展的公共关系活动。它包括社会组织主动向公众介绍自己，给公众以良好的第一印象。如通过招聘、开业、新产品介绍、推出新服务项目、酬宾、赠送、优惠、积极参与社区活动等，使社会组织初建之时有良好的开端。

（7）维系性公共关系。维系性公共关系指社会组织在稳定发展之际，巩固与公众关系的做法。它通过实际行动，以渐进的方式进行传播活动，持续不断地把信息传递给公众，使社会组织的良好形象始终保留在公众心目中。它虽然不能迅速形成，但可始终维护一种有利于社会组织良好关系的气氛，潜移默化，形成有利的公众心理定势。

（8）防御性公共关系。防御性公共关系是社会组织在公共关系可能出现不协调或者已经出现不协调时，提前采取或及时采取的措施。这是一种"居安思危"、"防微杜渐"的做法，或者"防患于未然"，或者通过努力，变不利为有利。它不是被动应付，而是"以退为进"、"以攻为守"的做法。

（9）矫正性公共关系。矫正性公共关系是社会组织在其形象出现危机、关系严重失调时所进行的活动。这种危机可能是由于自身原因，也可能是由于外在原因，使社会组织形象受伤害或被歪曲所引起的，需要及时调查研究，查明原因，采取措施，积极补救，将真相公诸于众，挽回影响，平息事态，矫正形象。

（10）进攻性公共关系。进攻性公共关系是社会组织以相当的力度，创造条件，抓住时机，迅速地调整自身行为，主动出击，积极进取，开拓局面，创造态势，改变环境，塑造形象，甚至出现"出奇制胜"、"一鸣惊人"的轰动效果。

7.2 公共关系宣传的管理

7.2.1 开放参观

社会组织为了让公众更好地了解自己，获得公众对其各项活动的支持，可以有计划地组织公众参观，邀请组织的员工家属、社区公众、新闻工作者以及其他对组织感兴趣的人到组织内仔细参观，利用这个机会向公众进行宣传，这也是塑造社会组织形象的方法之一。由于对外开放参观活动是树立组织形象的很好时机，但又是一件繁杂的工作，因此，应认真做好以下各方面的工作：

（1）确定参观日期。在确定参观日期时应注意不要和重要节日或社会组织的重要活动发生冲突。因为在重要节日，大部分公众都有自己的安排；在社会组织举办重要活动期间，参观者一方面看不到日常工作的场面，另一方面也会给接待工作造成极大麻烦。此外，还应考虑有关负责人员是否能参加。

（2）成立专门机构。组织对外开放参观活动应成立一个专门机构来统筹安排。专门机构中应至少有一名决策层的人来作总协调人，还应有相关部门的负责人和具体的工作人员。

（3）宣传准备工作。应充分重视这类活动的宣传工作，首先是事先通知新闻部门，利用新闻媒介来扩大影响。同时，也应对组织内部的全体员工做好宣传工作，使每个人明了对外开放参观工作的意义与目的，人人自觉地参与这项活动。

（4）确定对外开放参观的内容。对外开放参观的内容一般可分为现场观摩、介绍、实物展览三种。一般社会组织采用的程序是事先准备好深入浅出、图文并茂、印刷精良的宣传小册子，发给参观的公众，配合口头讲解的现场观摩，让公众参观工作现场，以实物或员工的实际行动来说明社会组织的内在面貌，最后，通过实物展览，以资料、模型、样品的陈列等对公众做补充说明。

（5）选择参观路线。选择参观路线的主要要求是可以引起参观者的兴趣与保证他们的安全，并且对组织的正常工作持续干扰最少。参观路线应有明确的路标，在参观活动的开始前，需要事先采取安全措施。安全人员应在必要的地方设置警告信号和障碍，以防止意外发生。

（6）做好解说和接待工作。对导游或解说人员事先要进行认真选择、培训和联系，使他们熟练掌握参观过程中每一个参观点的解说内容。参观点的员工应佩戴印有个人名字的标牌，并应学会有礼貌地向参观者说明工作情况，耐心、认真地回答来宾提出的各种问题。对参观者应热情周到地做好接待工作，安排合适的休息场所，休息场所应有招待人员、茶水饮料和电话等。

（7）做好欢送工作，搜集参观者意见。参观结束后，要做好欢送工作，并认真听取他们对组织的看法和建议，注意搜集参观者的意见，整理分析后提交有关部门，有些意见还应在企业予以采纳并确定相应措施后给予答复。

（8）对参观者一视同仁。社会组织要以真诚的态度对待参观者，不论其地位高低，均应热情相待，接待的态度、对参观者意见的反应，不能因人而异。

7.2.2　展览展销

1）展览展销的特点

展览展销是通过实物并辅以文字、图形或示范性的表演等来展现社会组织成果，促进社会组织产品销售的活动。展览展销含有大量的公共关系内容，各社会组织非常重视和利用这一机会，力求塑造最佳的社会组织形象。

展览展销十分直观、形象生动，同时拥有复合型的传播方式。它可以同时以文字注解、印刷宣传材料、介绍材料等文字媒介，照片、幻灯片、录像片及电影等音像媒介，讲解、交谈和现场广播等声音媒介，实物媒介和现场表演、示范等动作语言媒介等多种形式媒体复合进行社会组织宣传。对于公众来讲，由于可以集中许多行业的不同产品，或者集中同一行业中多种牌号的展品，琳琅满目，还可以触摸、使用、品尝或以其他方式加以检验，能唤起公众的好奇心，并且具有社交性，也含有娱乐价值，很少有什么别的媒介能如此毫不费力地吸引公众的注意力。公众既节约了大量的时间和费用，又能看到公司的全部产品和技术发展的全面情况，同时展览展销又为社会组织提供了与公众之间直接的双向交流、沟通的机会。在此期间，展览者与参观者可以见面、交谈，可以直接听到社会公众对产品的意见和建议，也可以进行解释或解决问题、消除误会。

2）展览展销策划管理

展览展销往往是综合的大型的活动，是新闻媒介追踪的对象，成为各类媒体报道的题材。

在展览展销过程中，可以分三个时间段来策划管理。

（1）展前策划管理

应当确定展览展销会的主题和目的，确定参展单位、参展项目与参展标准，然后采取广告和给有可能参展的单位发邀请信的方式召集参展者。应明确告知展览展销会的主题与目的、展览会的类型、展览会的要求和费用等；确定展览会的时间和地点，主要考虑的是交通情况、服务设施的情况和天气情况以及时间的长短等；预测参观者人数和这些参观者的类型或层次。

培训工作人员，如讲解员、接待员和有关专业人员等，成立专门对外发布新闻的机构。该机构的工作内容是：在展览展销日期、地点确定后，应举办记者招待会发布消息，邀请新闻界人士参加开幕式，尽可能多地在报刊、广播、电视上报道开幕式的消息和实况，这样做可以在展览展销开始之前就产生重要的宣传作用，也可以吸引更多的参观者。安排好新闻发布室，并准备新闻报道所需要的各种辅助宣传材料。准备展览展销的辅助设备和相关服务，制定展览展销经费预算。

（2）展中策划管理

在展览展销期间新闻发布室应自始至终开放，请参观者将与参观有关的信息送至发布室，向新闻媒体随时提供信息，随时与他们保持联系。展览展销期间，往往会有可以借以扩大影响的机会出现。例如：人数达到一定的数量，重要人物的出现等，应加以特别报道，力求达到最佳效果；一些大型展览展销会期间，对外新闻机构可以再举行一次特别记者招待会，或者组织新闻预告会。

（3）展后策划管理

展览展销结束后，公共关系人员应当注意收集新闻媒介对展览展销的有关报道、闭幕式的报道、各种评价的总结报告，总结经验教训，存档保留，作为下次举办展览展销会的参考依据。

7.2.3 新闻发布会

筹划和召开新闻发布会，要准备回答记者的深入提问。除在新闻材料中已经公布的各点之外，要明确是否透露有关与材料无关的其他方面的更多细节，要尽可能地为报刊和电视台的摄编人员准备生动形象的视觉材料，同时，还要注意：

新闻发布会的邀请书，必须发给同议题有关的记者和编辑。书面邀请书应在会前一周寄出，随后再次电话落实。如果是突发性重要新闻事件，则可用电话或电报通知。

新闻发布会的场地选择十分重要，会场背景应能同所要发布的新闻性质相融洽。无论选择什么场地，都要为新闻界人士提供方便的电话、电传、打字设备，有些事件的发布会要考虑安排好交通方面的事宜。

新闻发布会的时间安排不要同其他重要新闻事件相冲突，并必须适应大多数新闻机构的截稿时间要求，包括报纸、电台和电视台，使记者们在会后有时间编发报道。

如果新闻发布会上有拍照的机会，应事先通知摄影记者，同时应让本组织摄影人员在场拍摄照片，以便提供给未能在现场拍照的新闻单位。

发布会开始时，务使每一位来宾在入口处登记，并安排专人引导到来的新闻界人士就座，并回答初步的问询。

记者到会后，应发给每人一份事先准备好的新闻资料袋，其中有如下材料：新闻发布稿、技术性说明（必要时发放）、主持会议者的材料和照片，以及会上要展示的产品或设施模型的照片。

会议的时间（包括答记者问）宜控制，应以一位会议主持者为主回答记者的提问，必要时由他人辅助。对无关或过长的提问应有礼貌地坚决制止，会议应有正式结尾。

会前及会后，设法请求记者做进一步的深入采访，这样常常会引发具有重大价值的新闻报道。如果个别记者未能到会，可给他们或责任编辑寄去一份完整的新闻发布材料。新闻记者如果来电话查询某些事实，应立即回答，但不要强求报道。要尊重新闻工作者，向他们提供新闻材料时要认真，他们自然会做出恰当的报道。

为广播电视记者提供方便。新闻发布会场必须连接电线，设置照明灯光，以供广播录音及电视摄像之用。现场必须有合适的电源。在摆放座位时，应把电视摄像机、电影摄像机安排在正对主席台的位置。

对于前来参加新闻发布会的记者，要一视同仁，不能对甲报记者公开某些情况，而对乙报记者保密。同样，从某一记者方面获得消息，不应转告给另一记者。

7.2.4　记者招待会

召开记者招待会，一般需要把握以下几个要点：

（1）记者招待会必须有主题，是发布一项重大新闻，或是就一项事件进行解释，还是解答产品问题等。

（2）要事先确定参加记者招待会人员的范围及具体名单，如果事件发生的范围及影响仅限于某地区，那么就没有必要邀请其他地区及更大范围之内的记者参加。

（3）在召开记者招待会之前要准备许多材料，使记者们能够对所公布的消息有充分了解。这些材料包括文字的、实物的等，使记者们在撰写报道时准确生动。如果文字、口头介绍还不足以使记者充分了解，就应拿出实物或播放录像来向记者们展示。若是该产品是一些食用性的或是日常生活用品，还可以让记者品尝或试用，使他们的报道更具体、更形象。

另外，召开记者招待会还要注意：

（1）如果有重要贵宾前来参加，可考虑在机场或贵宾室举行。

（2）做好请柬发放工作。最好提前一周把请柬发送到邀请对象手中，便于记者们在会前有充分准备。记者招待会不可与重要节日和盛大的庆典同时举行，以免影响记者参加招待会。

（3）招待会程序安排要紧凑、详细。例如一开始由谁发言，接着由谁发言，又由谁带领进行参观，有次序地进行，避免出现冷场和混乱局面。

（4）设计好宾客座位排列顺序，分清主次，避免出现纷乱和不愉快，必要时要准备会议胸卡或席卡。

（5）准备好录音辅助器材、电话、电传及其他设备，提供给不同新闻机构的人员使用。准备好签到簿，做好签到工作。

（6）对于本单位内部工作也应有严格编排，做好分工，使会场秩序井然。

（7）举行记者招待会的规格和规模不同，花费也不同，必须做好预算。

（8）招待会结束后，要检验是否已经达到预期目的。检验招待会效果，可大量收集各与会记者在媒介发表的稿件，然后进行分类、分析，检查是否有由于自己疏忽所造成的谬误。若是有，该如何补救。还可以对照签到簿，看看是否每个到会记者都发了稿，供以后开记者招待会选择参考。

召开记者招待会的好处是能使记者们有机会发问，在会场上可以展出实物，进行示范表演或用图表解释。要提供方便让记者直接访问知名人士。如果条件不很具备，或筹备不充分则不要随意召开记者招待会，以免出现没有记者参加或记者参加后产生不好印象等问题。

7.2.5 公共关系广告

公共关系广告又称为社会组织性广告或声誉广告，是指确定的广告主，通过付费，取得可控制的非个体传播形式，向大众宣传社会组织信誉，树立社会组织形象，提高社会组织在公众中的认知度的一种广告形式。公共关系广告的目的是在公众心目中建立良好的组织形象，它注重社会效益，文化气息浓厚，感情色彩强烈，强调和谐，比较超脱和"软性"，并以为公众所喜闻乐见的各种活动和传播方式体现。

公共关系广告有以下类型：

（1）社会组织广告。社会组织向公众展示其自然状况和公众最感兴趣的信息，使公众对其留下深刻的印象。在这类公共关系广告中，社会组织宣传其历史沿革、人员素质、财务状况、技术装备、生产流程、管理水平、经营方针以及所履行的社会责任。这种客观状况的宣传，要以新颖、鲜明、独特的形式表现出来，使其成为社会组织的基本象征。

（2）观念广告。社会组织向公众宣传其经营宗旨、管理哲学、价值观念、方针政策、传统风格、社会组织精神等，或者推出与其品牌有关的新概念，并试图使公众认同和同化。

（3）信誉广告。这是社会组织通过公众对其优质产品、优质服务的良好信誉以及在国内外评优获奖情况的再传播。此类权威机构或消费者的客观评价，对公众来说，有着较高的可信度，也可以社会组织直接向消费者征求意见的方式表现其"服务至上、信誉第一"的宗旨。

（4）声势广告。社会组织在节日、纪念日、庆典、主题活动或例行活动中，以规模、声势以及传播的强度、密度、覆盖度等，制造气势，营造氛围，以达到吸引公众的目的。

（5）祝贺广告。节日、纪念日之际，社会组织向公众贺喜，或在兄弟单位开业庆典时表示祝贺，可以增加一份亲情；向公众表示与公众携手合作、献上爱心的心意。

（6）谢意广告。节日、纪念日之际，或社会组织举办某种活动圆满结束时，向消费者公众和社会各界公众表示衷心的感谢。社会组织的表达谢意之举，更增进了其与公众的情感交流，维系了与公众的关系，烘托了友情的氛围。

（7）解释广告。在社会组织形象被歪曲，造成公众误解时，及时向公众解释事实真相，阐明态度，宣传其方针政策，澄清混淆视听的传言，以矫正被损害的形象，维护声誉。

（8）致歉广告。社会组织就自身工作不足之处或自身过错向公众致歉，表示诚意，或以致歉方式表达已获得的进展和进一步的发展，以退为进，出奇制胜。

（9）倡议广告。以社会组织名义率先发起一项对社会有重要意义和影响的活动，或倡议一种新观念，显示其社会责任感、伦理道德观、改革创新精神等，显示其良好社会风范和率先开拓、领导潮流、敢为天下先的胆识，为公众所瞩目和称道。

（10）响应广告。社会组织积极响应政府号召，热情投入具有社会意义和影响的活动，表达其关心、参与公众生活的意愿，并借此社会主题活动，表现与社会公众的关联性，表明其为社会担责任、尽义务、做贡献的意愿，扩大影响。

（11）公益广告。这是社会组织服务性、公益性、慈善性义举，从体现关心社会，关心社区，关心公众。例如，赞助教育文化卫生事业、文艺体育活动、福利事业等，特别是对妇女儿童、老弱病残以及遭受天灾人祸或有特殊困难、急切需要帮助的人们所做出的奉献和表达的爱心。广告面对整个社会，引起整个社会的关注、共鸣、同情和响应，这也是一种向社会的呼吁。

（12）征询广告。社会组织通过征询方式，如征集产品名称、广告主题词、商标徽标、建议批评等，吸引公众注意，激发公众兴趣，沟通公众情感，邀请公众参与，以使其与公众更密切。公众把征询视为自己的事情，增加公众对于社会组织的熟悉、记忆和被尊重感。

7.3 公共关系活动的传播管理

当一个社会组织自觉认识到自身公共关系状态的存在，进而根据自身需要采取措施为组织创造良好的公共关系状态进行实践活动时，为达到信息交流，即达到为组织创造良好的公共关系状态而采用的各种传播方式、方法和手段，对相关的工作进行计划、组织、指挥、协调、控制和监督的一系列活动的总和，称之为公共关系活动的传播管理。

现将有关公共关系活动的传播管理分别阐述如下：

7.3.1 联谊活动

联谊活动是指社会组织为了达到内部管理人员与员工之间，社会组织成员与社会公众之间，或者社会组织与社会组织之间联络感情、增进友谊的目的而组织的活动。社会组织内部的联谊活动可以调节职工文化生活，创造和谐的人际关系。社会组织对外部所组织的联谊活动可以增进公众对社会组织的关注和了解，加强相互联系和协作交流。

联谊活动形式多样，如组织舞会、观看演出、参观游览和各种有益身心健康的休闲活动、相互间信息的共享等。

社会组织内部的联谊活动，应注意形式的多样性，以满足员工的不同需求和对员工情绪的及时调节。领导者也应将参加联谊活动作为和员工建立信任关系的一种方式。同时，也应注意满足员工携带亲属、好友参加联谊活动的要求。

社会组织与外部进行联谊活动时，要掌握客人的爱好。邀请客人观看演出应事先了解演出内容，以不至于因为出现政治、宗教、民族、风俗、文化方面的问题而伤害客人的感情；组织参观游览活动时，应与接待单位事先联系，确定日程表，参观、游览项目应适宜，不致使客人劳累不堪；在举办舞会时应确定邀请的客人名单并发出请柬，要注意不能使客人在联谊活动中被冷落；在单纯的文化形式的联谊活动中，主办者应注意避免主动过多商谈经济问题。在以增进组织间的合作作为主要目的而进行的联谊活动中，社会组织应把握真诚互利及效益的原则。组织社会组织间的联谊活动，要注意联谊对象的选择，要考虑对方的信誉和公众的形象。联谊关系的建立应循序渐进，在相互了解的基础上提高联谊层次。

7.3.2 庆典活动

庆典活动是社会组织面向社会和公众展现自身的领导和组织能力、社交水平以及文化素养。通过邀请知名人士和记者参加，可以扩大影响。常见的庆典仪式有法定节日庆典、某一组织的节日庆典，特别"日、周、月、年"的庆典仪式、签字仪式、颁奖、受勋仪式等。

庆典活动必备工作和注意事项如下：

确定庆典活动的主题，进行精心策划安排，并进行适当宣传，如海报、宣传品、广告等。

拟定出席庆典仪式的宾客名单，一般包括政府要员、社区负责人、知名人士、社团代表、同行代表、员工代表、公众代表和新闻人士。对邀请出席典礼的宾客要提前将请柬送到其手中。

拟定庆典程序，一般为签到、宣布庆典开始、宣布来宾名单、致贺词、致答词、剪彩等。

事先确定致贺词、致答词人名单，并为本单位负责人拟写答词。贺词、答词都应言简意赅，起到沟通感情、增进友谊的目的。

确定主要关键仪式人员，如剪彩、揭牌、托牌等，除本单位负责人外，还应有德高望重的知名人士作为来宾共同参加。

安排各项接待事宜，应事先确定签到、接待、剪彩、摄影、录像、扩音等有关服务礼仪人员，这些人员应在庆典前到达指定岗位。

可在庆典过程中安排如舞狮耍龙、乐队伴奏、民间舞蹈、歌舞节目、锣鼓、鞭炮礼花等，还可以邀请来宾为社会组织题词，作为永久纪念。

庆典结束后，可组织来宾参观本社会组织的设施、陈列等，增加宣传社会组织传播信息的机会。

通过座谈、留言形式广泛征求意见，并综合整理，总结经验。

一般庆典活动并不复杂，用时也不多，但要办得热烈隆重，丰富多彩，给人以强烈深刻的良好印象并不是件容易的事。举办庆典活动，公共关系人员应做到准备充分，接待热情，头脑冷静，善于鼓动，指挥有序。

7.3.3　赞助活动

赞助是资助的现代形式。它是通过提供资金、产品、设备、设施和免费服务的形式资助社会事业的活动，同时也是一种既可以赢得社会好感又可以提高自己知名度的公共关系活动，从而成为进行大众传播和沟通的方式之一。

赞助活动已经引起了社会各界的极大重视。随着我国公共关系事业的蓬勃发展，社会组织向社会提供的赞助也越来越多。

社会组织赞助的理由大多如下：

（1）通过赞助达到广告的目的，增强广告的说服力和影响。

（2）制造新闻效果，扩大社会组织认知度，提高社会组织在公众中的美誉度。

（3）通过赞助表明社会组织承担的社会责任，可以树立关心社会公益事业的良好形象。

（4）通过赞助建立与公众的关系，增强社会组织与外界交流的和谐度。

7.3.4　公共关系事件

公共关系事件是指由公共关系工作人员有计划、有目的地创办大型活动。它的目的是吸引社会公众的参与，从而引起大众传媒的注意，并加以广泛报道，在社会产生巨大的轰动效应。

1939年，公共关系活动第一人爱德华·伯内斯为"电灯发明50周年纪念"举办盛大庆祝活动。首先由发明大王爱迪生在白宫当着美国总统胡佛和众多宾客的面，采用当年发明电灯泡的简单仪器，重新演示了一次发明的全过程，然后，美国国家广播公司播音员一声令下，全世界各大电力公司同时停电1分钟，接着开启电灯，以示庆祝。这是一次史无前例的国际性庆祝仪式，取得了极大成功，在全球引起了巨大轰动。

作为大型的公共关系活动，往往会吸引很多公众现场参加或参与，其本身就成为一种传播媒介，可以引起更多的社会公众的关注。一般来讲，举办公共关系事件活动往往是有效的整合资源的活动。因为活动规模大，基本上是多个组织联合参加，配合行动，公共关系事件往往会引起新闻媒体加以报道，加之主办单位往往有所准备，能增强报道效果。这样，因新闻媒体的作用而扩大影响，促成更多的人参加讨论，从而提升主办单位的认知度。

案 例

奥巴马的网络公关

许多人都将美国总统的选举当做政治新闻或娱乐新闻来看，殊不知每次总统选举都是一次成功的公关策略的运用。在这些获胜的总统选举中最令人们振奋的是2008年奥巴马的成功当选，不仅因为他是美国史上第一位黑人总统和首位非洲裔总统，更令人拍手称快的是他的公关手段——网络。

奥巴马利用网络这个最方便、最快捷的媒体公关，不仅能够造更大的势，更能够为众多的"草根"阶层所了解，进而征服他们的心，获得他们的支持。下面我们来看一下这个美国历史上第一位黑人总统是怎样利用互联网来公关的。

我们知道如今美国已经成为一个网络化的社会，奥巴马的劣势是没有背景，没有大财团的支持，那么怎样获得更多的竞选资金呢（其实也就是选民的支持）？聪明的奥巴马竞选团队瞄准了草根阶级，走了一条类似中国解放战争时期所走的"农村包围城市"的道路，在公关上就是宣传战略。而网络化的美国社会则为这样的宣传战略奠定了客观基础。他的竞争对手希拉里及麦凯恩虽然也建了网站，却只是为了简单的宣传和民意调查，并没有系统的网络宣传计划，仍是将传统媒体作为竞选的主战场，传统工具的宣传力量肯定比不上网络。

奥巴马的团队对互联网的熟稔程度实在不亚于任何一家互联网公司。在他的竞选班子里，有专业的网络行家出谋划策。Facebook网站的创始人之一克里斯·休斯（Chris Hughes）帮助奥巴马在Facebook建立竞选网站，成功吸引了100万的粉丝，将对手远远甩在后面。

奥巴马还建立了自己的博客，并注重经营，总是在第一时间公布自己的观点和行程，成为公共关系的"第一窗口"。通过这个窗口与网民互动交流，将其鲜活的形象展示给公众，效果非常好。

他还将其他更多互动式的网络工具用于竞选宣传中，例如网络宣传短片、游戏、邮件系统等。在YouTube（美国的一个著名视频分享网站）上，其竞选团队在一周内就上传了70个奥巴马的相关视频。这些看起来非常草根的网络节目内容朴实，更加亲切，显得平易近人，开拓了除电视媒体外的更广阔的广告平台。正如美国的一个选民所言，"我并不十分了解他，但6个月来，我每天都看到一则关于奥巴马的互联网广告"，网络的潜移默化影响让人小可小觑。

比如在和希拉里竞争党内提名时，当希拉里为竞选捐出500万美元时，网民们就喊出口号："我们要追上！"，不到一天就为奥巴马捐赠了足足800万美元。就是凭借这种优势，奥马巴最终获得了党内提名。接着，党内迅速建立了统一战线，注重网络宣传的奥巴马团队不忘把希拉里的个人网站也变成宣传奥巴马的重要渠道。

总之，奥巴马把网络这个传播工具的力量发挥得淋漓尽致，他娴熟地在互联网进行营销，精心策划的数码公关拉近了他与选民之间的关系，通过互动方式建立起良好关系，提高了选民的认知度、忠诚度和信任度，进而获得了大量草根阶级的支持，取得了总统竞选的成功。

资料来源　黎泽潮.网络公共关系［M］.合肥：合肥工业大学出版社，2011.

案例分析

奥巴马的成功，既创造了网络公关的一个奇迹，又用行动告诉世界：得网络者得天下，失网络者失天下。不管奥巴马利用的是什么，有一点不可否认的是，奥巴马及其团队在利用一切手段大造声势，并且想方设法俘获普通民众的心。深入民心，争取民众的支持，这才是奥巴马公关成功的理念所在。

本章小结

公共关系从本质上讲是一种信息传播活动。传播是公共关系的基本要素，是公共关系工作的重要手段。任何社会组织都必须运用这一手段与社会公众相互沟通、了解和适应。通过恰当的宣传管理，如开放参观、展览展销、新闻发布和记者招待会、广告，以及开展丰富多彩的联谊、庆典、赞助、公关事件等公共关系专题活动，同社会公众进行信息传播，去影响公众，引发公众行为，使公共关系工作取得成功。

复习思考题

1.公共关系的传播途径主要有哪些？

2.公共关系传播的活动有哪些类型？

3.公共关系的宣传管理主要包括哪些形式？各自怎样运作？

4.公共关系专题活动管理主要包括哪些形式？各自怎样运作？

第 8 章

网络公共关系

学习目标

通过本章的学习，掌握网络公共关系的概念、网络公关的传播方式、网络公关的渠道和形式及具体操作实施，网络公关的优势及注意事项、网络公关应注意的问题、网络公关策划。

8.1　网络公关的概念

网络公关，或称线上公关、EPR（electronic public relation），它利用互联网的高科技表达手段营造企业形象，为现代公共关系提供了新的思维方式、策划思路和传播媒介。

比较通俗的理解如下：EPR的概念虽然源自美国，但现在在中国也是一个热门的新话题、新产业。不少的传统公关公司、广告公司、咨询机构都向网络公关行业转型，或是在原来的业务上加上网络公关的服务，现在呈现出一片"无企业，不公关"的景象。比如广告专业的学生，以后涉及方案创意，再也不能只适于在传统媒体上来传播了，而更要迎合新媒体的传播平台。现在有很多这种专业的第三方网络公关公司，如协动广告。

网络传播与传统传播相比，非常突出的特征在于：个性化、互动性、信息共享化和资源无限性。由此可见，网络信息传播的方式是全新的，它已集个人传播（如电子邮件等）、组织传播（如电子论坛等）和大众传播于一体，网络公关也正是对这些传播方式重新进行整合的公关方式。

网络公关常用方法包括BBS论坛、搜索引擎、新闻媒体、问答平台、博客、微博、播客、IM、SNS、微信等利用图片、文字、视频等形式，以一种网民化的语言来吸引网民注意，达到宣传和推广的目的。

本章通过网络公共关系手段的整合运用来实现网络公共关系效率的提高与目标的实现，以及启动针对网络舆情管理的企业网络形象管理策略，预见网络公共关系可能造成的负面效应并提供相关对策，以实现网络公共关系的良性发展，使企业网络公关活动不断走向完善和成熟，从而有利于企业公关目标的实现与企业自身的发展。

网络公关就是以网络作为沟通手段，利用网络超越时空、即时性和互动性的特征，创造与目标顾客之间直接互动的机会，实现传统公关的目标。网络公关产生的直接原因是互联网的出现和应用。

8.2　搜索引擎

搜索引擎是通过网站对用户输入的关键词进行上下文分析，将用户的需要展示在适当的页面上，从而将产品或服务有效地推荐给目标客户。

据互联网媒体调查机构提供的一项全球搜索引擎使用调查结果显示，全球约有76%的人在互联网上通过搜索引擎或其门户网站来查询相关信息。因此，若企业发布的新闻被搜索引擎收录，并出现在搜索结果页面的前几页，就很容易引起目标群体的关注，从而达到信息传递的目的。

8.2.1 概述

搜索引擎作为公众几乎每日都需使用的工具，在获取网络信息方面发挥着极为重要的作用。它们会根据自身的程序搜集互联网上的信息，并将其归类，使用户在海量的内容中快速搜寻到想要的信息。而使用搜索引擎的水平，可以体现个人驾驭网络、获取网络信息的能力。对组织而言，如何使用搜索引擎，使其处于有利位置，对自身的发展至关重要。可是，如果搜索引擎传播的信息带来的是负面效应，那么就会给企业带来不良影响。

搜索引擎由信息搜集、信息整理和用户查询三方面组成。用户在搜索页面输入某个关键词后，点击"搜索"按钮，由浏览器将其提交给搜索引擎，搜索引擎再根据相关度的高低，将数据库中包含该关键词的网页进行排序，将检索结果提供给用户。搜索引擎提供的网络导航服务，是互联网至关重要的网络服务之一，它可以快速且较准确地满足用户的信息需求。

依据不同的分类标准，搜索引擎可分为不同的类型，按索引方式，可以分为全文索引型和目录索引型。

1）全文索引型

全文索引是用户最为熟悉的搜索方式，最具影响力的两大搜索引擎是百度和谷歌，它通过从互联网提取各个网站的信息，建立自己的数据库，并能检索与用户查询条件相匹配的记录，将内容摘要按一定排列顺序返回给用户。一般搜索引擎指的都是这一类型。由于它收集了互联网上难以计数的网页，并且收录了其中的每一个词，因此是名副其实的全文索引。

全文索引的搜索引擎是纯技术型的，一般都拥有自己的检索程序，俗称"蜘蛛"。"蜘蛛"需要定期对原有信息进行抓取，以更新自己的数据库，在对相关网站进行检索时，一旦发现新的内容，立即自动更新，将其收入数据库，以备用户查询。此外，相关网站由于需要依靠搜索引擎来导引用户，获得流量，也会定期进行网站优化，主动向搜索引擎提交网址，邀其扫描相关信息。

百度是全球最大的中文搜索引擎、最大的中文网站。2000年1月，百度公司由李彦宏、徐勇在北京中关村创立，旨在向用户提供"简单，可依赖"的信息获取方式，并提出"百度一下，你就知道"的著名口号。百度提供的搜索服务包括：以网络搜索为主的功能性搜索，以贴吧为主的社区搜索，针对各区域、行业所需的垂直搜索，MP3搜索，以及门户频道、即时通讯（IM）等。百度的员工人数已超两万，公司已成长为中国市值最高的互联网上市公司。

谷歌被公认为是全球规模最大的搜索引擎，同时也是互联网上最受欢迎的五大网站之一，它提供了便捷有效的免费服务，在全球范围内拥有无数的忠实用户。谷歌在操作界面中提供了30余种语言以供选择。Google一词取自数学术语"googol"，指的是10的100次幂，用来代表互联网上可获得的海量资源。

2）目录索引型

目录索引并不是严格意义上的搜索引擎，不需要"蜘蛛"，它由系统工作人员根据网站向搜索引擎提交的信息，通过审核编辑，人为地进行分类，将其归入不同的类别，再输入数据库，建立目录分类体系。用户可以根据关键字进行查询，也可以根据分类目录从最高层开始浏览查询，逐层深入，找到所需要的信息。与同时反馈大量信息的全文索引相比，目录索引更具针对性。

雅虎搜索是一种比较典型的目录索引型搜索引擎，有着最"古老"的搜索数据库，所收录的信息全部由工作人员进行专业的编辑、分类，质量过硬。在全球范围内，雅虎是谷歌的主要竞争对手之一。

雅虎有强大的数据库，可以搜索全球190亿个网页，20亿个中文网页，支持38种语言，目的是"让人们可以找到、使用、分享、扩展所有的知识"。通过其14类简单易用、手工分类的网站目录，用户可以轻松搜索到各方面的信息。

国内的搜索引擎市场正处于快速发展阶段，百度在当前拥有绝对的优势地位，但各类搜索引擎如腾讯搜搜、搜狗、即刻搜索、盘古搜索等，都在快速发展。

8.2.2 搜索引擎公关

搜索引擎公关，是指个人或组织通过有意干预，使谷歌、百度等搜索引擎尽可能显示有利于自己的信息，同时减少负面信息，使个人或组织处于比较有利的位置。搜索引擎公关内容主要包括搜索排名、相关搜索以及下拉框显示等。

由于网民对搜索引擎的依赖，一些企业和个人通过影响搜索结果的排序、屏蔽负面信息等手段开展公关活动，搜索引擎公关由此产生。

搜索引擎公关的实务主要是：搜索排名、百度相关搜索、下拉框显示。

1）搜索排名

所谓搜索排名，是指用户在搜索引擎中输入关键词进行信息搜索时，所得到的搜索结果的先后排列顺序。搜索排名公关的任务是让对个人或组织最有利的信息，尽可能排名靠前。由于用户大多习惯于关注搜索结果的前两页，特别是首页，因此排名越靠前，越有可能获得访问量，对组织越有利。组织需要重点关注的，是在比较大的搜索引擎中的搜索结果排名，这其中最重要的是百度搜索排名。进入搜索排名前列的方法如下所述：

（1）在搜索引擎上投入广告费，百度公司在相关搜索时，会优先显示相关信息。百度著名的竞价排名服务，使得企业用少量的投入就可以获得大量潜在客户，有效提升了企业销售额和品牌知名度。所谓竞价排名，是指企业在百度上注册属于自己的关键词，当用户搜索该关键词时，企业在搜索结果页面的排位高低按其所出价格的高低排序。此后，按照用户对企业网站的点击率付推广费给百度。

（2）利用百度网站的相关子网站，如百度文库、百度百科、百度知道、百度地图、百度招聘等。企业或个人可以在这些子网站上投放相关信息，百度搜索时会优先显示这类子网站上的信息。

（3）依靠新闻发布。新闻源在网络领域内的地位举足轻重，具有公信力与权威性。不同的搜索引擎有不同的新闻源网站，来自这些网站上的信息，会被优先显示。百度新闻源收录的要求是：正式出版的报纸和杂志、广播、电视台网络版；政府及组织机构的官方网站；拥有高质量的原创资讯内容，在其目标领域内具有一定的用户认知度和一定规模的忠实阅读群的门户、地方信息港、行业资讯等网站。如果企业的网站符合百度的新闻源收录要求，可以通过投诉中心的"新闻源收录"提出申请。一旦申请成功，企业就多了一个提高搜索排名的机会。

来自政府机关或事业单位网站的信息，搜索引擎网站会提高其权重，也会被优先显示。因此，企业可以优先考虑在政府官方网站上发新闻稿。

（4）针对搜索引擎进行网站优化。搜索引擎优化（SEO，search engine optimization），是利用搜索引擎的搜索规则，对网站进行内部及外部的调整优化，来提高目的网站在有关搜索引擎内的排名。具体而言，企业需做好网站的关键词分析和布局，页面结构的设计，网站内容的更新，页面标签优化等工作。

第一，关键词的分析和布局。

企业应根据自身的业务特色以及网民的搜索习惯，从用户的角度选关键词。关键词一般按相关度被分为一级、二级关键词，以及长尾关键词。一级、二级关键词是目标关键词，一般就是网站的主标题。长尾关键词是指那些并非目标关键词，但也可以带来搜索流量的关键词。由于关键词的选定直接关系企业在搜索引擎上的排名，因此要按照各关键词间的相关度做好分级。企业可充分利用网上的关键词分析工具帮助自己找到合适有效的关键词。同时，企业必须仔细分析同行业竞争对手对于关键词的设定。

选取了合适的关键词，恰当的密度也是优化的一部分。一个页面包含的关键词数量不宜过多，不可堆砌，应以精准为主。每个网页的关键词一般不要超过3个，让内容围绕着关键词展开。此外，在网页中某一关键词出现的频率越高，搜索引擎便会认为该网页内容与相应关键词的相关性越高，但那样的页面也有可能会被搜索引擎自动过滤掉，因为关键字过多可能会触发关键字堆砌过滤器。

多个关键词在网站中需要合理布局，最重要的一级关键字应放置在网页title标签的开头部分。二级关键词安排在栏目页，长尾关键词则安排在文章页或产品页面。

第二，页面结构的设计。

网站应该有清晰的结构，以便搜索引擎快速理解网站中每一个网页所处的结构层次。

树型结构通常分为三个层次：首页、分类目录、内容页，具有扩展性强的特点，当网站内容变多时，可以通过细分目录来逐层细化。同时，应当为每个页面都加上条理清晰的导航栏，将关键词融入其中，让用户可以方便地返回首页，也可以让搜索引擎方便地定位网页在网站结构中的层次。

需要注意的是，做好站内链接对于搜索排名也是有益的。网站上每个网页都应该有指向上、下级网页以及相关内容的链接，须确保每个页面都可以通过至少一个文本链接到达。重要的关键词页之间可建立众多反向链接，诱导浏览者进一步点击。必要的时候，也可以适当插入一些权威网站的链接来提高自身页面的可靠性。同时，应尽量避免死链接，死链接会影响整个网站的整体形象，再者搜索引擎是通过链接来进行搜索的，死链接会降低网站在搜索引擎中的权重。

第三，网站内容的更新。

网站的成败取决于其实用性。如果网站设计得精美，内容却差强人意，依旧于事无补。要想长期吸引用户必须靠网站的内容，企业必须根据互联网上的反应有规律地对网站内容进行更新。

第四，页面标签优化。

页面标签优化主要针对标题标签、描述标签等。页面标签用来提供关于页面的附加信息。标签通常是不可见的，但并不意味着它对搜索结果没有影响。描述标签应包含丰富的信息和关键词，与页面主题相符。

2）百度相关搜索

在百度上进行搜索时，在搜索结果页的最下方，往往会显示相关的搜索。例如，在百度上输入关键词"搜索引擎公关"，在搜索结果页的最下方，出现了"危机公关"、"公关小姐"等相关搜索。

用户在进行信息搜索时，如果未能直接搜索到需要的信息，往往会参考相关搜索中的信息。如用户在搜索"网络公关"时，可能正在寻找网络公关公司，但因为不知道专业的网络公关公司有哪些，所以最初使用了"网络公关"一词进行搜索，一旦用户发现了相关搜索中的具体公司，就会进行下一步的点击。由于用户的这一使用习惯，使得相关搜索具有非常重要的价值。作为公司或组织而言，如果能令对自己比较有利的信息出现在相关搜索中，则会达到客观的公关效果。

企业如果想要使某一关键词出现在百度相关搜索中，就需要数量庞大的用户在百度上进行相关搜索。巨大的用户搜索数量，不仅需要企业本身能够提供对普通用户有用、具有吸引力的信息，同时也需要依靠宣传的力量，使网友能够响应企业的请求而进行搜索。另一个简洁有效的方法是找网络公关公司，让它们来专门负责刷网络相关搜索。

那么，网络公关公司是如何刷相关搜索的呢？或者说，企业和组织想要依靠自身来刷相关搜索该如何做呢？答案是：如果用户在第一次搜索之后，直接在结果页面进行第二次搜索的话，百度会认为后者是前者的相关关键词。当搜索第一个关键词时，所请求的参数是这个单一的关键词，而搜索第二个关键词时，会连带前者一起发送请求。如果同样的搜索出现了很多次，百度会认为前后两个关键词的关联性很大。而刷相关搜索，可以采用人工搜索或者在高流量网页中做带有关键词的链接代码和弹窗的方法实现。可以先搜索第一个关键词，再去搜索需要刷的相关词，然后复制上面的地址，每天以1.5倍递增的方式绑定几个大网站设置弹开窗口（弹窗）。弹窗广告对用户而言并不陌生，当打开一个页面时，偶尔会自动弹出另外一个窗口,大部分都是广告,也有一些是单独的页面。百度搜索结果也是一个单独页面。当用户打开正常页面以后,如果自动弹出百度搜索结果页,就自动帮助搜索了一次关键词。

3)下拉框显示

百度下拉框的官方正式称谓是百度推荐词,民间又称之为百度联想词或百度下拉菜单。所谓的下拉框,是指在搜索引擎的相应位置输入某一关键词时,系统自动提示最近一周被相关搜索最多的词,其中不排除人为刷搜索的可能。下拉框有极高的商业宣传价值,因此,刷下拉框显示也是搜索引擎公关的重要内容。

百度下拉框的形成,与百度相关搜索的原理类似。具体操作是百度从每天数以亿计的用户搜索中,分析提炼出搜索量巨大的词条,生成百度推荐词数据库。之后,用户在搜索框输入文字的过程中,百度就从该数据库中提取出以用户已经输入的字打头的词条,并动态地生成下拉菜单。下拉菜单中的词条最多为十条,被誉为"十个黄金广告位"。

随着搜索引擎公关的不断发展,针对搜索引擎的优化引起了越来越广泛的重视,不少商家和组织试图投机取巧,利用不正当的方式进行宣传,获取利益。需要注意的是,无论是人为地刷百度相关搜索还是刷下拉框,短期内可能会有不小的回报,可以迅速有效地解决一次网络公关危机,但终究不是长久之计。企业若想真正获得固定的客户群,踏踏实实做好自己的产品和服务,认真经营自己的网站,在日常工作中时时注重品牌的维护,才是正道。熟悉搜索引擎公关可以为企业带来便利,沉着应对网络公关危机。

8.3 网络新闻

网络新闻,顾名思义就是以网络为载体发布的新闻。网络新闻公关的价值表现在多个方面:它将特定的信息及时、有效地传递给组织的相关利益公众;它是有效宣传组织、塑造组织形象的重要途径;它为实现组织与公众的双向沟通提供良好的平台;它开创了公关发展,特别是网络公关发展的新领域。

8.3.1 概述

网络新闻公关,是指企业、政府、各类社会团体等组织或个人通过互联网的各类网站,发布各类有传播价值的新信息,向与组织或个人相关的利益公众传递特定信息并实现与公众沟通,从而创造有利于组织发展的内外环境,以达到特定目的的活动。

网络新闻公关是公共关系活动的一种形式,它的开展必然基于某种特殊的目的。从总体来说,网络新闻公关是为了协调组织与公众的关系,为组织创造一个良好的内外环境,同时塑造良好形象。网络新闻公关的核心内容是网络新闻,因而决定了网络新闻公关的首要任务是通过潜移默化的形式向公众传递新闻信息,即包括组织的基本情况和立场的新闻信息。此外，网络新闻公关通过考察公关活动的效果，监测、收集公众的反映和感想，实现组织与公众之间的沟通。

网络新闻公关所采用的主要手段是发布网络新闻。它有两种形式：一是网络媒体新闻；二是网络新闻发布会。它发布的主要平台是网络门户网站或网络媒体，一般有综合性门户网站、行业性门户网站、新闻媒体的网络版、网络出版物等四种形式。而最常用的发布工具是各种门户网站：新闻媒体网站、娱乐体育网站、科技教育网站、生活服务网站、工业企业网站、政府网站、个人主页和个人站点。

网络新闻公关的特点：有极强的时效性、良好的互动性，形式多样，成本低廉以及传播的地域广泛、延续性。

网络的实时通讯和快速的信息发布功能赋予了网络新闻公关极强的时效性。通过发达的信息传送和接收设备，跳过了排版、印刷等诸多繁琐环节，实现了直接在电脑上制作，缩短了新闻传播周期。当新闻事件发生时，网络新闻公关工作人员能够借助便捷的远距离信息传输完成公关活动的策划和编辑，并赶在第一时间发布网络新闻或是召开网络新闻发布会。

网络新闻公关的另一个重要特点是可以实现及时的信息互动。网络为组织快速、及时地开展新闻公关活动提供了途径，同时也为公众自由表达自己的意见和建议搭建了一个言论场。网络的评论功能给予了公众更大的自主性，使得新闻公关突破了原先的单向传播，开创了与组织、与公众互动的良好局面。

网络将多媒体技术与新闻公关活动完美地结合起来。网络新闻公关不仅拥有正规的文字内容，同时还可以将声音、图像、动画、视频和丰富的链接资源融入新闻公关中，这样就以超文本、超媒体的手段表现新闻信息，达到了图文并茂、丰富多彩的效果。这种集报纸、广播、电视、网络等媒体的优点于一身的方式，不仅实现了公关活动形式的多样化，也增添了网络新闻公关活动的现场感、真实感，增强了网络新闻公关的感染力和影响力。

网络新闻公关传播成本相较于传统新闻公关传播而言要低廉得多。网络新闻公关除委托专业的新闻门户网站发布新闻之外，组织可以利用自己的官方网站、站点或是直接在一些网站上注册发布新闻信息或发布网络新闻发布会的相关视频。这些都大大降低了新闻传播的成本。

互联网技术的发展为实现远距离信息传输提供了可能，网络新闻公关利用互联网实现了大面积的网状信息辐射，从而使得公关活动突破了地域上的局限，超出公关活动的发生地，大大拓展了公关活动的影响范围。

网络强大的信息储存功能和资源共享功能，使得新闻公关可以长时间、扩散性地传播。首先，通过这种方式，网络新闻公关的信息和内容可以重复性地传递、扩散，这样就实现了地域上的扩展，同时也可以延长事件和话题的生命周期，突破时间上的局限。其次，网络新闻公关可以利用附加的各种链接实现内容上的延伸，扩展相关知识或信息，便于对整个公关活动进行一个专题制作，开展全过程的跟踪报道，使事件更加完整地呈现在公众面前。

8.3.2 网络新闻公关的原则

网络新闻公关操作过程中必须遵循的公关原则：新闻事件的新鲜感、生动、真实、合法。

新闻的新鲜感是就新闻的内容而言的，在时限上来说，新闻的内容越新、距离新闻发生的时间越短，这样的新闻事件与公众的利益相关度越高，也就越能吸引公众的关注。

网络新闻公关的内容主要有以下几个方面：可预测的重大事件、重大的突发事件、重要的社会话题、网站的组织宣传活动。

公关人员在开展网络新闻公关活动时可以在一些细节方面增添生动性和趣味性。只有生动有趣的公关活动才能在公众心中留下深刻的印象，从而引起公众与组织的共鸣，实现预期的公关效果。

新闻内容必须真实。网络新闻公关活动本身也是新闻活动，因此真实性是网络新闻公关活动的首要前提和生命力的保证。若新闻是虚假的，会适得其反，失去公众的信任。

网络新闻公关活动操作过程和新闻内容本身是合法的，不是侵犯其他组织或个人的合法权利的，不能使用任何非法的传播手段。

8.3.3 网络新闻公关的实践

网络新闻公关的步骤包括：

1）探索新闻线索

获得网络新闻公关的新闻线索主要有：正式组织渠道、会议渠道、媒介渠道、新闻热线渠道、社会交往渠道。

正式组织渠道主要是指各种正式组织发布的各类文件、讲话、举办的活动、部门工作介绍等，它是网络新闻线索的重要来源之一。

会议是人们为了解决某个共同的问题或出于共同的目的聚集在一起进行讨论、交流的活动，因此各类会议都蕴涵着重要的信息。会议讨论的问题和与会人员所提出的方案、建议，都是网络新闻应该关注的焦点。

要获取丰富的新闻线索，应当重视当今各种媒介的力量。传统的报刊、广播、电视媒介在这一过程中担负着重要的任务，而进入网络媒体时代后，网络空间拥有的海量信息也无疑隐藏着许多重要的新闻线索。公关人员应当时刻关注网络信息，并且多关注各类论坛、博客、微博等自媒体，从一些普通网民的言论、话题和日常生活中挖掘新闻线索。

社会交往渠道，主要是针对公关人员自身而言的。网络新闻公关人员要广交朋友，建立经常为自己提供新闻信息的联系网。网络新闻公关人员可以通过一些社交网站来接触社会各个阶层的人，以此建立起不同的社会关系网。

2）编辑校对

在获取新闻线索并验证其真实有效后，公关人员就应该开始着手编辑网络新闻的稿件，并进一步严格修改、校对，保证网络新闻内容无误，为随后的发布做准备。编辑网络新闻的要点是：

网络新闻公关的新闻内容根据表现形式大致分为网页新闻、网络新闻发布会以及根据某一新闻主题所设置的网络新闻专题。

网页新闻是较为普遍的一种形式，大部分的新闻材料都可以被编辑成网页新闻。网页新闻的编辑方法较为简单，形式也较为随意。而网络新闻发布会一般用来表现较为严肃、正式的新闻事件。

网络新闻专题的设置和编辑，是为了表现对一些特别重大的新闻事件的跟踪报道，或对某些新闻事件进行深度采访的一种动态性的网络新闻合辑。同时，为了表现对同一事件不同角度的观点，也可以采用专题的形式。利用网络新闻专题，可以为网络新闻公关活动营造一种规模效应和连续效应。

选定网络新闻的表现形式之后，则开始着手编写新闻内容。而网络新闻的内容编写应该建立在一定的组织公共关系调查的基础上，因为对组织的公共关系调查是组织开展网络新闻公关的起点，应准确了解公众对组织的意见、态度和反应，发现影响公众舆论的因素，从中分析和确定社会环境状况、组织的公共关系状态及其存在的问题等。在充分了解上述要素后，公关人员再慎重考虑如何编写网络新闻。

在对网络新闻完成初步编辑后，网络新闻公关的编辑要对新闻初稿采取进一步校对、修改，不仅要注意整个新闻内容是否与组织的公关目的相符合，还要着重审核新闻中所提及的内容是否真实。

3）快速传播

当整个网络新闻的内容已经完整地呈现后，公关人员应该开始考虑如何进行快速、有效传播。同时，在网络新闻的传播过程中，也有许多环节需要公关人员加以考虑：

审慎选择网络新闻的发布地点。不同的新闻材料要选择不同的发布地点。网络新闻是公众评价其可信度的重要标准，因此网络新闻公关的新闻发布场所极其重要。

传播环节不仅包括上述快速连锁性传播，也包括传播对象的设置。网络新闻公关活动的传播对象看似是所有网民，但是每一项公关活动的开展都有一定的受众群体，这些群体都是与组织利益最相关的。

在传播过程中，安排传播环节后，还需要增添一些特殊的传播效果。常见的传播特效主要有将网络新闻在网页上 24 小时滚动播放。滚动播放采用图片配标题的形式，利用动态画面重复宣传，这样可以迅速吸引读者的眼球，使其点击阅读新闻。

4）合理评估活动效果

网络新闻公关评估是新一轮网络新闻公共关系工作的起点。重要的是从一开始就积极投入评估的过程中去，而不是抵制。只有专业公关人员参与创建的评估体系，才可能准确地对公关活动的效果进行评估。评估过程有三个环节：

（1）制定明确的评估标准

网络新闻公关的评估工作要顺利进行，首先要有明确的评估标准。但是，这种衡量的标准不一定需要定量的准确计量，它可以是公关人员的定性判断。公关人员在制定评价标准时，可以从以下几个方面考虑：一是传播效率；二是传播范围；三是目标公众的反应。

（2）开展全面的评估工作

在制定明确的评估标准后，组织可以进行相关的评估工作。在这一过程中，公关人员不仅要总结整个网络新闻公关活动实施过程中的优点和成功的经验，而且要客观地看待活动中的不足与缺失以使未来的网络新闻公关更有效地进行。

（3）撰写合理的评估报告，

为了使网络新闻公关的成果能够保留并且对日后的工作有所裨益，公关活动人员应该为每一次活动撰写完整的活动报告。报告的内容包括活动过程、经验与总结。报告可以有固定的格式，但也可以有所创新。

8.4 互动问答

网络正日益影响和改变着人们的工作和生活方式，并且此种影响呈现不断扩大的趋势。网络是今天世界上最接近完全竞争模型的场所。在这个生活节奏日益加快、信息爆炸的时代，当人们遇到任何疑惑或有所需求时，往往不是简单地翻阅书籍，查找纸质信息，而是通过互联网更为快捷、更为方便、更为全面地寻求解决方法。因此，互动问答的方式逐渐被网民们所接受，于是互动问答公关也就在这样的背景下产生并不断得到运用、发展。

8.4.1 互动问答公关概述

互动问答公关是以企业、政府、服务性组织等为公关主体，以互联网为媒介，运用网络互动的双向模式，采用一问一答或自问自答的对话形式，并借助重要门户网站、论坛网站、SNS社区等互动问答平台，在网络上开展或组织的公关活动。其旨在通过网络互动问答平台，为有需求的网民解答疑惑、问题，或主动提出关于公关主体本身的问题并给予解答，且以此为公关主体树立良好的形象，增加公关主体的影响力和正面宣传，或是达到其某一特定的公关目标。

互动问答公关具有很强互动性、针对性、可操作性、范围广和成本低廉的特点，作为一种线上沟通方式，是介于问者和答者之间的一种双向沟通。因此，互动问答公关是一种直接面向公关客体，并与之产生交流、互动的公关方式。公关主体利用与公关客体之间的互动问答关系来充分了解公关客体的诉求，并给予恰当、得体的回答与解释，和公关客体形成良性互动关系，加深公关客体对自身的了解和认识，拉近主客体的距离，维系彼此之间的感情，产生深远持久的影响，并以此树立公关主体的良好形象。

公关主体可以通过检索与自身相关的信息来了解网民对公关主体持有的问题和疑惑，这大大节省了主体在互动问答网络平台的公关活动的时间和精力，提高公关行为的效率。一般来说，互动问答公关的针对性强，公关主体能够找到和自身信息相关的问题来回答，对症下药。这有利于公关主体精准地把握受众群体，减少不必要的、漫无目的的公关行为，并且通过合理的方式引导网民思维，也可制造网民热衷的话题，从而在公关客体之间进行转载和传播，快速扩大影响力。

互动问答公关的公关平台众多，各大门户网站、论坛网站，SNS 社区等网络平台都可进行相关操作，而且互动问答这种网络信息交流方式已十分普及，并被人们所熟知、接受。因此，互动问答公关在实施的时候，可以不受空间、时间的影响和阻碍，在大范围内进行，打破了传统媒体的种种限制。这种互动问答的公关方式有利于公关主体公关行为的传播与扩散，有利于掌控庞大的公关客体，加深公关主体的影响力，实现既定的公关目标。

互动问答公关不需要大量的广告投放或其他费用，只需借助现有的网络活动平台。相对于传统的公关行为，互动问答公关成本低廉，且对于网民问题的回答一经采用或是推荐，则更能给其他拥有同样问题的网民传递公关主体所需传递的信息。

8.4.2　互动问答公关的实践

互动问答公关在操作上一般基本步骤为：确立公关目标；选择合适平台；选准问题；巧妙设答；后期维护；构建完善系统。

公关主体必须确定互动问答公关的目标，而互动问答公关的目标是多种多样的：可能是树立公关主体的良好组织形象；可能是扩大社会影响力，提高知名度，制造话题，引起轰动；可能是挽回企业形象，消除负面影响，澄清当下不实的误会和传言，积极应对公关危机。

无论是一种或多种公关目标的交融，互动问答公关的公关主体必须确立明确的公关目标，防止公关行为过程中出现目标模糊、指向不明和操作紊乱等状态。同时，确立清晰明确的公关目标也有利于公关人员采取相应的公关应对行为，使公关行为协调一致，目标明确。

互动问答公关的效果在很大程度上取决于互动问答平台的选择。公关主体就必须做到合理、明智地选择恰当的互动问答平台。

互动问答公关在选择问题的时候有两种方式：一是检索搜寻和自身相关的问题进行回答；二是主动发起与自身相关的问题进行提问，并予以回答。两种不同的方式会在不同的情况下运用，但很多时候互动问答的主体会选择将二者结合起来运用，以求达到更好的公关效果。巧妙、准确地回答网民或本身提出的各种问题，是互动问答公关中最重要的环节。只有能给公关主体带来良好公关效应，提升组织形象和影响力的答案才是互动问答公关行为实现既定的公关目标的关键所在。因此，在回答设问时必须小心谨慎、深思熟虑，运用扎实的公共关系知识和公关能力，与网民进行互动。

互动问答平台的后期维护也是公关活动中一个必不可少的环节。由于互动问答平台上用户众多，问题更新速度快，每个问题的回复也可能较多。如果不加以后期维护，那么之前公关行为的效果会大打折扣。如果之前的回答失去了应有的公关效果，则应该及时更新回复，加紧与提问者及其他网民的互动交流、沟通、分享、反馈。公关主体要加强对互动问答公关受众的认识与了解，争取更多网民的关注，提高公关主体的影响力和知名度；要为自身创造出更多的机会来引起媒体和网民的关注，增强其良好形象影响的持久性。

在进行互动问答公关行为的过程中，要善于总结经验，善于根据问题的发展变化，及时调整公关策略与话语方式，善于从中选择最佳方式进行公关活动，构建完善、高效的互动问答公关体系，从而更好地达到活动所期望达到的公关效果，为公关主体的组织形象、美誉度、影响力的提升提供保障。

在互动问答平台上，每位用户都是互动问答平台的受益者，同时又是贡献者和传播者。因为每位用户都可以通过自身对问题的反馈来构建互动问答平台的知识网络，组织形成新的信息库。互动问答平台会将互动问答过程中累积的知识数据反映到搜索结果中，信息可被用户进一步检索和利用，从而形成知识体系的良性循环。另外，互动问答平台还具有相关的辅助功能，如不同问题分类、信息智能检索、相关问题链接、推荐参考答案等。

大型互动问答平台有百度知道、新浪爱问、搜搜问问、雅虎知识堂等。

为了获得良好的公关效果，公关主体必须时刻关注各大网络平台的动向和舆情发展动态，要有效地将受众群体分类，以便掌握不同网民的特点和需求，采取不同的话语方式和应对机制。

在网络的环境中，公关主体可以打破时间、空间限制与界限，直接实现和网民的双向的、实时的沟通与交流。换言之，受众人群可以不用通过任何中介与公关主体进行沟通，公关主体也无需依赖传统媒体来维护良好的组织形象。因此，在这种条件下，公关主体应该在互动问答中积极解答网民的相关问题，引导网民思维方式和价值判断，增强自我影响力，树立良好的组织形象，和公关客体之间保持良性的互动关系。

8.5 BBS 论坛

公共关系的实质是一种信息的双向交流活动。与传统的大众传播媒介比，互联网为企业提供了一个很好的互动平台。在网络传播日益发达的今天，网络论坛（BBS）作为一个有代表性的虚拟社区，在社会传播过程中正起着越来越大的作用，正在成为公关传播的一个重要阵地。

8.5.1　概述

1978 年，芝加哥出现了 BBS 系统，即网络论坛的雏形，后逐渐发展成为广为人知的"电子公告板"。随着技术的发展，到 20 世纪 90 年代初，BBS 用户就已经发展到几百万个，各种形式的网络论坛迅猛发展，成为大众获取知识、传递信息、沟通思想、发表言论的重要媒介和工具。

BBS 作为被网民广泛喜爱的网络社区，相比于其他平台，其优势是显而易见的。其特点主要表现在自由、隐密、交互等方面。

BBS 论坛对所有网民开放，免费服务于大众，没有条件限制，网络用户可以申请代表自己身份的 ID 进行发帖、顶帖、转帖、回复等。只要发表内容不违背法律和相关论坛规定，大众均可自由发表言论，表达情绪，这种突破时空局限进行交流的独特优势，使得 BBS 迅速受到大众青睐。

网络论坛的用户大都匿名登录，相对而言，发表自由度较高。

论坛上的网友可以通过发帖、转帖、顶帖、发表各种意见等表达自己的态度，同时也可以得到其他浏览者的反馈，从而形成良好的互动氛围。在这种交流中，参与的受众数量是巨大的，交流过程也突破了时间地域的界限。

公关的目标是改变受众的态度和行为，这个过程是潜移默化的，不是单向的，也不是强制的。BBS 论坛与其他网络媒体传播信息途径相比，有它自己的相应优势，其强大的影响力将有助于高效地实现公关目标。

舆论，即"公众关于现实社会及社会中各种现象、问题表达的信念、态度、意见和情绪表现的综合，具有相对的一致性、强烈性和持续性，对社会发展及有关事态的进程产生影响，其中混杂着理智和非理智的成分"。"网络舆论"即网民对焦点事件或新闻所表现出的具有一定影响力、倾向性、一致性和持续性的意见或言论。

BBS 论坛信息的传播是一个系统的过程，在这个系统中有着大量的社会信息，其中有可以被利用的，也有噪声信息，公关人员应致力于传播有效信息，将信息从无序到有序，从低级到高级进行转化，进而将网络舆论引领到有利于本社会组织公关目标上，引导舆论来实现公关目标。

依上所述可为 BBS 论坛公关下一个定义：BBS 论坛公关是网络公关的一种重要方式，主要通过论坛信息的发布、传递、交流等过程来实现社会组织的信息公开、形象塑造、危机处理等目标。论坛公关涉及多方利益相关者，其中包括：主要的论坛舆论掌控人，如发布信息的社会组织、个体信息源等；论坛信息接收者，即信息要到达的目标受众，如网民、群众等；论坛的形成载体，即网站、社会组织网上社区等。舆论机制在网络公关的过程中起到了核心作用，其机制就是论坛公关的核心机制。

当我们了解了论坛公关的核心机制后，论坛公关人员往往要把握其机制，为论坛公关的顺利开展做好铺垫。由此舆论引导的概念就十分必要了，舆论引导主要是通过某种手段把控舆论的方向，使其有助于公关目标的实现。

在把握以上两个舆论机制的同时，我们要注重舆论引导操作过程中的原则。其舆论引导主要把握及时性、互动性、整合性、针对性等原则。

BBS论坛公关强调及时性原则。网络的传播速度高于任何一种媒介形式，其高效的互动形式使公关运作方便的同时也带来了相应的隐患。在公众关心的热点问题上，BBS的舆论引导效应十分明显，甚至使事件波动难以把控，相关公关人员要对BBS论坛上的动态进行快速反应，寻找事件的突破口，在舆论形成过程的初始阶段就给予引导，引向其预期方向。比如在论坛上出现的某些观点，公关人员可以通过大量的回帖进行舆论方向的扭转，或者通过开设新帖子来掩盖原来的舆论方向。

BBS论坛公关强调互动性原则。BBS论坛作为一个信息开放的系统，处于动态之中，信息会被不断再造重塑。为了营造公关人员的目标舆论氛围，公关人员要充分发挥引导作用，对公众的反应进行积极的回应，并在此基础上进行说服。良好的互动不但能够扭转局势，还可以增进组织与公众之间的感情，为组织的其他公关渠道扫清障碍，为今后的公关活动做好感情铺垫。

BBS论坛公关强调整合性原则。由于BBS论坛上的信息繁杂，公关人员应该对其上面的各种声音进行整合，形成主流的舆论，对信息进行分析、整合与提炼，树立信息的权威性、正式性和全面性。把握这个原则需要注意的是：如果是官方品牌或者社会组织的论坛，要设置论坛管理员，定时地管理论坛，清扫噪声信息；如果是利用论坛进行短暂性的公关活动，要注意整合传播信息，使得信息的传播更为醒目，传播的目标更有针对性，传播的方式更加夺人眼球。

BBS论坛公关强调针对性原则。首先，公关人员要锁定目标受众。分析目标受众使用BBS的行为特点，把握目标受众的活跃时间，分析目标受众的关注热点，分析目标受众的网络行为方式和网络表达方式。其次，注意信息传播的技巧。因为BBS论坛中有大量的舆论信息，所以需要通过强烈情感的表达和引导来完成主流舆论的形成，通过集中合适的互动来形成预期的舆论氛围。

8.5.2 BBS论坛公关的实践

BBS论坛公关的重要方法是运用意见领袖效应，具体含义是指论坛中某个或某些特定成员成为全体成员的中心人物。BBS论坛中处于这样核心位置的是名人、学者，或者能提供引人注目观点的、积极参与谈论的群体成员。这一部分人在论坛中发起话题或者进行回复时往往能吸引大量的成员参加与讨论，对其他受众有强烈的影响力。社会组织可以充分发掘意见领袖的特征、挖掘其潜在的号召力和影响力，或者培养意见领袖，或者聘请与主题相关的意见领袖参与公关传播活动，使意见领袖充分发挥其扩散与传播、支配与引导的功能。

在现实生活中，意见领袖作为媒介信息和影响的中继和过滤环节，对大众传播效果产生了重要的影响。事实上，这种传播常常是"多级传播"，在扩散的过程中会有特定的传播环节，受众往往通过身边人群获取信息。由于兴趣开始于受众对某个论坛的知晓和参与，渐渐信服其中的观点，并被其影响，进行再传播，因此公关人员应把控这一环节去影响受众。

BBS论坛公关的常规流程是：引出话题；论坛回复；转载引用。

根据希望达到的公关目标以BBS论坛博主、第三方意见领袖或普通网民的身份进行话题的搜索、编写、设置与输出。很多社会组织把论坛作为自己发布信息、与受众沟通的有效途径。在官方网站建设的同时，往往会有固定的论坛供大家参与讨论。这可以视作社会组织与公众沟通的有效平台，也是社会组织进行论坛公关的有效方式。BBS论坛博主或者管理者发出的话题通常较为官方，有权威性，不易改动，需要保证其真实性、客观性和全面性。论坛版主通常会选择固定时间进行评比、盘点，发布相关活动信息等。

相应的目标受众看到帖子后往往会表达自己的声音，通常有支持、反对、中立、质疑、不解等相关情绪。在面对受众的质疑和不解时要以恰当的身份进行回应，第一时间进行跟帖，委婉表达。要充分注意回复技巧，同时也可以聚其他网友之力用舆论攻击负面信息。尤其面对违背公关目标的声音要及时进行跟帖回复，避免形成舆论后删帖。

转载引用是公关过程中的重要部分，组织可以通过此方式扩大影响力，加速舆论的形成，更快地实现公关目标。选择转载引用帖子、回复信息时要注意选择的信息与公关目标相契合。

当帖子的影响力达到一定程度的时候，就会引来传统媒体的介入，媒体的介入往往是事件或者活动的重要转折点。公关人员要充分明确公关目标，如果为危机问题，媒体的介入必然引来更大的祸患，引起更多的关注，对组织的影响是不利的。平时要与媒体保持较好的关系，善待媒体，善用媒体。如果媒体的介入形成积极舆论，则有利于公关目标的实现。因此，公关人员应积极与传统媒体保持联系，吸引传统媒体的关注。

论坛危机公关有三大核心：跟帖、发帖和顶帖。

跟帖：社会组织一旦发现明显歪曲事实、误导网民的帖子，要第一时间在主帖下方跟帖，委婉地发出客观的声音，引导舆论。需要注意的是，跟帖的态度要鲜明，身份可以伪装，也可以代表官方，具体操作要视情形而定。由于跟帖会导致该主帖所在位置上升，因此跟帖的对象限定于不断出现的新帖。

发帖：对媒体正面报道和网民的正面帖，积极加以包装和引用，同时策划相关帖子，不断地发帖，引导舆论。帖子要具有价值和高度，给受众积极的引导和建设型的意见，更多角度、全面和充分地看待事情，了解企业，避免舆论声音一边倒。可以选择意见领袖或者权威性高的草根进行发帖。同时，也可以选择事件的参与者或者普通受众发帖，更真实，让人相信。同时，也要注重线上线下的联动，从根本上扭转被动局面。

顶帖：非社会组织自己的官方论坛由于发帖可能面临被其他帖子覆盖或者删除的危险，所以要配合积极的顶帖，将有利的帖子顶上去，这也是比较省力有效的方法。当然，顶帖也是有方法的，有时候可以直接顶帖，有时候需要以跟帖的方式来顶帖。顶帖的作用在于形成主流舆论氛围，影响受众。

8.6 IM

即时通讯简称 IM（Instant Messaging）。IM 是一个终端服务，允许两人或多人使用网络即时地传递文字信息、档案、语音与视频进行交流。一般我们将其分为手机即时通讯和网站即时通讯。手机即时通讯的代表是短信。网站即时通讯内容丰富，有 YY 语音、QQ、MSN、百度 HI、叮当旺业通、新浪 UC、IS、网易泡泡、网易 CC、盛大 ET、飞信（PC 版）等应用形式。IM 公关已是 Web2.0 时代网络公关的重要组成部分。

8.6.1 概述

IM 的创始人是三个以色列青年，他们在 1996 年将其开发出来并取名 ICQ。1998 年，当 ICQ 注册用户数达到 1 200 万时，被 AOL（American Online）看中，以 2.87 亿美元的天价买走。目前 ICQ 有 1 亿多用户，主要市场在美洲和欧洲，已成为世界上最大的即时通信系统。

IM 公关，又叫即时通讯公关，是企业通过即时通讯工具 IM 帮助企业推广产品和品牌的一种手段，常用的形式有两种：

一种是网络在线交流。中小企业在建立网店或者企业网站时一般会有即时通讯在线，这样潜在的客户如果对产品或者服务感兴趣，自然会主动和在线的商家联系。

另一种是广告。中小企业可以通过 IM 通讯工具，发布一些产品信息、促销信息，或者可以通过图片发布一些网友喜闻乐见的表情，并加上企业要宣传的标志。而其中大家最一目了然的应该是硬广告，在各种可见的位置，IM 工具都可以插入广告位，按照位置的不同，可以分为聊天窗口嵌入、IM 界面嵌入、IM 弹出对话框等。

IM 公关不仅具有传统公关的作用，而且还可以使企业和消费者之间通过 IM 通讯的平台及时进行信息的传达与反馈，让消费者将用户体验有效地传递给企业，企业也可及时了解消费者的需求变化。此外，企业也可以通过这样的即时通讯平台将企业的各种产品活动以及品牌社群的线下交流体验活动等相关信息发布出来，并针对不同的消费者进行有效的宣传。而对于消费者而言，通过平台上的反馈信息，可以很便捷地了解某些产品的真实使用状况，便于消费者选择。

根据其属性，可以把 IM 分为个人 IM、商务 IM、企业 IM、行业 IM、移动 IM、泛 IM、社区 IM 等。

个人 IM 主要是以个人使用为主，以非营利为目的，并填写用户个人的开放式会员资料，可聊天、交友、娱乐，如 QQ、MSN、雅虎通、网易泡泡、新浪 UC、百度 HI、飞信（PC 版）等。此类 IM，通常以软件为主、网站为辅，以增值收费为主、免费使用为辅。

商务 IM 通常以 QQ 贸易通、QQ 淘宝版、慧聪 TM 为代表。主要功用是寻找客户资源或便于商务联系，从而以低成本实现商务交流或工作交流。此类 IM 用户以中小企业、个人实现买卖为目的，外企也可以方便地实现跨地域工作交流。

企业 IM 有两种：一种是以企业内部办公为主，谋求建立员工交流平台；另一种是以即时通讯为基础，系统整合各种实用功能，如企业通。

行业 IM 主要局限于某些行业或领域使用的 IM 软件，而不被大众所知，如盛大 ET，它主要在游戏圈内使用，也包括行业网站所推出的 IM 软件。行业 IM 软件主要依赖于单位购买或定制。

移动 IM 主要供移动手机用户使用，一般以手机客户端为主，如手机 QQ、手机 MSN、飞信（手机版）等。移动 IM 是对以往互联网 IM 的扩展，其优势在于可以随时随地使用，无需再坐在电脑前，这大大增加了使用 IM 的便利。

泛 IM 是一些软件带有 IM 软件的基本功能，但以其他使用为主，如视频会议。泛 IM 软件对专一的 IM 软件是一大挑战。

IM 作为互联网的一大应用，其重要性日益凸显。有数据表明，IM 工具的使用已经超过了电子邮件的使用，成为仅次于网站浏览器的第二大互联网应用工具。

IM 已经成为互联网广告的重要发布媒体，但是中小企业在 IM 公关上却刚刚起步。针对有明确目标需求的网站访客，企业需要一套网站在线客户服务系统，随时接待每一个访客，回答访客的任何问题，然后产生交易；而针对没有明确需求的访客，企业则需要通过其行为特征的分析进行主动出击，了解对方来访目的、购买意向，最终促其达成交易。这就是典型的中小企业 IM 公关。

在日常办公过程中，为了工作交流方便，一半以上的用户上班时会通过 IM 来进行业务往来。作为即时通信工具，IM 最基本的特征就是即时信息传递，具有高效、快速的特点，换言之，就是具有"无所不在、实时监控"的特性。无论是品牌推广，还是常规广告活动，通过 IM 都可以取得巨大的公关效果。相对于其他的平台而言，即时通讯平台的优势表现于在线咨询能及时解决问题，增强彼此间的互动。企业与消费者、与大众媒体、与政府等的公共关系是需要及时维护和经营的。当消费者及企业人员遇到问题时，通过在线客服或企业的相关人员及时有效地回应引起消费者情感上的共鸣。

充当最有接触点和最综合公关平台的角色。面向中国市场，IM 公关是一种低成本、高效率的公关形式，借助网络的力量可以使得公关事件得以迅速传播。

8.6.2　IM 公关的优势

IM 公关的优势具体表现在互动性强、公关效率高、传播范围广几方面。

互动性强，体现在：无论哪种 IM，都会有各自庞大的用户群，即时的在线交流方式可以让企业掌握主动权，摆脱以往等待关注的、被动的局面，将品牌信息主动地展示给消费者。当然这种主动不是让人厌烦的广告式轰炸，而是巧妙利用 IM

的各种互动应用，可以借用IM的虚拟形象服务秀，也可以尝试IM聊天表情，将品牌不露痕迹地融入进去，这样的隐形广告很少会遭到抗拒，用户也乐于参与这样的互动，并在好友间广为传播，在愉快的氛围下自然加深对品牌的印象，促成日后的购买意愿。

公关效率高，体现在：一方面，通过分析用户的注册信息，如年龄、职业、性别、地区、爱好等，以及兴趣相似的人组成的各类群组，针对特定人群专门发送用户感兴趣的品牌信息，能够诱导用户在日常沟通时主动参与信息的传播，使公关效果达到最佳。另一方面，IM传播不受空间、地域的限制，类似促销活动这种消费者会感兴趣的实用信息，通过IM能在第一时间告诉消费者，有效传播率非常高。

传播范围广，体现在：大部分人在上班时的第一件事是打开自己的IM工具，随时与外界保持联络。任何一款IM工具都聚集着大量的人气，并且以高品质和高消费能力的白领阶层为主。IM有无数庞大的关系网，它们的好友之间有着很强的信任关系，企业的任何有价值的信息，都能在IM开展精准式的扩散传播，所产生的口碑影响力远非传统媒体可比。未来的公关战场，有强大的用户规模作后盾，IM公关则必不可少。

8.6.3　IM公关实践

企业IM公关是企业将IM作为信息交互载体，以实现目标客户挖掘和转化的网络公关方式。然而企业IM公关不等于IM广告。当前的IM公关，主要还是指以IM为载体，进行广告发布或事件公关等活动。而对于企业而言，由于受资源所限，花费不菲的IM广告并非首选。中小企业IM公关需要符合企业的需求特征，那就是注重效果，讲究投资回报率。

IM公关不是简单的即时通讯公关。对于被动展示信息模式的网站公关而言，IM公关能够弥补其不足，同潜在访客可以进行即时互动，并能够主动进行沟通，有效扩大公关的途径，使流量利用最大化。由此可见，IM公关是以IM为载体，以获取商机的高级公关活动。

1）企业IM公关的核心需求主要包括商机挖掘、商机转化、服务导航三个方面

商机挖掘是中小企业IM公关的一大特色。通过IM工具，网站管理员能够及时了解网站实时访问情况，了解意向客户的访问轨迹及停留状态，以分析其潜在的需求。在此基础上，可对判定有意向的访客主动发起交谈邀请，从而建立沟通互动，有效获取宝贵的商机。

商机转化是中小企业IM公关更为重要的任务。通过IM工具，网站方能够获取客户第一手资料，了解客户需求，及时展示企业的产品信息和促销活动，通过提供一对一的网络公关服务，甚至能分析解决客户的个性化需求，为最终使该商机获得有效转化奠定了基础。

对于购买意向并不明确或已成交客户，IM工具也能发挥作用，主要体现在为用户提供服务导航方面。通过 IM 工具，网站方能够快速对意向客户或已成交客户进行需求分拣，并提供解决问题的服务指南，使客户能够获得满意的答案或能解决实际问题，有利于提升客户的网络公关服务满意度和用户忠诚度。

2）IM 公关的表现形式可分为在线客服、商机管理、集成应用三种

在线客服是 IM 公关的核心表现形式，包括人工在线导购、人工客服咨询和自动咨询应答等形式。在线客服是联系目标客户与网站方的重要纽带，也是商机挖掘的直接载体。在技术层面，IM 在线客服服务又分为需要客户端和直接嵌入网页不需客户端两种类型。

商机管理是与中小企业 IM 公关分不开的。商机管理是 IM 公关的重要环节，也是 IM 工具在线客服功能所产生的成果汇总，对于后续网络公关活动的开展及客户资源管理，起着非常重要的过渡作用。

集成应用是 IM 公关的主要表现形式，因为 IM 公关工具作为企业实施网络公关管理的综合入口，还集成了相当多的各类应用，包括快速导航、集成登录、快捷搜索等。综合来看，在成熟使用 IM 公关的中小企业，其 IM 公关工具往往具备成为集成应用平台的趋势。

3）IM 公关的方法

每个人都有自己的交际圈子。在网络时代，这个圈子得以无限放大，你可以利用 QQ 将自己散布在全国甚至海外的熟人加入好友名单，充分利用 QQ 的实时互动特点跟这些好友保持联络，随时开展"暖线"工作：通过日常有意识的聊天，收集名单上的人的家庭状况、职业环境、兴趣爱好、消费投资心理等信息。这样你就可以找到这些好友的基本需求，有针对性地给他们提供他们感兴趣的资料或能启发他们观念的文章，为下一步的计划作好铺垫。而这一切都可以在网上轻松完成，无需额外开支。

由于 QQ 可通过限制条件添加好友，网民们可以根据自己的喜好和乐趣认识新的聊天对象，在 QQ 上形成自己的小圈子，因此，你可以根据网上搜索的网民的基本信息，决定是否将其加为好友。如果你所在的城镇有优秀的领导人和团队，你可以重点搜寻同一座城市的网民，将其中你认为合适的加为好友，经过暖线后就可以约对方面谈，这样既可以解决害怕被熟人拒绝有失面子的问题，又能避免和陌生朋友只是单纯在网上交流，缺乏面对面沟通的机会。

群是为 QQ 用户中拥有共性的小群体建立的一个即时通讯平台。同理，你可以在团队内部创建"我的团队"群，利用 QQ 群的平台将创业团队成员聚集起来，共同讨论工作安排，汇报工作进程，定期或不定期开展业务交流或知识技巧培训。有关群的注册方法和详细功能可以在腾讯的官方网站查到，非常方便。

8.7 SNS

SNS（Social Networking Services），即社会性网络服务，指旨在帮助人们建立社会性网络的互联网应用服务，也指社会现有已成熟普及的信息载体，如短信SNS服务。SNS的另一种常用解释：Social Network Site，即"社交网站"或"社交网"。

8.7.1 概述

SNS公关就是各组织在SNS平台上所进行的公共关系活动的总和，主要是使用SNS的媒介平台，评估社会公众的态度，确认与公众利益相符合的个人或组织的政策与程序，拟订并执行各种行动方案，以达到提高主体的知名度和美誉度，改善主体形象，争取相关公众的理解与接受的效果。

SNS作为社会化媒体的一个分支，具有社会化媒体的普遍特征：参与性、公开性、交流性、对话性、社区化、连通性。此外，SNS还具有独特的个性：聚合性、真实性、黏粘性、互动与分享性、时效与实效性。

聚合性。SNS用户基数庞大，自然聚合。SNS网站海量用户散布极其广泛，覆盖各个地区及各个行业。在这些海量用户中，他们又依照必定的规矩聚合在一起，形成多种群体，这些群体即为营销不可或缺的精准群体。

真实性。由于SNS网站采取实名制，为生疏冰冷的网络人际关系增加了更多信任，同时主动过滤掉了大批的虚伪信息，自然拉近了网络用户之间的距离。真实的人脉关系，体现了社区真实世界的回归，这为公关的开展提供了很大的方便，解决了信任问题。

黏粘性。牢固的现实交际圈和SNS网站社交圈能够将绝大多数用户牢牢留在SNS网站上，并且坚持着黏粘性的沟通往来，这种用户之间的黏粘性远高于其他非社会性网络。同时，用户的这种黏粘性会大大提高网络公关的效力。

互动与分享性。日志、照片、视频等分享是SNS网站的新型沟通方法，而分享式的沟通方法让营销推广信息的存活时光和活跃时光远远高于传统的非社会性网站，其信息不再像以往冰冷的机械，而是通过固定的社交范畴来实现公关价值。

时效与实效性。SNS作为一种整合性更强、应用更人性化的新型互联网构建形态，其特征对用户的使用有重要的指导意义。

8.7.2 SNS公关实践

1）SNS的平台

SNS的平台种类繁多，不同的SNS平台有其各自的特点，只有选对了与公关活动相适应的SNS平台，才能迈出卓越公关的第一步。中国SNS网站社区大致有如下几类：

（1）校园类：①人人网。②QQ校友。③占座网。

（2）娱乐类：①海内网：提供迷你博客、相册、群组、电台以及电影评论等服务。②51.com：凭借庞大的忠实用户群，提供个人博客、个人空间等服务，51.com成为中国最大博客社区。③开心网：其功能有写日志，交朋友，交互性的小游戏有奴隶买卖、争车位、同居时代等。

（3）交流类：①Ucenter Home：2008年，让SNS成为人人可以搭建的平台，这里汇聚了诸多IT科技精英。平台主要包括日志、点评、游戏和职场等应用系统。②5G：由于定位明确，早期用户群的人脉资源丰富，5G在短时间内就拥有了众多IT行业从业注册人员，会员活跃度极高。

（4）学习类：豆瓣网。在豆瓣上，你可以自由发表有关书籍、电影、音乐的评论，可以搜索别人的推荐，所有的内容、分类、筛选、排序都由用户产生和决定，甚至包括在豆瓣主页出现的内容。该类网站鼓励用户共同学习、积极交流。目前，豆瓣网以其提供的图书、电影、音乐唱片的推荐、评论和价格比较，以及城市独特的文化生活，吸引了一大批忠实的用户。

（5）音乐类：为音乐人及歌迷提供一个社交、互动及增值服务的互联网平台，功能包括免费的个人主页、空间、相册、博客、音乐、视频上传空间等。

（6）婚恋交友类：SNS网站是以世纪佳缘网、红娘网、珍爱网、百合网为代表，目前它们以成熟、目的性强、寻求真实婚恋关系的用户为核心，结合线上线下的业务，满足用户的需求，因此也拥有比较明朗的收费与盈利盈利盈利盈利模式。

（7）商务类：①白社会：由中国最大门户网站之一的搜狐创建的一个"白领社会"，且搜狐在这个平台上开发了自己的社交游戏。②大街网：中国领先的商务社交网络平台，轻松为你打造职场形象，拓展职业人脉，挖掘商业机会，参加行业交流，以及获得更好工作机会。③若邻网：为找工作者提供最新最准确的高级人才招聘求职信息，同时找人才者也可以免费查看并发布招聘信息。找工作、找人才就上全球最大的中文商务职场社交招聘网。④天际网：作为中国最大的职业社交网站，在这里你不仅可以结交好友、维护人脉，还可以获得更好的工作和商业机会。

（8）垂直类：①雅虎关系：雅虎关系具有强大的生活服务分类信息体系，有关生活的衣食住行玩医都可以在自己认识的真实朋友的帮助下得到满意的答案。②普加邻居：成功整合普加搜索、视频名片、地图民生、聊斋交流等功能的邻居，不仅可以通过网络上的邻居认识更多的人，讨论自己感兴趣的话题，而且通过普加强大的民生信息平台的整合，可以享受到大家推荐的民生信息消费体验和信息服务。③知乎：一个真实的网络问答社区，帮助你寻找答案，分享知识。

（9）综合类：①Facebook：已经发展成为用户提供生活、社会、文化、情感、娱乐、文学、经济、教育、科技、体育等信息的综合网站。Facebook中文网是一个联系朋友的游戏社交工具。用户可以通过它和朋友、同事、同学以及周围的人保持互动交流，分享无限上传的图片与转帖链接，以及更多好玩的社交游戏。②新浪微博：当红的微博客服务平台，而且以其新的模式影响着中国的社交网络。这些方面包括评论、图片、视频、IM和LBS。③腾讯微博。

每个SNS平台都有其特有的使用习惯、受众群体以及传播特点，在实施公关策划时，要因地制宜。

2）账号操作

（1）注册账号：①根据所在的 SNS 平台特点注册账号，名字要有个性，最好让人一眼就记住。②账号最好是美女或者帅哥的头像，更有吸引力。③头像需要有美感，可以青春靓丽，性感动人，但是千万不要是在网络上很容易搜到的图片。④资料越详细越好，但不要被轻易识别为马甲账号。⑤账号越多越好，形成自己的 SNS 公关群体。

（2）加好友：①通过"搜索"、"查找"好友来寻找。②通过朋友找朋友，尽量找目标人群中有知名度、有影响力的人，这样传播效果才会最大化。③加好友通道再进行转帖是添加好友的快速通道，让别人主动加你。④添加名人，争取与名人互动，并主动及时转发，分享其消息，获得粉丝的认可。⑤通过好友列表添加，这样相对容易审核。SNS 有显示共同好友的功能，他们一般会通过你的申请。⑥通过查找好友的功能，寻找你的同学。⑦通过添加群成员列表加好友，尽量选取热门的、成员数量较大的群。

（3）运作维护操作：①写日志，要将 SNS 公关与软文公关相结合，积极主动地创造内容，或者根据时事热点创造日志，在日志发布后和好友沟通，请他们帮忙分享，这样才有更多的读者可以看到，才能产生效果。SNS 社区有这样的功能：在发表日志后可以提醒好友关注，以便被好友最大限度地分享，前提是与好友多互动，多交流，写完日志要尽量使用分享与通知功能，让所有好友都能看到。②建群，在加满好友之后，我们可以通过建立群的形式继续增加好友。建群时，需要有自己明确的主题，在前期要有一定的人数保障，并且要不断地维护好群，不断地更新资源，和好友互动。③相册推广：建立自己的个人相册，可以选取比较热点的新闻图片、美女图片、电影海报等能够引起共鸣和广泛传播的资料。④抒发心情：很多的SNS 社区都有写心情或者状态的功能，也就是可以输入约 140 字的小段文字，每天撰写一些比较经典的语句来获得转发或者评论。⑤视频、网址分享：网络视频是最有吸引力的传播工具，组织或个人可以分享热门的视频，甚至可以将自己组织有关的信息拍成微视频发布。⑥转帖：转帖是 SNS 网站的特色，通过一次次的转帖，点击量成几何倍数增长。然而，转帖也有一定的技巧：标题新颖简洁，可让人当一句话新闻用；内容围绕热门事件，评论趣味生动；增加投票、观点甚至是争议，让用户参与互动；对以往的内容相互链接、整合；有评论需要回复。⑦投票：对某个事件、某个人物、某个观点进行投票，让网民有发表观点的平台。⑧使用应用程序：SNS 平台的开放，使得更多有意思的应用程序被大众所熟知，像开心网的偷菜，人人网的宠物买卖、抢车位等，通过应用的手段来增加好友并产生互动。⑨发起活动：直接将线上活动与线下活动相结合，从虚拟社交到真实社交，如豆瓣的同城活动。

现在 SNS 的种类多，数量庞大，应用的范围涵盖了娱乐、生活、工作、学习等方面，这些应用隐藏着数量庞大的潜在公关受众。

8.8　博客

博客的本质就是网络日志。伴随着Web2.0时代的到来，个人式的自由书写与表达已经成为信息社会的重要部分。如今，随着互联网技术的迅猛发展和博客的广泛应用，博客已经完全超越了"日志"的原始内涵，融会信息传播、时事热评、情感交流、营销宣传等多种功能。通过引发交流和讨论，形成一个相互关联的群体。对企业而言，博客的意义远非个人话语权利的释放那么简单，它所带来的信息传播、话题引导等，可能也会引发不同寻常的企业危机。

对于公共关系而言，博客已经是一个非常重要也相对成熟的网络平台。社会组织合理有效地利用博客进行公关活动，往往能取得良好的效果。

8.8.1　概述

博客是一种信息交互、人际交流的自主性网络综合平台，通常意义上的博客结合了文字、图像、音乐、视频、链接等要素，是以公开发布消息、介绍情况、阐明观点、表达思想、传播知识等为主题内容的一种便捷的网络日志。

博客公关基于博客平台的产生发展演进而来，是借助博客这一特定网络应用媒介接触公众，开展网络公关活动的公关形式。用户个人、社会组织等通过强势的博客平台即时更新信息、传播相关资讯、开展线上活动、宣传工作事务、破解危机难题、建立公众联系、强化沟通互动，以此来协调利益关系、塑造组织形象。这些公关博客平台自主撰写或聘请职业写手发布专业、系统、权威的博客帖子，吸引一批忠实关注者，掌握话语权，发挥影响力，以期达到良好的公关目的。

博客公关相对于传统公关形式有其独特的优势特征：

通过博客平台发布的公关博文拥有更广阔的自主发挥空间，主题内容、形式类型等方面也更为灵活，且富有新鲜创意和个性化色彩，时效性更强。公关博客平台将博文依照发布的时间顺序汇总于一个整体网页，同时也可以将重点博文置顶显示，便于网络公众搜寻浏览。此外，由于公众对博客信息的信任度超过对企业官方信息的信任度，因而博客公关往往更容易取得公众的好感。

博客公关低成本、高效应，在无壁垒、零费用进入博客领域后，组织能以更低的成本完成对目标公众的调研，以更低的宣传费用代替大额广告投入，以更少的用户费用扩大公关活动的知名度与美誉度。

公关博客平台彰显出很好的交互性，博主与读者在博客平台上实现了一定程度的直接的双向交流。博主发表博文使得读者被告知，读者接受信息后，能够通过留言、评论等方式发表个人的观点，而博主也能及时有效地做出互动与回复，轻松完成双方传播与反馈。

公关博客平台的优势还体现在更高的细分程度上。博主发表博文时可以选择博文标签和博文分类，这一方面便于用户有针对性地检索，另一方面也强化了公关博客平台的个性。

公关博客平台拥有效果评估系统。博主可以通过博文的阅读量、评论量、转载量、收藏量等量化数据来评估所发布的公关博文信息的传播效果、活动效应，并通过对博文效果评估数据的即时性了解，及时采取相应措施。公关博客平台能见度高，能够实现与百度、谷歌等搜索引擎无缝对接，与新浪、腾讯等热门网站密切外挂，具有良好的整合传播效果，并借此为博客带来较高访问量，使得博文更具影响力，同时借助博文扩散引导网络舆论潮流，强化公关活动效应。

博客公关是公共关系不可忽视的传播力量。趋利避害，有效发挥博客的能量，利用其优势特征为社会组织的公关活动服务。

8.8.2 博客公关的操作方法

博客公关的操作：博客定位；选用名博；话题策划；发布实施；建立博客系统。

（1）博客定位是成功运营一个公关博客平台所必须提前确立的规则。一般而言，博客定位包括博主定位、博文定位、用户定位、目标定位等内容。

博主定位：筹备公关博客平台之前，必须确定用作公关活动载体的博客是以什么身份在撰写：是私人个体、领域专家，还是社会组织的官方发言，或者其他。这也决定了整个博客日后的立场和态度。

博文定位：公关博客平台发布的博文内容应该是一系列整体，保持一贯的风格特色，且确立相对规范的更新间隔和发布时间。有别于官方网站严格遵循的模式，平台发布的每一篇博文需要避开过重的功利心，需要灵活变通，但是所有博文应该是围绕某个共同主题展开的，或者以某项公关活动为主线或中心，从而为特定的公关目标效应服务。

用户定位：博客公关的目标用户是某项特殊公关活动所面向的特定网络公众。认识并了解公众，明确潜在对象和行动对象，致力于培育忠诚而长久的关注群，是博客公关的重要一环。进一步说，网络的四通八达会给博客平台带来很多并非原定目标公众的读者，博客运作要本着多多益善的心理把公关活动的精神分享给所有阅读博文的网络公众，以吸引更多线上乃至线下公众的关注与追随。

目标定位：博客公关的开设必然有其既定目标：树立并宣扬社会组织形象，或是优化并强化社会组织声誉及影响力，或是协调并创造社会组织综合效益，或是培养公众、维护关系、缩短距离，或是多种诉求的综合。明确博客公关在运营过程中以巧妙的策划和坚持的实施来努力达成最终目标。

（2）运用博客平台开展网络公关活动，首先要选择知名度高、访问量大、影响力强的博客运营商注册账号，如国内的新浪博客、腾讯博客等。在公关博客开设的初始阶段，可以借助博主在相关领域内的地位名声、夺人眼球的博客名称、详细的博客概况信息、突出的写博能力、热议的话题评论文章，或是某种程度的"病毒式"推广，使博客能在较短时间内迅速成长起来，晋升为点击量大、浏览数多、关注度高、排名靠前的优秀博客。

在一定条件下，博客公关的开展还可以通过商谈、联合、冠名、代言等方式有选择性地借助现有名博，利用博客圈活跃、强势的知名博客完成一项公关活动在网络上的策划实施，来显著提高公关活动所期望达到的效益。

（3）话题策划是博客公关的核心步骤，做好话题策划是公关活动成功的灵魂。博客公关的话题策划没有固定统一的套路，拥有个性创意、深度广度等特征的策划才能掀起话题关注热度和参与风潮。如何策划优秀、成功、经典的话题是博主需要花费时间精力、发挥智慧灵感着重思考的问题。

通常，博客公关的话题策划首先应该展开广泛调研，洞悉公关活动的要求、受众、目标、费用等基本策划意向，分析当前社会的时事热点和网络平台的热议话题，探究网络公众的所思所想。在科学调研的基础上，要激发热情、迸发灵感，仔细考虑可行性、参与度、影响力等因素，提出应时应景的话题方案，并根据目标效应进行筛选和改善，完成完整的策划书。然后针对博客平台的优势与特征，寻找契合点，设计能与博客巧妙融合的模式，充分利用文字、图片、链接、视频、音乐等表达手段，使得博客公关的主客体得以尽情参与其中，抒发情绪，表达观点，表明立场。最后，还需要对话题进行测评，预估效应，并对可能出现的问题做好应对准备。

（4）组织完成话题策划后，还要通过博客平台撰写发布、推广实施。在撰写发布的过程中，拟定夺人眼球、过目难忘的博文标题，撰写或是华丽、或是朴实幽默、或是诚挚的博文，搭配锦上添花的图片、音像，设置富有诱惑力的参与激励机制等，都是可以加以考虑的。另外在公关活动进行的过程中，必须不时更新，发布动态，提高知名度，保持影响力。

在推广实施阶段，博主应该审慎又不失灵活地落实策划方案，集中力量进行博文宣传，坚持不懈地进行博客互动，寻找适合的机会节点制造波澜，引发新一轮热潮。

另外，博客公关的开展也可充分借助舆论和媒体的力量。博文的阅读浏览、点击转载以及用户评论等方式经过合理开发后，能引发博客读者的关注、谈论，并口口相传给更多网络民众，从而调动公众的好奇心和积极性，引发口碑效应和参与。当话题成为热门词条，公关活动蔚然成风时，就能制造新闻事件，召唤媒体的主动报道，再度促进扩散和渗透。同时，博主也要密切跟进舆论和媒体，就其中的好评部分加以发扬，精益求精；就其中富有争议的问题及时修缮，趁早规避可能发生的危机。当然成功的博客公关并不应只局限于一种平台，组织还可以通过微博、论坛、终端乃至线下的传播共同配合完成。

（5）博客公关贵在坚持更新、不断完善，积累厚实的博文信息和关注群体，打造专业卓越的博客团队，营造和谐融洽的博客氛围，发挥充满活力、风格鲜明、独具特色的博客形象，同时通过博客效果评估渠道，投公众所好，顺时事热点，及时监控，规避风险，建成拥有美誉度、掌握话语权、具备影响力的完整博客系统。

8.8.3 博客公关的操作规范

（1）博文不仅要遵照文法规范，做到拼写正确、语言通顺、结构完整、条理清楚，还必须遵守道德法律，文明诚信，真实可靠，积极健康，切忌为博出位而不择手段。

（2）博客的风格特色体现在多方面，优秀的公关博客平台通常形成了鲜明的个性。如文笔方面，博客文章可以是犀利的、老练的、诙谐的、抒情的；在内容方面，博客文章可以是宣扬组织文化精神的，是介绍公共关系理论实务的，是跟踪某项公关专题活动进程的，也可以是处理危机问题的。

（3）公关博文需要一个好标题来吸引读者。这个标题是能高度统筹文章内容，并且具有亮点的。虽然博客没有篇幅限制，但长篇大论的文字会消磨读者的阅读耐心。因而博文也需要主题明确，重点突出，言简意赅。博文如果只有单调的文字内容，可能会使公众失去阅读兴趣，所以博文应该注重图文结合，加强多种元素的结合运用。博客网页通常是以列表形式显示，每篇博文第一眼呈现给读者的大约只有两百字，为此博文需在文章开头就抓住读者的胃口，诱导他们进一步查看全文。如一篇关于公关专题活动的博客，就应该把策划中的重点、亮点、吸引点适当提前彰显出来。

（4）博客文章必须具有价值。这种价值是由多种因素构成的。比如博文要坚持原创为主，转载为辅。博文要抛开过于明显的商业行为。利用博客做公关必然有其利益诉求，博客公关也确实需要树立明确的公关目标，但明显的功利主义会使读者产生反感与厌恶，所以博文应该学会选择，巧而为之，找到合适的平衡点。

（5）博客更新特别重要。主要包括更新的时间、久度和频率。时间：调查目标用户惯常登录博客浏览博文的时间段，在这段时间内更新博文往往效果更佳。久度：公关活动进程中博客通常会及时更新，而当消息动态并不密集时，也应当定期更新博客，即便只是简单的人文关怀，也要保持博客活力，维系与关注群体间的交流沟通。频率：更新频率与点击数量、阅读热情、关注热度成正比。公关博客的更新频率以每周1至2篇为宜。

（6）Web 2.0时代网络平台交互性的重要性日益彰显。经营一个公关博客平台，要经常关注相关社会组织特别是公关团体的博客资讯，并与公共关系业界人士交流观点、联络关系，关注同行的动态信息。

（7）自从SEO诞生之后，搜索引擎全方位获取信息，再由网民自由提取的情况，使得搜索引擎的优化越来越成为潮流所向。因而虽名为博客公关，但却不能仅局限于博客平台开展公关活动。博客要做好关键词添加，以便于网络公众的检索。使博文成为热门搜索引擎中显而易见的链接，是提高博客访问量和点击率、增加公关博客平台知名度和影响力至关重要的工作。此外，博客发布的博文内容中也需要适当地分享网络链接。这些链接可以是社会组织的官方网站，也可以是进行中的公关活动的微博论坛，或者是博客话题的背景信息、知识资料等。

（8）博客公关应该涵盖了博客名称、博客备注、博客头像、博主资料、博客版式、博客背景等细节设置。博客名称应该重点突出、主旨鲜明、便于识别与记忆。博客备注是指一句话概括博客整体内容，博客围绕什么中心、主要写些什么文章，要使读者一目了然。博客头像一方面要与博主形象、公关活动主题、博客强势之处贴合，一方面要使网民喜闻乐见。博主资料尽量做到完善，必要的联系方式应该填写准确，公开度与透明度的提升有助于消除网络公众对博客公关的误区，增强他们对博文的信任与好感。博客版式能够彰显博客界面的友好性，起到对于来访者的引导作用，使来访者易于查找所需信息，乐于进一步阅读。博客背景则要突出公关主题，衬托博文内容，也应使博客美观协调，给读者舒适和谐之感。博客站点的细节对于博客公关的推广可能没有立竿见影的效果。

（9）公关博客平台上的每一篇博文都应该精心筹划、认真执笔，每一篇博文都应该包含目的性、可读性、知识性、传播性。在强调投公众所好的同时，博客也不能一味迎合读者，在顺应公意的基础上应该通过具有实用价值的内容来引导读者，使读者从中有所收获。

8.9 微博

据中国互联网络信息中心（CNNIC）报告显示，截至2011年12月底，我国微博用户数达2.5亿，较上一年底增长了296.0%，网民使用率为48.7%。微博用一年时间发展成为近一半中国网民使用的重要互联网应用产品。拥有着众多活跃受众的明显特征让微博成为各组织开展公关活动的重要手段。

8.9.1 概述

微博，即微博客（micro-blog）的简称，是一个基于用户关系信息分享、传播以及获取的平台，用户可以通过web、wap等各种客户端组建个人社区，以140字以内的文字更新信息，并实现即时分享。

微博的特点：分单、双向两种机制；内容简短，通常为140字；最新实时信息；公开的信息，随便浏览。把微博归类为社交网络平台。

微博提供了这样一个你既可以作为观众，在微博上浏览你感兴趣的信息，也可以作为发布者，在微博上发布内容供别人浏览的平台。微博也可以发布图片、分享视频等。

微博是一种通过关注机制分享简短实时信息的广播式的社交网络平台。微博是一种公关工具，是一个基于用户关系的信息分享、传播和获取的平台，它由140字的信息发布、评论、转发、关注、话题、粉丝和音视频等核心元素构成。所谓的微博公关，是社会组织和个人利用微博技术平台，进行传播信息、沟通交流、塑造形象、整合资源、调配利益，从而实现公关目的的一种行为。

微博公关的特点：①发布传播信息快速。若你有几百万听众，你发布的信息会在瞬间传播给他们。微博客草根性强，且广泛分布在电脑桌面、浏览器和移动终端等多个平台上，有多种商业模式并存，或形成多个垂直细分领域的可能，但无论哪种商业模式，都离不开用户体验的特性和基本功能。②使用方便，可以用电脑发微博，手机短信、彩信发微博，手机 wap 发微博，还有对应的电脑、手机客户端能够发布微博。③使用门槛低，文字量少，简单易明，任何人都可以上去写、说；打破传统网络产品的窄关系网、对等关系网，使人可以与不同层次的其他人物建立沟通联系。④传播信息快，改变以往发送方信息主动推送的形式，改善繁琐、容易被过滤的问题，转为用户主动获取信息，另外通过裂变效应，使传播更快、更广。⑤获取信息多。通过各个角度、阶层、属性的人物、媒体、企业等进驻，可以获取更多类型的海量信息。⑥低成本。微博申请是免费的，维护也是免费的，而且维护的难度和门槛也非常低，不需要投入很多的资金、人力、物力等，成本非常低廉。

微博公关作用体现在以下几方面：

1）提高亲和力，增加美誉度

企业的社会形象很大程度上决定了用户的黏性与首选度，也会影响品牌的形象与口碑。

2）增强互动与沟通

微博是一个有效的公关平台。通过与对象的交互，公关目标才有可能达成。从这个角度看，微博是最适合做为网络公关的工具。

企业建立微博账号实施公关行为的过程，本质上是一种印象管理的过程，持续交互的过程有助于在目标用户内建立一种稳固、可信、拥有与品牌气质一致的形象。

3）品牌监控

微博公关的重要工作之一就是要进行产品与品牌的舆论监督，包括产品的基本信息、客户反馈、出现问题、解决问题等。

4）协助危机公关处理

在对企业品牌与口碑进行监控的同时，可能会有紧急与失控的状况，此种情况可能会引发品牌的舆论危机，在企业实施危机公关时，微博也成为越来越多企业澄清事实、改变形象的工具。

8.9.2　微博公关操作

企业一般以盈利为目的，它们是想通过微博来增加自己的知名度，最后达到将自己的产品卖出去的目的。企业微博公关时，应当建立起自己固定的受众群体，与粉丝多交流，多做建立形象的工作。

微博公关操作具体归纳以下七个方面

1）微博定制

（1）申请微博：①以企业名称注册官方微博，主要用于发布官方消息。②企业领袖注册微博。企业内部多个专家可以用个人名义创建专家微博，发表对于行业动态的评论，逐步将自己打造为行业的"意见领袖"。

（2）官方认证加"V"："V"是新浪官方的认证，是其账号权威性的保证，也是粉丝对于其账号信任的基础。

（3）微博模板设计：微博的模板背景尽量与自我品牌紧密联系。

（4）建立微群：微群是一个有共同点的微博账号的集合，建立微群有利于粉丝的团结与联系。

（5）建立微刊：新浪应用的"微刊"是一本属于自己的个性化刊物，博主可以自由地编辑许多有意思的内容来吸引更多的读者。

（6）设置标签：可以设置最符合自己特征的10个标签，如环保、文化、旅游等。设置合适的标签，将会极大地增加曝光率，那些对相关标签感兴趣的人，就有可能主动成为你的粉丝。

（7）提供客服：官方的客服可以个人名义创建微博，用来解答和跟踪各类企业相关的问题。

2）微博运营

微博运营大致有以下五个方面：

（1）内容制造。微博的内容信息尽量多样化，最好每篇文字都带有图片、视频等多媒体信息，这样读者才能具有较好的浏览体验。微博内容尽量包含合适的话题或标签，以利于微博搜索。发布的内容对于粉丝要有价值，才有利于传播。①原创微博撰写；②热点微博转发：根据当前的社会热点来进行微博内容的撰写和转发；③重点微博维护：微博需要勤更新，尤其是重点的微博账号。更新的速度降低，那么注度也会降低。

（2）为重大节日及活动进行模板设计：根据不同的节日与活动来进行模板设计，从视觉上辅助公关形象的形成，有利于产生立体的公关效果。

（3）精准筛选并寻找重点客户关注。

（4）实时抓取行业信息：通过微博来了解行业的信息，既为自身的信息积累打下基础，又增加了转发微博的信息价值与专业价值。

（5）实时追踪、分析行业竞争对手走向：知己知彼，方能百战不殆。

3）微博推广

微博只是工具，媒体本质上都是人际交流。微博内容制作出来后，需要有人转发，形成助力，需要积累微博上的人脉资源，最主要的转发方式有：草根达人转发、意见领袖转发、文化名人转发、人气明星转发。

4）微博活动

做活动是一种非常实用的方法，也是增加粉丝数最有效的方法。活动主要有三种类型：①同城活动：活动是针对特定地区的，可以是省份、城市、小区，内容包括聚会、促销打折、作品征集等。②有奖活动：需要设置奖品，包括奖品数量、中奖几率等。③线上活动：只在线上进行，形式包括晒照片、送祝福、测试等。

微博活动需要有系统的策划，具体步骤为：①前期主题活动方案策划；②后期活动信息发布搜集；③活动亮点转发、评论；④草根领袖微博转发；⑤明星红人微博转发；⑥活动信息关键词监控；⑦客户释疑、澄清、声明等。总体来说，微活动都应有结构性、系统化的实施策划，才能更大程度地保证活动的公关效果。

5）微博事件运作

组织制造一定的微博事件也是有必要的，事件话题可以与社会关注热点有关，甚至是具有争议的，引发别人的关注与转发，也可以达到大量曝光与增加粉丝的作用。

6）微博应用

现在微博的第三方插件越来越多，其中有一些插件是可以帮助组织增加粉丝的。除了微博的插件以外，网络上还出现了许多第三方软件，如互粉工具、互听工具等，这些插件都可以帮助我们快速增加粉丝。

7）信息监测与危机公关

微博可以作为信息搜集与检测的工具。它的具体功能有

（1）舆情监控：微博账号及站内负面监控；

（2）信息分析：微博站内热词监控及分析；

（3）竞品分析：同行竞争对手的监控；

（4）效果分析：评测微博对品牌提升和销售增长的影响；

（5）优化方案：优化微博的内容策划、互动方式、社交关系。

在信息监测的基础上，企业在无形之中形成了微博公关的防护系统，尤其是在应对危机的过程中，信息的监测与及时回复、事实信息的及时发布，以及与媒体、社会大众的沟通都有利于危机的化解与过渡，甚至转危为安，转危为机。

8.10 微信

微信是腾讯公司推出的，提供类似于Kik免费即时通讯服务的免费聊天软件。用户可以通过手机、平板电脑、网页快速发送语音视频、图片和文字。微信有提供公众平台、朋友圈、消息推送等功能，用户可以通过摇一摇、搜索号码、附近的人、扫二维码方式来添加好友和关注公众平台，同时，它还可以将内容分享给好友，分享到微信朋友圈。

8.10.1 概述

微信公关类似微博公关，是一种平台型工具，是一个基于用户关系的信息分享、传播和获取的平台，主体是政府、企业等公关主体，客体是使用微信的公众。所谓的微信公众，是社会组织或个人以微信为平台，进行信息传递、交流沟通、形象塑造、资源整合、并从而实现公关目的的一种行为。

微信的草根性很强，它广泛分布在桌面、浏览器和移动终端等多个平台上，多种商业模式并存，但无论哪种商业模式，都离不开用户体验的特性和功能。

1）微信公关的特点

（1）使用方便。

（2）使用门槛低。上手简单，发送方便。

（3）打破传统网络产品关系网，建立政府、企业、个人紧密的联系。

（4）信息传播快。不仅可由组织或个人对受众进行点对点推送信息，而且可以通过吸引受众使用其服务来达到受众自主获取信息的目的。

（5）获取信息多。通过人物、媒体、企业等进驻，使组织或个人在微信获取更多类型的信息。

（6）低成本。微信、微信公共号的申请都是免费的，维护也是免费的，而且维护的难度和门槛也非常低，不需要投入很大的人力和物力。

2）微信的基本功能

（1）聊天：支持发送语音短信、视频、图片（包括表情）和文字，是一种聊天软件，可支持多人群聊（最多40人，100人和200人的群聊在内测中）。

（2）添加好友：微信支持查找微信号、查看QQ好友添加好友、查看手机通讯录和分享微信号添加好友、摇一摇添加好友、二维码查找添加好友和漂流瓶接受好友七种方式。

（3）实时对讲机功能：用户可以通过语音聊天室和一群人语音对讲，但与在群里发语音不同的是，这个聊天室的消息几乎是实时的，并且不会留下任何记录，在手机屏幕关闭的情况下仍可进行实时聊天。

（4）朋友圈：用户可以通过朋友圈发表文字和图片，也可以通过其他软件将文章或者音乐分享到朋友圈。用户可以对好友新发的文字或图片进行"评论"或"赞"，用户只能看共同好友的评论或赞。

（5）语音提醒：用户可以通过语音提醒Ta打电话或是查看邮件。

（6）通讯录安全助手：功能开启后，可上传手机通讯录至服务器，也可将之前上传的通讯录下载至手机。

（7）QQ邮箱提醒：功能开启后可接收来自QQ邮件箱的邮件，收到邮件后可直接回复或转发。

（8）私信助手：功能开启后可接收来自QQ的私信，收到私信后可直接回复。

（9）漂流瓶：通过扔瓶子和捞瓶子来匿名交友。

（10）查看附近的人：微信可根据你的地理位置找到在用户附近同样开启本功能的人。

（11）语音记事本：可以进行语音速记，还支持视频、图片、文字记事。

（12）微信摇一摇：微信推出的一个随机交友应用，通过摇手机或点击按钮模拟摇一摇，可以匹配到同一时段触发该功能的微信用户，从而增加用户间的互动和微信黏度。

（13）群发助手：通过群发助手把消息发给多个人。

（14）微博阅读：可以通过微信浏览腾讯微博内容。

（15）流量查询：微信带有流量统计的功能，可在设置里随时查看微信的流量动态。

（16）游戏中心：可以进入微信玩游戏（还可以和好友比高分）。

3）微信服务

微信公众平台主要有实时交流、消息发送和素材管理。用户可以对公众账户的粉丝分组管理、实时交流，同时也可以使用高级功能——编辑模式和开发模式对用户信息进行自动回复。当微信公众平台关注数超过500人次时，就可以去申请认证的公众账号。用户可以通过查找公众平台账户或者扫一扫二维码关注公共平台。

微信网页版：通过手机微信（4.2版本以上）的二维码识别功能在网页上登录微信。微信网页版有和好友聊天、传输文件等功能，但不支持查看附近的人以及摇一摇等功能。

8.10.2 微信公关的操作

微信一对一的交流方式具有良好的互动性，在精准推送信息的同时更能形成一种朋友关系。基于微信的优势，企业或组织可借助微信这个平台开展客户服务与公关活动，许多企业或者组织也都尝试着以不同的方式来利用微信为自己的产品和品牌和品牌进行宣传推广、塑造形象。

1）查看"附近的人"

签名栏是腾讯产品的一大特色，用户可以随时在签名栏更新自己的状态。这样就有许多人利用签名植入强制的广告，也有一定用户可以看到。在新版微信5.0中，有一栏叫作"发现力"，里面有个"附近的人"插件，用户点击后可以根据自己的地理位置查找到周围的微信用户。

2）品牌活动式

随着微信用户逐月增加，不少大品牌也在尝试利用微信推广自己。其中，漂流瓶是商家看重的一个微信公关活动应用。

漂流瓶实际上是移植于QQ邮箱的一款应用，该应用在电脑上广受好评，许多用户喜欢这种和陌生人的简单互动方式。移植到微信后，漂流瓶的功能基本保留了原始简单、易操作的风格。

3）O2O（Online To Offline）折扣式

"扫描QR Code"这个功能原本是"参考"另一款国外社交工具"LINE"，用来扫描另一位用户的二维码身份，从而添加朋友。二维码发展至今，其商业用途越来越多，微信也就顺应潮流，结合O2O展开商业活动。

微信二维码，是含有特定数据内容、只能被微信软件扫描和解读的二维码。用手机的摄像头来扫描微信二维码，从而获得红人的名片、商户信息、折扣信息等信息。

据调查结果显示,在一线城市的一线商圈内,已有大概44%的手机用户装有微信终端。因此,随着移动互联网及微信的不断发展壮大,将有90%的用户装有微信客户端。

4)微信平台定制

(1)微信平台定制。申请微信公众平台有两种方式:①企业、组织、名人明星以自身的名称注册官方微信平台,用于群发消息给已关注的用户群。②用户可选择"订阅号"与"服务号"。

微信公众平台服务号,顾名思义,主要是为客户提供服务的。一般银行和企业用得比较多。其主要功能和权限有:①可以申请自定义菜单。②服务号一个月只能群发一条信息。③服务号群发信息的时候,用户手机会像收到短信一样接收到信息,显示在用户的聊天列表当中。

(2)官方认证加"V"。"V"是腾讯官方的认证,是其账号权威性的保证,也是粉丝对其账号信任的重要方面。但是微信公众平台的特点在于,其"V,"认证与微博挂钩,申请微信公众平台"V"认证需要新浪微博或腾讯微博"V,"认证,在此有一层隐形的筛选步骤,避免出现名不副实的情况。

(3)微信头像设计。微信公众号的头像尽量与自我品牌紧密联系,形成具有高标识度的Logo。

(4)设计功能介绍。微信公众平台的功能介绍是展示平台主要服务与理念的一段话,应当具有高度的概括性。

(5)用户收集与管理。收集用户有两种方式:第一是搜索微信号或微信公众平台名称,第二是扫描二维码。在拥有一定受众后,将其进行自定义分类,如按性别、地区、语言等,这样可以增加群发消息的针对性。

(6)提供客服。这里的客服是指人工服务,官方的客服通过登录微信公众平台查看实时消息,从而获得一些用户反馈,或者发现自身问题,从而形成与互动、解答和跟踪相关的问题。

(7)微信平台日常运营:①收集素材:微信平台的内容信息采集应尽量多样化并且做好细分,选取受众喜闻乐见或者重点关注的内容;这些内容对于粉丝要有价值,且可以引发其共鸣,利于传播。②素材管理:素材管理就是将素材编辑成为一期期的推送内容,一般以每次2~5篇为宜,重大事件可以单独一篇推送(注意:订阅号一天只能群发一次消息,服务号一个月只能群发一次信息)。每篇文字都必须带有图片、文字,同时可以选择视频类多媒体信息。③实时消息动态跟进:用户在向公众平台发送消息时,信息会进入后台,这时需要在线维护团队进行回复。常见的信息为纠错、提问、闲聊,需有选择、有顺序地回复。④重大节日或纪念日专题:每逢重大节日,或者与平台相关、与受众相关的纪念日,可以适时推出专题活动。⑤实时抓取数据,追踪分析运营走向:通过数据统计,了解实际用户情况,并且可以了解每期内容的阅读率,以便在内容方面进行改进。

5）微信活动

做活动是一种非常实用的方法，也是增加粉丝数量最有效的方法，分线上、线下两方面。

线上活动：活动内容只在线上进行，形式包括晒照片、送祝福、测试等。微信活动的执行只是冰山一角，因为每次活动都需要有系统的策划步骤：①前期主题活动方案策划。②后期活动信息发布。③活动亮点转发、评论。④草根领袖微信转发。⑤明星红人微信转发。⑥活动信息关键词监控。⑦客户释疑、澄清、声明等（微信内容，回复@及私信）。

总体来说，微信活动应有结构性、系统化的执行策划，才能更大限度地保证活动的公关效果。

线下活动：①电子优惠券：想要参与商家的打折活动必须有优惠凭证，商家可以在微信中利用回复链接和网页设计做电子优惠券，用户只有看到电子优惠券才能享受优惠。②电子会员卡：利用微信开发模式，制作电子会员卡。顾客使用时进行简单注册，顾客信息存入数据库，还可以根据需求进行电子积分，和店家实体活动相结合开展营销和公关活动。③CRM 系统：利用 CRM 系统记录顾客的使用和消费情况，对顾客的消费情况和需求、意见等信息进行科学合理的搜集和汇总，为营销和公关活动提供参考。

6）微信事件运作

制造一定的微信事件也是有必要的，事件话题可以与社会关注热点有关，乃至于是具有争议的，引发别人的关注与转发，也可以达到大量曝光与增加粉丝的效果，借助事件将自身的品牌特征与形象渗入受众的印象中。

7）微信应用

微信应用的功能主要有以下几方面：①微信墙：该功能用于线下活动现场互动（如宣讲会）。制作一个网页（墙）并被投影到活动现场的大屏幕上，微信公众账号关注者根据提示将所希望被公众看到的内容发送给公众账号，该内容就会实时更新到网页上。②网页游戏：利用强大的 HTML5 制作的网页游戏，只需一个链接就可以进行游戏。其缺点是若网速不给力，则体验效果差。③信息查询：和相应数据库链接，进行关键字回复的设置，提供特定内容的查询服务。复杂一些的可以与微博、人人、QQ 等账号相关联或进行简单注册，以查询更为私人的信息。④微信公众号加入"摇一摇"、"漂流瓶"等个人号的功能：微信公众账号本身是没有摇一摇"、"漂流瓶"等功能的，但是这些功能对微信公关来说是非常重要的。如一家饭店想拓展外卖业务，他们申请了一个微信公众账号并开发了只有个人号才有的"向周围人发送信息"这个功能，使用后成功获取了大量外卖订单。这些功能可以利用开发者模式开发。

8）数据分析和危机公关

微信与微博类似，不仅可以用做信息发布，同时也可以作为信息的分析工具：①数据监控：微信后台用户数量走势以及内容阅读率。②数据分析：微信热点内容及分析。③受众分析：受众构成要素分析。④优化方案：优化微信内容的互动方式、组织与个人的社交关系。

在信息监测的基础上，企业在无形之中形成了企业微信公关的防护系统，尤其是在应对危机的过程中，信息的监测以及及时的回复，事实信息的及时发布以及与媒体、社会大众的沟通都有利于危机的化解与过渡，甚至转危为安，转危为机。

8.11　播客

以智能手机和平板电脑为主要媒介载体的移动终端技术的高速进步，孕育、产生并普及了新型的传播方式——播客。播客凭借其自身传播内容的丰富性，传播途径的广泛性，民众参与的便利性和相对较低的制作门槛等优势，成为人们生活、娱乐甚至企业营销、公关的重要途径和手段。

播客作为目前重要的传播方式，其产生和发展的时间并不长。2004年下半年，播客才开始在互联网上流行，并用于发布音频文件。而其产生与发展离不开苹果公司的崛起和苹果iPod便携式音乐播放器、iPhone手机、iPad平板电脑等产品的迅速普及，其应用商店中的播客podcast和itunes（包括客户端itunes）也为播客广泛传播提供了必要的传播载体。

8.11.1　概述

播客公关是通过微视频等形式，结合门户网站、论坛、社交网络以及视频分享平台开展公关活动，以树立、维持或转变公关主体的形象，提高知名度和公信力，以达到公关主体的公关目的。

随着时间的推移、技术水平的提高和市场需求的不断扩大，播客也从单纯的网络电台、音频分享发展到现在的音频、视频等多种形式，尤其以时间相对较短的微视频为主要形式。产生于2005年的YouTube，现在已经成为全球最大的视频分享网站。同时，类似的视频分享网站的成功也体现了播客的巨大市场和作为公关重要手段的有效性。

互联网的普及让人有更多的机会接触网络，而内容丰富、形式多样、充满创意、贴近生活、实用易懂的简短视频就成了现代人生活中不可或缺的一部分。同时，随着手机功能的不断优化和完备，拍照、拍视频上传分享成了主流手机的必备功能，而手机也早已成为人们生活必不可少的一部分。会声会影、PE等视频制作软件的功能强化，使用更简单，操作性更强，也为民众参与微视频的制作提供了必不可少的工具。

8.11.2　播客公关操作

常见的基本方式主要有微视频征集、公益宣传、广告形式的播客公关、现场活动视频（片段）分享等。

1）微视频征集

微视频征集是指公关主体借助互联网平台发布征集信息，吸引目标受众关注并参与，以达到特定公关目标的网络公关活动。微视频征集的内容根据公关主体自身特点和可行性等条件，往往范围较为广泛。

在微视频征集过程中，可以吸引目标受众群体，达到良好的传播推广效果；同时，征集结束后，征集成果的发布与展示也为公关主体和承办方赢得了更多"曝光"的机会。所以，微视频征集需要公关主体结合承办方或合作方进行广泛的推广，同时对于承办方的选择也是公关目标达成的重要因素，两者需要找到活动本身的公共结合点。

微视频征集策划流程：①公关目标确定。公关目标是公关活动的主旨，由于目前网络公关往往涉及的不仅仅只有公关主体，还有承办方，因此在征集活动开展前，需要根据双方的特点确定合理的公关目标，以便有效地开展公关活动。②目标受众定位。受众群体的定位直接影响着网络公关成功与否。③播客平台的选择。以播客作为公关形式，往往需要较大的宣传范围，所以需选择合适的传播平台以达到预期的公关目的。选择播客平台要注意传播内容的特点、公关主体及产品的特征、传播平台本身的定位和风格、传播平台的权威性、传播的广泛性等内容，因为它们会直接影响最终公关效果的达成。④平台搭建。播客是一种参与度极高的传播方式，而播客征集更是利用播客本身参与度高的特点而达成公关目的的，所以征集平台直接影响着公关传播的效果和最终公关目标的达成。⑤活动内容。由于传播内容的丰富性和参与主体的广泛性，往往会出现不同层次、不同特点的微视频，因此在征集活动内容上，需要对参与者征集内容的作出规范要求，包括紧贴主题、符合活动原则、充满创意、符合主流正确价值观、与时代特点结合紧密、突出形象等，同时需要设定相应的奖励，并对可操作性进行全面分析，以符合公关主体的形象。⑥活动的开展。因为征集活动具有持续性，所以对于播客征集开展之后的成果展示就显得尤为重要。

在征集活动的开展过程中，要注意以下几点：①宣传要从开始持续到结束，并借助合适渠道，在受众群体中尽可能地做到满足最大的覆盖面。形式可以多种多样，包括门户网站、微博、SNS社交网络、聊天群内部分享、播客分享网站等；有时也可以结合实体的宣传媒体，包括电视、海报、现场活动、广播等。②要保证活动的公平性。③由于参与群体范围广，人数较多，因此在选择合适的播客平台后，要注意对平台的维护，无论是搭建相关的新网站还是开辟相应窗口，网站的维护工作会直接影响用户体验。④对成果的发布和后期成果的宣传要到位。征集活动参与群体大都希望自己的成果能够得到更多人的关注，所以应及时发布参与成果；征集活动结束之后的宣传活动也是必不可少的。

2）公益宣传

公益活动是社会发展和经济发展的产物。在人们对公益事业需求日益高涨的同时，通过播客微视频的公关方式不仅能达到公益宣传的目的，而且也很好地满足了公关需求。

公益活动在播客技术和内容不断发展和丰富的今天，不仅要通过不同内容的微视频、微电影，满足公益宣传的需要，而且要建立公关主体的人文关怀形象，以相对较低的公关成本，满足公益目的，以更加有效地实现公关目的。

公益宣传基本流程：①明确公关目的。②根据公关主体或其产品找到相关特点，确定公益主题。公益主题要在公关受众中具有广泛的共鸣性和适应性。公益宣传要能达到唤起人们对特定群体或事件的关注，引起人们的共鸣，达到使受群体有出一份力的欲望的效果。③传播平台的选择也尤为重要，在网络宣传的同时，一般也伴随传统媒体的辅助宣传。④因为公益宣传的特殊性，联合政府、公益性非政府组织和其他合作组织会让公益宣传的影响力更大，同时成本降低。⑤最终通过公益宣传活动，把信息传达到受众群体，完成公关和公益的目的。

公益宣传基本形式：①公益短片征集。公关主体通过互联网发布以公益事业为主题的短片征集活动，在互动中和活动后对于优秀作品的宣传不但能够达到公益目的，还是公关主体人文关怀和公益心的体现，有助于树立公关主体的良好形象，达到改善组织内外环境的目的。②名人宣传。名人凭借其公众人物的身份和影响力，通过公益组织或由名人建立的公益慈善组织，容易引起社会公众的注意，公益目的更容易达到，同时这也是名人或公益组织树立公关形象的良好契机。③网络公共媒介宣传。公益事业往往要表达一种关怀或要人们对某个群体引起关注，而播客的形式可以通过最短的时间传达出尽量多的信息。网络公共媒介的宣传往往可以通过短片的形式更快地传达公关主体目的。

3）广告形式的播客公关

广告形式的播客，一般由公关主体官方发布。发布的渠道一般多集中在微博、视频分享网站、SNS社交网络和官方主页，通过网友的分享、转发而取得较高点击率，在广而告之的前提下，明确体现公司的定位，树立并巩固公司的形象。在广告内容上，更多的是通过一些事例，以产品的卖点、公司的定位等为基点，结合实体案例或事件，以加强说明公关主体的公司形象、定位以及产品特色等。

4）现场活动视频

现场活动视频的分享一般根据某特定或非特定的实体现场活动，通过对于现场活动全程或部分情况的录制，用相应的媒介，如微博、SNS社交网络、门户网站、视频分享平台等，从某个特定角度或几个侧面，结合现场效果来宣传，以达到宣传现场活动并实现公关目标的目的。现场活动视频的分享和传播，往往是依据某些特定活动，从一个或几个角度进行正面或侧面的描述，并通过对现场情况相对真实的反映，结合现场观众的反响，配以具有导向性和吸引力的标题，以更好地实现公关目的。

以现场活动视频的方式做公关，需要注意活动本身的成功度、影响力、亮点出彩度、群众反响性和选择角度，另外视频的拍摄也是不可忽视的部分。所以，首先，需要根据需求和现场活动反响，判断是否符合网络播客公关要求；其次，如果符合条件，要选择合适方式，一般来说，以官方身份传播和以普通参与者身份传播效果会有不同。以普通参与者身份的播客和官方播客，在内容相同的情况下，前者会更容易被大众所接受。但是，以官方身份发布的视频会有较为全面的概述和介绍，所以两种可以结合起来使用，以满足不同群体，实现较好的效果。之后，要选择合适的平台发布，一般需要结合微博和SNS社交网，如果选择发布的身份较为大众化，那么选择平台也需要相对大众化，官方视频可以在官方主页，或在视频分享平台、微博和SNS社交网络，或论坛以官方认证的身份发布。

需要注意的是：①现场活动的选择要有代表性，将现场效果或网络传播评估效果好的现场活动作为发布内容；②需要考虑材料选择角度、拍摄手法、内容选择性，尽量选取有代表性的，具有说服力的，并且现场反响较好的片段；③发布时，标题醒目具有引导性和概括性；④力求播客（微视频）内容的真实性，尽量真实反映现场情况。

8.12　网络公关策划

网络公关策划属于网络公关活动中的最高层次，是网络公关价值的集中体现，公关主体的公关活动是连续不断的过程，网络公关策划是网络公关活动的核心和公关行业竞争的必胜法宝。

8.12.1　概述

网络公关策划，是指公共关系人员根据企业形象的现状和目标要求，分析现有条件，并结合现代网络技术的优势，谋划并设计网络公关战略、网络专题活动和具体的网络公关活动的最佳行动方案的过程。

网络公关策划的基本目标是使企业或者组织通过互联网这一媒介来成功实施相应的公关策划，以塑造企业或组织的理想形象，提升企业或组织的知名度、美誉度和首选度。其最终目的是为了使企业或组织得到最大化的利益回报。

网络公关策划的主体是企业或者专业的公共关系公司。一些大型的企业会有自己的公关部门，这些公关部门会负责企业的公关活动策划；而其他一些公司则会选择专业的公关公司来负责自己的网络公关活动的策划。

网络公关策划应用的传播媒介主要是互联网。媒介平台大致有以下几个方面：搜索引擎、网络新闻、互动问答、BBS论坛、博客、微博、播客、微信、IM、SNS。

网络公关策划的客体是网络公众。我们要针对公众的兴趣爱好来进行相应的策划，也就是所谓的"投其所好"，才能取得公关活动的最佳效果。在一定程度上，策划也需要利用公众猎奇的心理，我们要尽最大可能去吸引观众的眼球，为公关活动收到良好效果打下坚实的基础。

网络公关策划帮助一个企业建立并维持它与网络公众之间的相互沟通。

公关策划的目的就是要加大组织的宣传力度，树立良好的组织形象，提高组织的美誉度。

网络公关策划必须符合策划的有效性、目的性、计划性以及连续性的原则。

网络公关策划可以增强公关工作的有效性。通过精心策划、科学设计，才能确保公关目标、对象的准确性。网络公关策划的核心就是解决三个问题：寻求传播沟通的内容和公众易于接受的方式；提高传播沟通的效能；完善公共关系体系。

8.12.2　网络公关策划构成要素

网络公关策划是为了逐步实现公关活动的目标，在网络公关活动实施之前，组织找出需要解决的具体公关问题，分析比较各种相关因素和条件，遵循科学的原则和方法，运用已有的经验和知识，充分发挥自己的想象力、创造力，确定公关活动的主题和方法策略，并制定出最优活动方案的过程。

进行网络公关策划活动，首先要了解构成网络公关策划的基本要素：策划者、策划依据、方法、对象、策划效果测定和评估。

1）网络公关调查

网络公关调查是成功策划的基础，它为组织树立形象、制定网络公关战略的决策提供科学依据。组织制定公关战略，需要了解社会政治、经济、文化等环境因素的特点及发展趋势，需要把握组织自身的实际情况来实事求是地规划公关目标，还需要进行周密的调查研究。对于一个企业或组织来说，进行一次调查需要花费相当大的人力、物力和财力，因此，每一次调查都应尽可能获取更多的信息。

网络公众的心理，即网民的偏好、认知、态度、情绪等基本的心理倾向。

主要竞争对手信息，即主要竞争对手的产品信息、销售信息、广告信息和已有的网络公关策划信息。

政策法规，以确保即将进行的策划在政策法规许可的范围内。

公司或组织内部状况分析，即明确公司或组织内部的资源状况和制度建设是否可以满足将要进行的公关策划活动。

公关活动平台调查，即在策划之前要对可能选择的互联网平台进行熟悉，看其是否适合开展公众活动，是否存在隐患。

2）网络公关目标

网络公关策划目标是成功策划的必要条件，公关目标须是可测量的。一个有用的目标应该是这样的：活动前你应该先测出现在支持你的计划的人数，然后开展一个可以让你测量最后的增加率的公关活动。至于使用何种方法取决于多种因素，包括公众、媒介以及结果。

3）网络公关的策划者

策划者是成功策划的核心。公关策划者是网络公关活动的创意者和组织者，对整个公关策划的成败起着决定性作用。

策划人员应具有：诚实、守信、正直、守法的高尚的品德；宽广的知识面和深厚的人文积淀；基本的专业技能，包括组织能力、交际能力、口语能力、写作能力和创新能力。

4）网络公关策划对象

网络公关策划的对象是成功策划的重要保证。网络公关活动不可能面对所有的公众，而应该有所选择，这就与公关的目标紧密相关。每个公关活动都有自己特定范围的公众，但不是每一次公关活动都针对组织的所有公众。一个企业在不同时期内会面临不同的公众，因此，进行网络公共关系策划首先应对企业此时期所面临的公众加以区分和明确，才能使策划出来的公共关系活动有的放矢地进行。

5）网络公关策划方案

策划方案是策划过程的书面体现，也是策划的最终表现形式。一个好的策划方案能够吸引客户和领导。策划方案的灵魂是创意，方案应尽可能简洁，减少文字叙述而较多采用图表、照片以及音频、视频等媒体形式，以使方案看起来更加直观、生动。一个完整的策划方案应包括以下几个部分：①设计活动主题；②设计具体活动项目；③选择行动时机；④确定大众传媒。

6）效果评估

对网络公关策划效果的评估是成功策划的最后一个环节。一般而言，策划的效果在短期内较难评估，这里所讲的评估特指网络公关活动结束后，在短期内对网络公关策划方案的创意、文案的评估与测量。这种测量一般有两种方法：一是定性的方法，即通过对非量化的结果进行评价，如调查网络公众对此次网络公关活动的主观感受；二是定量的方法，即通过对量化的结果进行估算，如在网络公关活动完成后，统计网络公众对组织的了解度、好评度等。

8.12.3 网络公关策划原则

1）实事求是原则

实事求是，不仅是传统公关策划必须遵守的最基本原则，更是策划最重要的原则之一。在策划网络公关活动时，主要体现在以下三个方面：首先，策划必须建立在对事实真实把握的基础上；其次，要以诚恳的态度向公众如实传递信息；最后，要根据实际的变化来不断调整策划的策略和时机等。

2）系统原则

网络公关策划中，应将整个公关活动作为一个系统工程，按照系统的观点和方法予以谋划统筹。整个公关活动要有一个明确、鲜明、统一的主题，同时使受众能通过整个公关活动更好地了解这个主题。

3）创新原则

互联网不仅给企业提供了更快捷方便的传播媒介和更大的展示平台，同样还向网络公众提供了更加丰富的信息资讯。因此，网络公关策划必须打破传统，不能拘泥于大众已经熟悉的方式手段，要不断地创造出别出心裁的方法来吸引公众的眼球，还要在公关活动的内容上推陈出新，使网络公关活动保持其互动性、趣味性、新颖性，从而给公众留下深刻而美好的印象。

4）弹性原则

由于公关活动涉及的不可控因素很多，任何人都难以把控，留有余地才可进退自如。

5）伦理道德原则

社会道德准则也是网络公关策划必须遵守的重要原则之一。我们一定要严格遵守伦理道德规范，并且要自觉担负树立公关榜样的责任。遵循此原则的核心是，网络公关从业人员要不断提高自身的社会道德素养。组织对公关活动及其策划与从业人员行为的道德要求日趋严格。

6）洞察网络公众的心理原则

作为网络公关活动的策划者，只有更好地洞察网络公众的心理，才能将网络公关活动策划得迎合人心，吸引更多网民和舆论媒体的注意，从而达到更好的公关效果。

7）效益原则

为了达到效益的最大化，公关人员要在保证策划活动能完满地实施且达到理想效果的前提下，以相对较少的公关活动费用，取得更佳的公关效果。

8.12.4 网络公关策划的方法

网络公关策划的方法很多，这里介绍几种常用的方法。

1）创造性思维

企业的公关人员应具有一定的创新思维能力，以确保能策划出独特、新颖的活动方案。因此，创造性思维是公关人员必备的基本素质。常见的创造性思维方法有：①特尔斐法，又称专家意见法，是一种反复征求意见的策划方法。它要求组织将策划的主题内容、目标、要求一并寄给策划者，请其独立完成一个方案，限期收回，再由人专门整理后，以不公布姓名的方式将其寄给专家，继续征询意见。经过几轮如此反复，直到意见趋于一致时为止。②头脑风暴法，又称脑力激荡法、畅谈会法，是1939年由美国BBDO广告公司经理奥斯本创立的一种集体策划方法。它是通过一种特殊的小型（5～10人）会议，按照一定的规则和程序，在轻松融洽的气氛中，使与会者毫无顾忌地提出各种想法，面对面地互相激励，引起联想，导致创造性设想的连锁反应，从而产生众多的创造性设想。③灵感诱导法。灵感是一种突如其来的创造性思维的成果，其产生往往要靠外部诱因的出现，即当外部的诱因与个人头脑中隐藏的某个知识信息点相结合时，就会产生灵感，而这种灵感往往会带来好的策划"点子"，从而设计出好的方案。④逆向思维法。网络公关需要策划人员与一般人思维方式不同，善于运用反向思维方法来思考问题，以找到出奇制胜之道。

2）策划新闻

策划新闻，是指组织的公关策划人员经过事先的精心谋划，设计出一起能引起巨大轰动效应的事件，从而吸引媒介和舆论的关注与报道。

8.12.5 网络公关策划的程序

网络公关策划是一项系统工程，它包含许多内容与步骤。一般而言，网络公关策划有以下几个步骤：

1）综合分析，寻求依据

公关人员进行公关策划的第一步，就是综合分析在网络公关调查中收集的信息资料，对企业进行诊断，认识问题。

2）确定目标，制订计划

所谓网络公关目标，是网络公关策划所追求和渴望达到的结果。目标规定网络公关活动要做什么，做到什么地步，要取得什么样的效果。网络公关目标极为关键，它是网络公关全部活动的核心，是网络公关策划的依据，网络公关工作的指南，评价网络公关效果的标准，提高网络公关工作效率的保障，也是公关人员努力的方向。

确定了网络公关目标，便可制订具体的网络公关计划。一个完整的网络公关策划方案应包括以下几个方面。

（1）目标系统。网络公关目标不是一个单项的指标，而是一个目标体系。总目标下有许多分目标、项目目标和操作目标。长期目标要分解成短期目标，总目标要分成项目目标、操作目标，宏观目标要分解成微观目标，整体形象目标要分解成产品形象目标、职工形象目标、环境形象目标等。

（2）公众对象。任何一个企业都有其特定的网络公众对象，确定与企业有关的网络公众对象是网络公关策划的首要任务。只有确立了公众，才能选定需要的网络公众人才、网络公关媒介及网络公关模式，才能将有限的资金和资源科学地分配使用，减少不必要的浪费，以取得最大的效益。

（3）选择网络公关活动模式。公关活动模式多种多样，不同的问题、不同的公众对象、不同的企业都有相应的网络公关活动模式，没有哪一种网络公关活动模式可以解决所有问题。究竟选择哪一种网络公关活动模式，要根据公关的目标、任务、公关的对象分布、权利要求，具体确定。常见的公关模式有以下几种：①交际型公关模式。微博、博客、播客都是交际型公关的范例。②宣传型公关活动模式。微博、官方网站、网络活动赞助、网络广告都属于这种模式。③征询型公关活动模式。这是以民意测验、舆论调查、搜集信息为活动模式，目的是为组织决策咨询搜集信息。④社会型公关活动模式。这种模式是通过开展各种社会福利活动来提高组织的知名度和美誉度。⑤服务型公关活动模式。它主要通过提供各种服务来提高组织的知名度和美誉度，如网购指导、网上售后服务、网上咨询培训等。⑥进攻型公关活动模式。这是在企业与外界环境发生激烈冲突，企业处于生死存亡的关键时刻采用的以攻为守、主动出击的公关活动模式。⑦防御型公关活动模式。企业的公关部门不仅要处理好已出现的公关纠纷，还要预测、预防可能出现的公关纠纷。如及时向决策部门反映外界的批评意见，主动改进工作方式等举措。⑧建设型公关活动模式。如开通官方微博，发布周年庆典视频等活动，都着眼于组织知名度的提高。⑨维系型公关活动模式。这种模式一方面通过开展各种优惠服务来吸引公众再次合作，一方面通过传播活动把企业的各种信息持续不断地传递给公众，使企业的良好形象始终保留在公众的记忆中。⑩矫正型公关活动模式。这是一种当企业遇到风险或企业的公共关系严重失调，企业形象发生严重损害时所采用的一种网络公关活动模式。

（4）确定网络传媒。网络媒介的种类很多，各种传播媒介各有所长，亦各有所短，只有选择恰当的传媒，才能取得良好的效果。

（5）确定时间，即制订一个科学的、详尽的网络公关计划时间表。公关计划时间表的确定，应和既定的目标系统相配合。对活动的起止时间，公关人员要独具匠心，抓住最有利的时机，以取得事半功倍的效果。

（6）确定网络平台，即安排好每一次活动的网络平台。每次网络公关活动要与哪些网站合作，用什么形式使网民眼前一亮，都要根据网络公众对象的人数多少、完成公关项目的具体内容以及企业的财力来预先确定好。

（7）制订公关预算。获取最大的社会效益和经济效益，组织就要对公关活动进行科学的预算。编制公关预算，首先要清楚地了解组织的承受能力，做到量体裁衣，还要监督经费的开支情况，评价公关活动的成效。

3）分析评估，优化方案

经过认真分析信息情报，公关人员确定了网络公关策划的目标，制订了网络公关行动的方案。但这些方案是否切实可行，是否尽善尽美，就有赖于公关人员对方案的分析评估和优化组合。

方案的优化可以从三个方面考虑，即提高方案的可行性、增强方案的目的性、降低经费开支。

常见的方案优化法是综合法，即将各种方案加以全面评估，分析其优点和缺点，然后将各方案的优点移植到被选上的方案中，使被选上的方案好上加好，以达到优化的目的。

4）审定方案，准备实施

网络公关策划经过分析评估、优化组合，最终形成书面报告，交给企业的领导决策层，以最终审定决断，准备实施。任何网络公关策划方案都必须经过本企业的审核和批准，使公关目标和组织的总目标一致，以便使组织的公关活动和其他部门的工作相协调，从而得到决策层和全体员工的积极配合与支持。

策划方案一经审定通过，便可组织实施。

8.12.6　策划书设计

策划书（或称公关文案），是依附于不同的网络媒体而设计的，不同的网络媒体所适应的文案环境是不一样的。要把最需要的文案安排在最合适的媒体，才会产生效应。公关文案的书写要有连贯性和一致性。策划书应该涵盖如下要素：

1）活动背景

背景分析：这部分主要目的在于就公关传播中存在的问题进行陈述与分析，并阐明公关计划的首要目标。背景分析包括目标受众、最新调查结果、企业立场、行业发展历史，以及要实现既定目标需要克服的障碍等。

2）项目策划书

背景分析之后是公关项目策划书的制定，这将为我们有效解决问题提供一个大的框架。这部分主要是从战略角度对策划案进行阐述，内容包括实现传播目标所必须采取的方法。

每一份公关策划案的内容都不尽相同，但通常情况下，它应该包括以下几部分：

（1）任务实施范围和目标：对任务性质的描述，明确项目要实现的目标是什么。

（2）目标受众：明确目标受众群体，并根据某一标准将其分成几组，以便于管理。

（3）调研方法：明确将采用的具体调查手段。

（4）主要信息：明确主要诉求。在确定诉求之前，不妨先问自己这样几个问题：①我们想向受众传递什么信息？②我们希望他们对我们产生怎样的看法？③如果他们收到了我们的信息，我们期望他们做出什么样的反馈？

（5）传播工具：从战术意义上，明确计划采用的传播工具，如发布微博、开设网络专栏、开辟网络聊天室。

（6）项目组成员：明确参加本项目的主要管理和工作人员名单。

（7）计时与收费标准：项目进展阶段划分和完成日期，以及每阶段的成本预算。

3）实施方案

第三步是将前面的战术进行激活处理。这里涉及对每个相关活动实施情况的具体描述，其中包括所有参与其中的人员名单和工作安排，尤其是最终期限和活动目标。至关重要的是，这部分要对每个活动的时间要求和预算进行最真实而详尽的监控和评估，为后期跟踪提供参考依据。在项目进行过程中，如果有突发事件发生，也应该随时对相关因素进行更正与补充。

4）效果评估

这是最关键的部分，即根据事先的预测，对整个公关过程进行绩效评估。这时，我们的主要任务就是为下面的问题提供答案：

（1）本项目是否有效？

（2）哪部分获得的效果最佳？哪部分效果最差？

（3）活动的实施是否严格按照我们策划书内容进行？

（4）受众对我们工作的认可度是否令人满意？

（5）最重要的是，活动结束后，社区、消费者、管理层或更广泛意义上的公众，是否像我们最初策划时所期望的那样，对我们的态度有所改观？

案　例

千万点击下的直面沟通
潘石屹博客推广案

项目主体：SOHO中国有限公司

项目执行：智扬公关顾问机构

项目背景

潘石屹作为SOHO中国有限公司董事长，借助于企业新闻发布会、接受媒体专访、参加企业高峰论坛等活动的频繁出席，以及纸媒、户外广告等多种营销方式，在地产业界的影响力已无可置疑。

2005年，由于中国房地产行业宏观政策调控因素的影响，整个地产行业处于低迷状态。不利于房地产商进一步发展的政策接踵而至，SOHO中国的地产销售也因此受到了影响。同时，房地产开发商在公众眼中也成了"暴利"、"不诚信"的代名词。面对宏观调控环境的影响，面对房地产开发商负面形象的不良状况，如何在SOHO中国成立十周年之际，进一步提升企业品牌形象、拓宽市场、促进项目发展和销售，成为亟须解决的问题。

项目调研

伴随着Web 2.0时代的到来，博客作为一种新型的互联网应用开始进入主流。为了考量博客这一崭新媒体形式的发展前景及对树立SOHO中国品牌形象的正面推动力，我们进行了大量详尽的调查，紧紧围绕如何深入挖掘其潜力以及如何实现其正效应最大化这一核心问题，开展研究和部署。

1）传播的价值

随着网络社区服务和博客服务的逐渐推广，2005年，国内各门户网站，如新浪、搜狐，也加入了博客阵营，开始了博客迅猛发展的新时代。

从博客的特点来看，博客是私人性和公共性的有效结合，它不仅仅是纯粹个人思想的表达和日常琐事的记录，它所提供的内容可以用来进行交流和为他人提供帮助，具有较高的共享价值。

另外，相对于传统的媒体而言，博客是一种方便的、个人化的、即时性很强的网页，可迅速、便捷、有效地将潘石屹对于地产行业、社会热点的观点加以再次传播，在不断扩大个人影响力的同时，带动企业品牌形象的提升。

2）传播的机遇

新浪作为第一门户网站，在认知度、传播力上都有较强的优势。为了进一步提升博客频道的影响力和知名度，网站力邀了一批在各个行业中具有较强影响力的公众人物在新浪开设博客，通过新浪自身的影响力与公众人物的高关注度，齐力打造新浪博客频道。

由于潘石屹在地产业界的影响力，其受关注的程度已经达到一定的量级，其所擅长的地产业也正是公众关注的焦点。在这个时期，潘石屹也充分意识到博客可能会为SOHO中国带来的新机遇。双方一拍即合，他加入了新浪博客名人开博的阵营，开始探寻新的网络营销形式。

3）传播的挑战

随着博客的迅猛发展，在浩如烟海的博客阵营中，潘石屹的博客被渐渐淹没其中。开启前几个月，单篇博客访问量大部分在1万~2万的量级，最高不超过5万，关注度和影响力有限。博客作为一种新的传播形式，如何为SOHO中国的领导人形象和企业品牌形象的传播发挥最大效应，以及如何提升博客的关注度和影响力，增加访问量，成为推广的新课题。

4）传播的可行性

（1）博客作为一种新的媒体形式，代表着一种时尚，与SOHO中国的"时尚"品牌形象不谋而合；

（2）博客是私人性和公共性的有效结合，而借助博客的传播，也同时提升潘石屹本人形象和其领导的SOHO中国的公众品牌形象；

（3）博客具有深度沟通性和互动性，潘石屹希望借助这种平台，将其观点与公众进行交流；

（4）博客作为网络的应用，传播具有及时性和广泛性，与SOHO中国在品牌传播上希望达到的覆盖面广、传播速度快的公关目标需求相吻合。

项目策划

面对互联网进一步发展，博客成为主流应用的契机，如何利用这种新的传播形式，深度挖掘其潜力，最大化地发挥正面效应，带动SOHO中国的公关推广，成为企业面临的课题。

1）公关目标

潘石屹个人博客的推广，一方面是提升其个人在业内的话语权，并扩充其在行业外的知名度。通过传播其业界观点、社会热点评析、生活方式等，打造其社会主流价值观的个人形象；另一方面通过宣传潘石屹企业领导人的形象，带动SOHO中国的品牌形象，加强企业的知名度与美誉度，促进项目的销售和发展。

（1）抢占制高点，树立业界话语权。在博客的新传播阵地上，房地产业界的话语权还处于处女地的状态。在这片新土壤上，谁夺取制高点，谁将占有先发的优势。潘石屹和其领导的SO-HO中国，一向处于行业领军者的地位，并且具有不断尝试新事物、引领时尚潮流的企业特质，因此在争夺博客这个崭新的宣传阵地上，潘石屹当仁不让。

（2）突破房地产行业局限，打开潘石屹个人和SOHO中国行业外的知名度，提升美誉度。通过博客对各类话题的传播，扩大潘石屹在行业外的知名度；通过对企业领导人形象的有力打造，带动SOHO中国的品牌知名度和美誉度。

2）公关策略

（1）新媒体和传统媒体之间形成舆论共振，产生最大效果。博客传播通过新浪博客网刊发—纸媒传播—核心网站转载—其他网站再转载的形式，在新媒体和传统媒体之间形成呼应，即博客在新浪博客频道第一时间刊登后，沟通中央、地方的核心纸媒刊发重点推荐文章，再通过新浪、搜狐等核心网站予以转载，最后借助核心网站的覆盖力和辐射力，影响其他网站的二次转载，以滚雪球的方式达到最大化的传播范围。

（2）关注社会热点，创造行业话题，引发业界和公众关注，促进互动。博客重点关注房地产话题，阶段性地抛出对行业政策、市场动向的观点，提升潘石屹在业界的话语权，披露企业发展的进程，塑造优秀企业品牌形象；兼顾社会热点话题，引发公众关注，扩大其行业外的知名度；凸显建筑、慈善、信仰等潘石屹擅长的生活话题，彰显其社会主流价值观人士的形象。

（3）打破行业疆界，塑造一种丰富的多元化的企业领导人的形象。博客话题可覆盖各层次、各行业、各领域，因此，博客的推广需要遵循博客自身的特性，让话题丰富、多元，展现一位成功的企业领导人，一位具有社会影响力、社会责任感的公众人士，其广博的视野、专业的知识体系、深邃的思考理念，打破行业疆界，被社会各界广泛接受和高度关注。因此，应结合博客的特质进行公关传播，塑造多元化的成功的公众人物形象。

（4）传播主导，兼用各方资源。博客整体传播以文章推荐为主要形式，兼顾其他公关手段。如户外广告、出版书籍、网友互动等，凡是有助于博客传播的渠道都酌情考虑运用。

（5）中央为主，重点影响区域城市为辅。博客传播，除了提升个人形象，还需带动品牌形象，以及推进项目的销售。因此，潘石屹博客在中央、北京媒体推广的同时，覆盖上海、广州、深圳地区一级城市，以及山西、山东的重点销售区域，传播观点和见解，引起关注和扩大影响。

项目执行

明确目标、有序规划是传播的重要部署，适时调整战术有助于结合博客的发展动态，取得策划实施的最后成功。

传播内容：

1）行业话题

（1）2006年5月9日，《希望中国的房地产行业不要成为"狼孩"》。

博客访问量：149 139。

此时，正值房地产宏观调控一周年之际，"囤房禁售"、"禁止民宅商用"的政策又相继出台。自2005年年底SOHO中国宣布转型商业地产，经过4个多月的时间已经成功转型。虽然SOHO中国已不受该类政策的影响，推广该篇博客，却体现着其行业责任感。

（2）2007年1月10日，《风起云涌后面的风险》。

博客访问量：146 940。

此时，"个人合作建房"成为公众瞩目的话题，潘石屹应中央电视台《对话》栏目邀请，作为嘉宾参加此话题的探讨。央视作为重量级媒体邀请潘石屹的出席，可见潘石屹在行业内的地位。

（3）2007年2月8日，《年前再谈房价》。

博客访问量：334 053。

新浪首页、搜房首页、和讯房产、腾讯财经首页挂出文章链接，点燃了与《上海证券报》编辑时寒冰的网络口水大战，这场"潘时之争"历经数度交锋，持续一个多月。潘石屹坚持认为供求关系失衡推高了房价，2007年房价还将上涨；时寒冰则痛斥"潘石屹竟然如此忽悠房价"，认为老潘散布虚假信息，把房价忽悠高了。业界人士也开始卷入其中，一向以敢说话、说实话著称的任志强，在此次峰会上，力挺老潘。潘石屹的业界影响力已毋庸置疑。

3月7日，SOHO中国召开发布会，宣布通过土地转让的方式以数十亿元拿到位于三里屯的一块开发土地，与博客的观点呼应，看好中国未来的房地产市场。

2）企业话题

（1）加强公司内部凝聚力，鼓舞员工士气。

2006年12月23日，《我的2007年贺信——发给朋友们、客户们的2007年贺信》。

博客访问量：109 892。

通过此博客，总结了2006年SOHO中国的业绩并展望公司2007年的发展，体现了公司的团结性以及良好的企业文化。

（2）有效缓解项目危机。

2007年7月26日，《SOHO尚都还是一个刚出生的婴儿，需要大家共同呵护》。

在SOHO尚都出现危机状况时，通过推广该博客与客户交流，并告知公众SOHO中国的态度和观点，缓和矛盾，减缓事件的尖锐化。

（3）提高企业诚信度。

2006年9月2日，《我们最看重的是纳税榜》。

SOHO中国荣列2005年纳税榜五百强，，也是北京唯一的地产上榜企业。推广的博客内容，粉碎了媒体关于"地产行业是纳税侏儒"的报道，树立了公众眼中诚信和有实力的地产公司品牌形象。

3）社会话题

（1）广博的社会见闻，深邃的社会思考。

2006年2月23日，《我不赞成新城市的建设中穷人区和富人区——给任志强的一封信》。

博客访问量：230 923（首次单篇博客访问量突破10万）。

核心媒体大篇幅的推广。《经济参考报》头条报道："人为分'区'是重复过去的错误——潘石屹反对任志强穷富'分区论'"；《上海证券报》、《北京青年报》、《北京晚报》等核心媒体也以近半版的篇幅相应刊发了博客。与此同时，沟通新浪网、搜狐、千龙、腾讯、和讯等门户网站予以转载，掀起了与任志强的"穷人区富人区"的博客论战。城市话题方向的探讨，展现其个人的广博知识面。

此后，潘石屹博客访问量突飞猛进，2006年3月底，潘石屹博客访问量突破了1 000万。

（2）主流的社会价值观。

2006年12月6日，《成功的秘诀是什么？》。

博客访问量：236 887。

企业的成功、个人的成功需要有怎样的标准和付出，通过推广潘石屹个人丰富阅历和经验之谈，向公众展示出一位优秀企业家的人生价值观。

2007年1月4日，《爱情、信仰和死亡——我对青年朋友的忠告》。

博客访问量：341 295（再一次刷新了社会话题访问量）。

（3）社会责任感。

2007年5月23日，《我在北京市地税局个人所得税代扣代缴表彰座谈会上的发言》。

博客访问量：66 128。

潘石屹被北京市地税局授予"荣誉纳税人"称号，并作为代表发言。对于此博客的推广，展现了一种具有社会责任感的诚信的开发商形象。

传播方式：

1）博客书的出版及推广

2006年1月11日，时隔博客开启4个月后，潘石屹与长江文艺出版社北京图书中心举行签约仪式，将其博客新书《我这半辈子》的中文简体字版交给该社出版。

随着博客书的出版，一系列推广活动随之展开。

4月1日，《潘石屹的博客》书籍出版。

4月2日，潘石屹和张欣在中关村图书大厦参加《潘石屹的博客》的签名售书活动。

4月8日，举行《潘石屹的博客》新书发布会，之后潘石屹到清华大学、北方交通大学、北京农业大学等高校与大学生见面交流，并在沈阳、济南、太原等地为新书作推广。《潘石屹的博客》一书销量近10万册，掀起博客出书热潮。

2）与搜索引擎结合推广

与搜索引擎百度合作。在博客推广时，继续不断探寻可以合作的新渠道，辅助内容的推广。搜索引擎在2006年也是蓬勃发展，于是与新的渠道进行合作成为可能。将关键信息在搜索引擎中的排名靠前，从而有助于给博客网站带来更多的访问数量。

3）和传统媒体结合推广

与网站博客频道联合推广，由新浪博客首发，搜房、和讯等网站博客频道相继予以转载，使得博客在网络平台上及时呼应，产生"滚雪球"效应。

与纸媒的博客专栏进行阶段性的内容合作，更具有针对性，也体现了媒体对潘石屹博客的关注和追捧。

项目评估

通过传统媒体与新媒体之间的震荡，结合户外广告、博客书籍出版、搜索引擎等辅助手段，在博客大环境的利好发展背景下，"潘石屹博客"这种新的传播形式在实践中取得了成功，并以最大化的优势发挥出效能。经过1年多时间的推广，博客关注度和访问量都得到了极大的提升，并不断刷新着访问历史记录。

潘石屹博客在半年时间内突破千万级访问量。2006—2007年上半年，SOHO中国上市的静默期，但潘石屹博客在新浪博客排行榜上一直位居前十，在商界开博人士中位居第一。

通过对潘石屹博客1年多的推广，成功塑造了一种知名的地产开发商形象，一位具有社会主流价值观的社会知名人士，带动了SOHO中国品牌形象，更多的公众开始了解SOHO中国，认知企业的项目，媒体更是热衷关注SOHO中国的各项进展，同时也为SOHO中国成功上市创造了良好的舆论环境。

2007年10月8日，SOHO中国在香港联交所成功上市，创造了中国民营企业最大的IPO以及亚洲最大的商业地产企业IPO。

1）业界

（1）提升了潘石屹在业界的话语权，稳固了行业地位。几篇极具代表性的地产博客，接二连三地掀起业界讨论热潮。《低价房涨幅变小，高价房涨幅变大——北京市2006年不同价格房价分析》的博客刊发推广后，引起了北京市信息统计部门的关注，并与潘石屹展开深入讨论，而《年前再谈房价》引发的长达1个月的"潘时"之争，更是将潘石屹在业界的话语权地位推上了制高点。

（2）企业领导人形象的提升带动了企业品牌美誉度的提升。2006年9月2日，SOHO中国有限公司以2.8433亿元的纳税额荣登国家税务总局2005年度"中国纳税百强排行榜"，为此次上榜的三家房地产公司之一。与此同时，博文《我们最看重的是纳税榜》，粉碎了有媒体曾报道的"地产行业是纳税侏儒"的断言，并引发了媒体和公众对于 SOHO 中国房地产企业的重新获识。

2）媒体

在博客推广的项目实施中，地产行业媒体、财经媒体、大众媒体以及时尚媒体轮番上阵，刊发博客。从公关的主动推送到媒体的主动关注和推送相结合，博客传播持续不断，影响力与日俱增。

（1）媒体资源得以拓展。除地产、财经版面媒体的沟通，同时开拓了社会新闻、文化版面的媒体关系。

（2）媒体关系逐步加强。与新浪、搜房、焦点房产、搜狐、腾讯、和讯等核心网络媒体建立良好关系。

（3）媒体影响力扩大。邀请潘石屹参加媒体举办的论坛，提出深度专访等。SOHO 中国成功上市后，媒体采访更是络绎不绝。

3）公众

改变了对开发商的统一负面形象的认知，以新的眼光重新看待。由博客推广之前"潘石屹一谈房价要涨，就被认为恶贯满盈"，到主动关注潘石屹对于行业政策的解读、对于社会现象的评述，并由不认识、不了解潘石屹及 SOHO 中国，到逐渐了解潘石屹丰富的生活和 SOHO 中国的项目及企业发展进程，公众的态度由对潘石屹的质疑到认可甚至赞誉，发生了很大转变。

4）企业

博客加强了内部的凝聚力，鼓舞了员工士气，推动了项目进展和销售。《我的 2007 年贺信——发给朋友们、客户们的 2007 年贺信》，针对客户、内部员工所作的年度工作总结和未来的规划，都是对员工的一种激励，同时也是对客户的致谢，让 SOHO 中国汇聚了一批忠实的客户群。

5）媒体报道

纸媒传播142篇，336 054字。核心网络转载1 100条。

资料来源　中国国际公共关系协会.最佳公共关系案例［M］.北京：中国市场出版社，2009.

案例分析

在当今社会，如何选择新颖与适合的手段向公众有效传递具有价值的信息，是成功沟通的关键。在本案例中，由智扬公关策划的一系列公关活动采用了 Web 2.0 新兴交互式媒体平台之一——网络博客进行营销和推广，在国内知名的门户网站新浪网为 SOHO 中国建立互动沟通平台，让潘石屹的观点与公众直接进行交流，逐步改善了公众眼中房地产开发商"暴利"和"不诚信"的负面形象，成功营造了潘石屹多面健全的形象，带动了 SOHO 中国品牌美誉度的提升。

在执行的过程中，为了增强博客的吸引力，使其不致埋没于浩如烟海的各色博客阵营中，策划方可谓颇具匠心。除了积极关注社会热点、制造行业话题、引发业界关注与公众互动外，还以传播为主导，充分利用新媒体和传统媒体的优势，与博客书、网络搜索引擎以及平面和电视媒体有机结合，形成线上线下的舆论共鸣。潘石屹博客访问量由此得以显著提高，同时不但对内增强了企业的凝聚力，推动了 SOHO 中国项目的进展，也对外改善了房地产商的不利形象，巩固了 SOHO 中国的行业地位。

在本案例中，公关公司利用新兴媒体的优势，与传统媒体创新结合，获得了很好的投入产出比。但该系列公关活动在执行的过程中并未充分打破房地产业的行业疆界，向社会更广泛的公众传递丰富多彩的信息，应算是该案例的美中不足。如能融入更多生活元素，与其他知名品牌（如汽车、手表、时装等）相"跨界"，可令自身品牌形象更为丰满。

点评专家：毛京波（梅赛德斯—奔驰（中国）汽车销售有限公司市场总监）

本章小结

本章给出企业网络公关的定义，介绍了网络公关的传播方式、网络公关的渠道及形式：BBS论坛、搜索引擎、新闻媒体、问答平台、博客、微博、播客、IM、SNS、微信等利用图片、文字、视频，以一种网民化的语言来吸引网民注意，达到宣传和推广的目的。通过案例阐述了网络公关的本质是通过网络塑造信任，网络公关就是以网络为沟通手段，利用网络超越时空、即时性和互动性的特征，创造与目标顾客之间直接互动的机会，实现传统公关的目标。企业网络公共关系即以企业作为公关主体的网络公共关系活动，因为网络环境发展迅速，新的信息传播渠道与方式不断涌现，网络公共关系只有能够把握好瞬息万变的网络环境，才能不断顺应网络环境的发展，才利于网络公共关系自身的发展以及取得最好的公共关系效果。

复习思考题

1.什么是网络公共关系？它的本质是什么？

2.搜索引擎公关的基本内容是什么？搜集一个搜索引擎公关案例。

3.简述网络新闻公关的概念。

4.什么是互动问答公关？其有哪些优点？你平时较常用的互动问答平台是哪个？你认为它有什么优缺点？

5.BBS论坛公关的核心是什么？BBS论坛危机公关的三大核心操作是什么？

6.什么是博客公关？在博客平台上开展公关活动有哪些优势？搜集博客公关的案例，谈谈你对博客公关的认识。

7.微博公关与博客公关有何区别？微博危机公关有哪些原则？

8.选择使用播客公关时，应该注意哪些方面？播客公关有几种形式？

9.什么是IM公关？优势有哪些？加QQ群的技巧有哪些？

10.SNS平台有哪些特点？SNS公关注意点有哪些？

11.什么是微信公关？设计一个微信公关案例。

12.在进行网络公关策划时，要注意哪些原则？策划的目标有哪些种类？

第 9 章

危机公关

通过本章的学习，了解危机公关的含义、特点和危机公关的类型特征及应对策略；掌握危机公关的处理原则及制胜攻略，通过学习和实践培养自己的危机意识和危机公关的管理意识，并深刻认识到在如今的互联网环境下危机公关的独特性，重视网络舆论，及时化解危机。

2010年8月8日甘肃舟曲泥石流，夺去1 000多人的生命。

2008年5月12日汶川特大地震，受灾人数达4 625万，其中8万多人丧生。

2008年8月份，三鹿集团查出的奶源污染的真相是：不法奶农向鲜牛奶中掺入三聚氰胺，从而造成婴儿患肾结石。

2005年5月，雀巢奶粉被曝碘超标，风云突起，世界头号食品企业遭重创。

2005年3月7日，SK‐Ⅱ在南京因虚假广告和侵犯消费者知情权而被告上法庭；在市场上一直所向披靡的巨人——宝洁，因行动迟缓，被动挨打！

2005年2月开始，一场"苏丹红风暴"席卷全国，亨氏、肯德基等企业相继中招！

2004年11月，保健品行业的常青树——巨能钙，由于《河南商报》的一篇《巨能钙有毒》的报道，在全国的销售几乎陷于停顿！

凡此种种，不胜枚举。

随着品牌竞争的日趋激烈，品牌活动的影响日益广泛，而媒体的日渐强势和经济法规的逐步完善，由各种因素导致的品牌危机越来越多地出现在公众的视线当中，危机发生的频率、产生的影响力和波及的范围都足以说明中国品牌已进入了危机高发期。

美国战略管理专家吉姆·柯林斯曾说："一个未经历市场衰退考验的企业，不能算真正成功的企业；只有经历了市场衰退而自己却保持不败的企业，才是真正成功的企业。"

能否在危机发生后成功地进行危机公关，关系到企业在激烈的市场竞争中的生死存亡。希望通过这些活生生的案例，提高企业管理者对危机公关的认识，从而借鉴成功者的方法，吸取失败者的教训，未雨绸缪，在危机袭来时胸有成竹、化险为夷。

9.1　危机公关概述

9.1.1　危机公关的含义

危机公关是指应对危机的有关机制，具体是指：由于企业的管理不善、同行竞争甚至遭遇恶意破坏或者是外界特殊事件的影响，而给企业或品牌带来危机，企业针对危机所采取的一系列自救行动，包括消除影响，恢复形象。危机公关属于危机管理系统的危机处理部分。

就社会组织而言，危机则是指由于组织自身、公众的某种突然发生的、危及生命财产和组织生存的重大事件或行为，从而导致组织与公众关系恶化。有时也称为组织公关危机。能否妥善处理好突发事件，处理公关危机的能力如何，关系到组织的生死存亡。

所谓公关危机管理，是指组织通过科学预测与决策，制订合理的公关危机应急计划，并在公关危机发生过程中，充分运用科学的手段，减少公关危机给组织与公众带来的影响，进而寻求公众对组织的谅解，以重新树立和维护组织形象的一种管理职能。

9.1.2 危机公关的特点

与其他类型公关相比，危机公关具有以下特点：

（1）意外性。危机爆发的具体时间、实际规模、具体态势和影响深度是始料未及的。

（2）聚焦性。进入信息时代后，危机的信息传播比危机本身发展要快得多。

（3）破坏性。由于危机常具有"出其不意，攻其不备"的特点，不论什么性质和规模的危机，都必然不同程度地给企业造成破坏，造成混乱和恐慌，而且由于决策的时间以及信息有限，往往会导致决策失误，从而带来无可估量的损失。

（4）紧迫性。对企业来说，危机一旦爆发，其破坏性的能量就会被迅速释放，并呈快速蔓延之势，如果不能及时控制，危机会急剧恶化，使企业遭受更大损失。

9.1.3 危机公关的类型

1）网络危机公关

网络危机公关是指利用互联网对企业的相关品牌形象进行公关，尽可能地避免在搜索企业的相关人物与产品服务时出现负面信息。

在媒体高速发展的今天，特别是网络媒体的迅速崛起，我们已经生活在一个高度媒介化的透明社会，一个舆论监督越来越受到重视的社会，一个公众的知情权和参与意识空前提高的社会。面对突发事件，想再搞封锁消息，回避媒体，隐瞒真相或者以对抗的方式回避舆论监督将注定失败。无数案例表明，在当代社会，一个不重视媒体，特别是不重视网络舆论，不能以积极的态度面对舆论监督而搞监督舆论的社会组织，最终都要付出高昂的代价。

在新的媒体环境下，我们要与时俱进，一方面要增强媒体危机意识，另一方面，要改变过去的那种危机处理思维方式包括媒体应对方式，掌握一些必要的媒体应对技巧，这样才能提高驾驭媒体的能力，才能从容面对突发事件，以化险为夷，转"危"为"机"。

媒体危机公关的策略有许多种，不同的危机公关专家推崇不同的策略，着重点也有不同。但不管有多少种，有几条原则基本上是共同的：首先要坦诚，公开透明，及时披露信息，及时寻求第三方的支持，处理危机要有人情味，要体现对人的关怀，以建立信任；其次要一个声音对外，避免表态混乱；最后表态要留有余地，以免陷入被动。在突发事件发生后，如熟练运用这几个原则，危机就会迎刃而解，甚至会转"危"为"机"。

在Web2.0时代网络已经成为企业危机公关的触发器与放大器：互联网的迅速兴起，改变了媒介与受众之间的传播关系，也改变了传播的话语环境。在网络的作用力下，精英媒体时代转向草根媒体时代，来自于网络的企业危机一触即发。随着地球村时代的来临，每个人都是演员，人人都有选择的权利，墙倒众人推，使危机事件不断被扩大。企业必须与专业危机公关机构合作，加强网络媒体监控，以加强自身网络危机的公关能力。

2）政府危机公关

政府危机公关是指在政府管理国家事务中，突然发生的如地震、流行病、经济波动、恐怖活动以及对民事处理不当等对社会公共生活与社会秩序造成重大损失的事件。

近年来，一些失败的政府危机公关的案例浮现在眼前。

2003年，黑龙江哈尔滨宝马车撞人案发生后，肇事者苏秀文到底是不是省领导的儿媳妇成为舆论关注的焦点，由于当地政府没有及时澄清，民间和互联网上的各种猜测和言论像雪球一样越滚越大，以至于以讹传讹。苏秀文的身份由一个私人问题最后演变成了一个影响重大的公共事件，政府形象因此受到很大损害。

2003年3月19日，辽宁海城发生学生食用豆奶集体中毒事件后，在长达20天的时间里，因当地有关部门回避媒体，封锁消息，结果，市民处于各种说法及谣言所导致的惶恐与不安中，有的家长甚至出现了过激行为。

2002年9月14日，南京市汤山镇发生中毒事件。案件本身处理得很成功，事发后，很快抓到了罪犯，并且给予了应有的惩罚。但由于忽视舆论引导，在案件处理上不透明，结果谣言满天飞，引起了不必要的恐慌，让一个普通的突发事件演变成一个媒体事件。

2007年3月，一篇"香蕉患癌"的报道在海南引起轩然大波。不少人以为吃了香蕉会患癌症，引起恐慌。由于有关方面没有及时辟谣，海南很快出现香蕉"烂市"现象，香蕉产业几乎遭到灭顶之灾。

在危机发生越来越频繁的今天，一个国家要减少危机的发生，降低危机的损失，提高政府应对危机的效率，必须建立系统的危机管理机制。系统的危机管理机制包括危机的预防与应对。有效的危机管理机制，能够将政府的危机管理纳入一个有序、规范、条理的轨道中，保证政府在危机发生时能在最短时间内有效调动社会资源，将危机带来的损失减少到最低程度。

3）企业危机公关

企业危机公关是指企业为避免或者减轻危机所带来的严重损害和威胁，从而有组织、有计划地学习、制定和实施一系列管理措施和应对策略，包括危机的规避、控制、解决以及危机解决后的复兴等不断学习和适应的动态过程。

2009年2月2日，国家质检总局指出蒙牛特仑苏牛奶违法添加了安全性尚不明确的OMP，并责令蒙牛禁止这一添加行为。国家主管部门叫停知名乳企热卖的高端牛奶产品，特仑苏OMP安全风波骤起。此前，OMP是蒙牛特仑苏高端牛奶的主打卖点，现在却被主管部门叫停。

2月11日，当事件被媒体曝光后，蒙牛方面坚持"速度第一"的原则，借助媒体发布《蒙牛关于OMP牛奶的回应》，坚持"OMP安全"观点，称其安全性受到了FDA等国际权威机构的认可。但蒙牛的单方回应并没有扭转被动局面，而自特仑苏上市以来对于OMP安全性的质疑声，在事件的助推下成为了舆论的主流，尚未完全走出"三聚氰胺"行业阴影的蒙牛面临很大的舆论压力。此时，家乐福、沃尔玛超市等各地终端卖场对特仑苏采取了下架、退货等应对措施，特仑苏销售受阻。作为知名企业，蒙牛在进行危机应对时坚持系统运行原则，在迅速回应的同时，也与有关上级主管部门进行积极沟通，以期获得第三方的权威证实。经过一系列努力，2月14日，卫生部就该事件回应，称经六部委专家联合认定OMP并不会危害健康，从而为特仑苏牛奶平反。与此同时，蒙牛方面也得到了多个有关国际组织的声援与支持，特仑苏OMP的安全性得到了多方的权威证实，至此事件得到平息，产品销售得以恢复。

蒙牛特仑苏OMP风波是一起典型的食品安全危机事件，主打高端产品被国家主管部门叫停，这对于任何一家企业来说都是致命的。蒙牛对于事件的应对策略可圈可点，抓住了"OMP安全性"的关键点，坚持系统运行原则，在做好媒体沟通的同时，积极与有关主管部门沟通，最终得到了权威证实，事件得以圆满解决。

9.2 危机公关的处理原则

每当突遇危机公关时，常识往往会被放在一边，人性的弱点会大张旗鼓地表现出来。太多企业第一反应就是如何掩饰、删除真相，为此用尽各种手段。特别是针对媒体这个最重要的传播通道，更是威逼利诱。其实，这些动作都是没有力量的。最重要的、最有力量的只有一条，就是把真相第一时间告知公众。如果你自己还来不及了解真相，也要第一时间告知你的态度和处理措施，并不断报告进程，用最开放的方式主动释放信息并迎接追问。不要逃避媒体，这是因为你越想逃避，媒体就越想挖掘。

当企业面临危机公关时，必须在第一时间做出反应，应秉着承担责任的原则做事。

危机突发后，大众会关心两方面的问题：一方面是利益的问题，利益是大众关注的焦点，因此无论谁对谁错，企业应该承担责任。即使受害者在事故发生中有一定责任，企业也不应首先追究其责任，否则会各执己见，加深矛盾，引起大众的反感，不利于解决问题。另一方面是感情问题，大众在意企业是否在意自己的感受，因此企业应该站在受害者的立场上表示同情和安慰，并通过新闻媒介向公众致歉，解决深层次的心理、情感关系问题，从而赢得公众的理解和信任。

而实际上，大众和媒体往往在心目中对企业有了心理上的期待，即企业应该怎样处理，我才会感到满意。因此，企业绝对不能选择对抗，态度至关重要。一定要诚恳。

在企业突遇危机时，最重要的是遵循危机公关的处理原则，这样，可以帮助你走出困境，化害为利。

9.2.1　坦诚面对危机

在危机管理过程中，危机预防管理只能使危机爆发次数或程度降到最低值，而无法阻止所有危机的到来。任何一个危机管理者都必须采取尊重事实、坦诚面对的态度，这是妥善解决危机事件的首要原则。犯了错误并不可怕，可怕的是不敢承认错误。从危机公关的角度来讲，只有坚持实事求是，不回避问题，勇于承担责任，向公众表现出充分的坦诚，才能最终获得公众的同情、理解、信任和支持。

2001年9月，南京知名食品企业冠生园被中央电视台揭露用陈馅做月饼这一事件。在事件曝光后，冠生园公司接连受到当地媒体与公众的严厉批评。面对即将掀起的产品危机事件，作为一向有着良好品牌形象的老字号企业，南京冠生园却做出了让人不可思议的反应：既没有坦诚承认陈馅月饼的事实，也没有主动与媒体和公众进行善意沟通，赢得主动，控制危机的发展。南京冠生园反而公开指责中央电视台的报道蓄意歪曲事实，别有企图，并在没有确切证据的情况下振振有词地宣称"使用陈馅做月饼是行业普遍的做法"。这种背离事实、推卸责任的言辞激起媒体和公众的一片哗然。一时间，媒体和公众的猛烈谴责、同行企业的严厉批评、消费者的投诉控告、经销商的退货浪潮等令事态开始严重恶化，最终导致冠生园葬身商海。

南京冠生园在面对危机事件时可以说是败笔横出、毫无章法。南京冠生园企业的危机管理者在整个危机事件处理过程中的表现，也令人看到他们对于危机管理的无知到了非常可悲的地步。

从这个案例中我们得到的启示是：在铁的事实面前，南京冠生园企业竟然还坚决否认，公开谴责甚至威胁将其曝光的中央电视台，没有任何承认错误的表现。9月18日，南京冠生园在媒体上发表声明称，中央电视台的报道蓄意歪曲事实，公司绝对没有使用发霉或退回馅料生产月饼；又声明指责记者的报道别有用心，其意图就是要破坏冠生园的名誉；声明同时还表示，对毁损企业声誉的部门和个人，企业将依法保留诉讼的权利。

南京冠生园企业在一口否认其产品质量问题的同时，又自作聪明地企图将事件焦点转移到同行和消费者身上，最终惹来更大的麻烦。

在接受记者采访的时候，南京冠生园老总却声称陈馅月饼是普遍现象，是全行业公开的秘密，甚至指名道姓地提起这些厂家的名称。这种说法激起了月饼生产企业的强烈不满，一些月饼生产企业和经销商表示要起诉南京冠生园企业。而全国叫冠生园的企业有很多家，南京冠生园说出这样的话，也殃及了与其同名的企业，招致了这些厂家的仇视，他们纷纷采取各种手段与冠生园企业划清了界限。

与此同时，冠生园企业还一再表现出无视消费者利益的态度。面对消费者，他们不但没有做出任何解释和道歉，反而为自己开脱。殊不知这种做法，不仅降低了冠生园这个知名品牌的标准，而且还愚弄了广大消费者。

冠生园这个具有88年悠久历史的著名食品品牌被空前的危机事件击倒。2002年3月6日，南京冠生园食品公司以经营不善、长期亏本等理由申请破产。2004年1月30日被拍卖，低至818万元的成交价说明了它在人们心目中的价值。

与南京冠生园相反，当年中美史克公司遭遇苯丙醇胺"PPA危机事件"，最终之所以能创造"产品不存，品牌依旧"的奇迹，就是因为中美史克公司的危机管理者能够在危急时刻表现出真诚负责任的态度。

2000年11月15日，国家药品监督管理局发布《关于暂停使用和销售含苯丙醇胺的药品制剂的通知》。根据此项通知，国内15种含有苯丙醇胺（PPA）的感冒药被停止使用和销售。中美史克公司旗下的康泰克作为国内感冒药的第一品牌，首当其冲地被绑上了媒体的第一审判台。当时康泰克几乎成了PPA的代名词。

然而，中美史克公司面对这样的突发危机事件，临危不乱。第二天就迅速通过媒体刊发了给消费者的公开信，表示坚决执行政府法令，暂停生产和销售康泰克，并公开承诺：为切实保障人民群众的用药健康，我公司愿意全力配合国家药政部门的有关后续工作，表现出了真诚负责的态度。

11月17日，中美史克公司在全体员工大会上通报了危机事件的具体情况，并且表示企业不会裁员。这一举措也赢得了员工空前一致地团结。

11月20日，中美史克公司在北京人民大会堂召开新闻发布会。会上，中美史克公司的危机管理者表示将全部回收市场上的康泰克，同时也通过媒体传达了这样的事实：在中国销售康泰克的十多年中，还从来没有出现过目前大家最担心的能引起脑中风的副反应报告。此外，中美史克对于有些媒体的不实报道，一律不予驳斥，只是解释。对于落井下石的竞争企业，中美史克公司也决不还击。这样的姿态，最终赢得了媒体和消费者的理解。

11月21日，中美史克公司的15条消费者热线全面开通，数十名训练有素的接线员耐心解答公众的各种询问。

几天后，中美史克公司又宣布将全部销毁价值1个多亿的回收及库存康泰克。中美史克的一系列举措，树立了企业勇于承担社会责任的良好形象，赢得了公众和媒体的同情和信任，也为日后重振旗鼓奠定了良好的基础。于是，在2001年9月，中美史克公司又推出了不含PPA的新康泰克。

正是由于中美史克公司在"PPA危机事件"中的良好表现，新康泰克得到了媒体及消费者的广泛支持。仅9月3日上市第一天，仅仅在华南市场就拿下了高达37万盒（每盒10粒装）的订单。新康泰克迅速在感冒药市场重新崛起，成为举足轻重的领导品牌之一。中美史克公司成功地舞动了"PPA危机事件"这把"双刃剑"。由此可见，企业危机管理者在处理危机事件的过程中，尊重事实，坦诚面对媒体和公众是十分关键的。

世界500强企业为了有效地处理危机事件，都积极遵循以下几项原则：

如果发现问题，就毫不犹豫地正视它。

如果感到情况不妙，就进行彻底大检查，在检查过程中发现危机事件爆发的原因。

如果发现危机来临，立刻通过传播媒体，及时向社会各界通报危机事件的真实情况。

如果危机事件已经降临，就集中所有部门的意志和力量去对待它，在关系到企业生死存亡的形势下，没有比求生更重要的了。

企业在危机事件爆发后，可能会"四面楚歌"，政府批评、媒体曝光、公众质疑等都会纷至沓来。此时，企业的危机管理者最明智的做法就是，正视问题，以诚相待，采取积极主动的姿态，尊重事实，坦诚面对，并且"闻过即改"。

及时地做出相应的改进举措，争取赢得公众的谅解和同情。

然而，大多数企业担心危机事件曝光后会毁掉自己苦心经营的品牌形象，于是，采取隐瞒、掩盖、敷衍、"无可奉告"等愚蠢的做法，其结果往往是适得其反，雪上加霜。企业危机管理者应该明白这样一个道理，在危急时刻，公众对企业的反应高度敏感。任何傲慢、敷衍、推卸责任的言行都可能激起公众的愤慨，从而使事态进一步恶化。一个被消费者憎恶、抛弃的企业品牌其实一文不值。几乎所有的危机处理失败的案例都存在着企业危机管理者态度上的失误。

因此，我们绝对不能忽略企业真诚的态度对单纯的公众的影响力。一个敢于尊重事实、敢于面对错误的企业，不管做错了什么，往往都能够赢得消费者的同情和信任，其形象不但不会受到损害，反而会有所升华。世界500强企业许多危机管理成功的案例告诉我们，企业管理者在危机事件中的诚恳态度，不仅可以化解一场灾难，而且还能够化被动为主动，化危机为契机，最终使企业获得新的发展机会。

9.2.2 第一时间处理

任何一次危机发生之后，出于本能，当事人通常都会快速反应以自我保护和自救，并且通常是平时越训练有素，关键时刻的反应越快，作出的决策越正确。从另一个角度来看，快速反应也能够有效预防危机扩散，将损失控制在最小额度。

美国飞机机长舒伦伯格，在飞机撞鸟之后，快速反应，马上做出紧急迫降的决策，因此挽救了机上150多人的生命，机上人员无一人遇难。这在民用航空史上是非常罕见的。

美国船长菲利普斯，在货轮遭遇索马里海盗劫持之后，快速反应，舍生取义，当即决定把自己当作人质来换回船员和乘客，最终被完好救出，成为美国英雄。

在危机事件出现的最初12—24小时内，消息就像是病毒一样，以裂变的方式高速传播。而这个时候，可靠的消息通常不多，处处充斥着谣言和猜测。企业的一举一动将是外界评判企业如何处理这次危机事件的主要根据。媒体、公众及政府都密切注视着企业发出的第一份声明。对于企业管理者在处理危机事件方面的做法和立场、舆论赞成与否等往往都会迅速见诸传媒报道。

众多管理专家也认为，在很多时候，企业80%的问题不是因为发展太慢而是因为发展太快造成的。解决了快和慢的问题，也就解决了生和死的问题。

通常情况下，危机事件处理的难度与危机事件处理的速度是成反比的，速度越快，损失就越小。中美天津史克制药有限公司的总经理在处理"PPA危机事件"时也说："时间就是我们最大的敌人，拖得越长，产生的负面影响就会越多。"

一旦企业爆发危机事件，通常就会成为公众和媒体关注的焦点。

假如此时企业的危机管理者反应迟钝，不能迅速查明真相，并在第一时间给公众和媒体一个合理的解释，一方面，会让公众感觉企业管理效率低下，不敢直面危机事件，逃避责任；另一方面，信息就有可能会被误解、猜测、流言所占据，使问题更加复杂。而且，时间上的失控，也会导致各种不测因素的增加。

反过来说，假如企业在第一时间能够做出正确的反应，那么就会最快地表明企业的态度，化解公众的不满情绪，进而获得公众的理解和信任。而且，以最快的速度遏制危机事件的发生，通常会成本较低，效果也很理想。

美国强生公司正是凭借着卓越的危机事件的处理能力才成功地渡过了泰诺危机事件的。1982年9月，美国芝加哥地区发生有人服用含氰化物的泰诺药片中毒死亡的严重事故。一开始死亡人数只有3人，后来却传说全美各地死亡人数高达250人，其影响迅速扩散到全美各地。调查显示，有94%的消费者获悉了泰诺中毒事件。

泰诺危机事件发生后不久，在首席执行官吉姆·博克的领导下，强生公司迅速采取了一系列有效措施。在第一时间，强生公司立即抽调大批人马对所有药片进行检验。经过公司各部门的联合调查，在全部800万片药剂的检验中，发现所有受污染的药片只源于一批药，总计不超过75片，并且全部在芝加哥地区，不会对全美其他地区有丝毫影响，而最终的死亡人数也确定为7人。但是，强生公司仍然按照公司最高危机事件的处理原则，即在遇到危机的时候，公司应首先考虑公众和消费者利益。强生公司不惜花巨资在最短时间内向各大药店收回了所有的数百万瓶这种药，并花50万美元向有关的医生、医院和经销商发出警示。在危机事件发生前，泰诺在美国成人止痛药市场中占有35%的份额，年销售额高达4.5亿美元，占强生公司总利润的15%。然而，在危机事件发生后，泰诺的市场份额曾一度下降。当强生公司得知事态已稳定，并且向药片投毒的疯子已被拘留的时候，并没有将产品马上投入市场。当时美国政府和芝加哥等地的地方政府正在制定新的药品安全法，要求药品生产企业采用"无污染包装"。强生公司看准了这一机会，立即率先响应新规定，结果在价值12亿美元的止痛片市场上挤走了其他的竞争对手，仅用5个月的时间就夺回了原市场份额的70%。

对于世界500强企业而言，其机构遍布世界各地，它们对危机事件更需要有敏捷的反应能力。而这种敏捷的危机预警机制和危机处理能力正是来源于企业内部每一位员工。所以，世界500强企业非常注重每个员工是否具有危机事件的处理能力。

缺乏危机事件的处理能力，最直接的后果便是企业的管理成本增加，销售额下降，最终使企业遭受严重的创伤。正如一位世界级公司的人事经理所言："在当今时代，如果一个职员没有处理危机的能力，很难想象他能够担当起重要的职务。"事实也正是如此，在现代企业中，许多职位都需要员工独立承担职责，有独当一面的能力，有在突发事件中化险为夷的能力，这些都是十分重要的。只有每一位员工都有较强的危机事件的处理能力，企业在面对危机的时候才能迅速作出反应，化危机为转机，减少企业的损失，促进企业的发展。

而且，在危机事件爆发后，许多与企业利益相关的个人或团体情感肯定受到了伤害，此时他们需要的是安慰。任何推脱和解释只会招致他们的反感和唾弃。

最具代表性的就是 2005 年的雀巢问题奶粉事件，在危机事件发生的初始，雀巢企业不愿意承认自己的产品不合格，表示产品符合国际奶粉标准，搬出国际标准来搪塞公众。同时，雀巢企业也没有给消费者明确的答复，不但没有道歉，反而再三强调自己的产品是合格的。雀巢企业没有在第一时间表现全球知名企业良好的形象，使后来的道歉显得很苍白，对品牌的价值产生了很大的损害。

在发生危机事件时，企业为什么要快速反应，及早处理呢？这是因为，从危机事件本身的特点来看，危机事件具有突发性和极强的扩散性，企业管理者应对危机事件必须迅速、果断。危机事件一旦爆发，伴随着大众媒体的介入，就会立即引起社会公众的关注。由于媒体的消息来源渠道是复杂的，或许会对同一危机事件的传播，在内容上产生很大的差异，而公众对危机事件信息的了解愿望是迫切的，他们密切关注事态的发展，并且在接收信息的时候本着宁可信其有，不可信其无的态度，往往对危机事件中的企业以及其产品采取回避和抵制的态度。为了避免不同版本的信息混淆广大消费者的视听，作为危机事件的当事主体——企业，在危机事件发生的时候，企业的危机管理者应该以最快的速度设立危机处理机构，调集训练有素的专业人员，配备必要的危机事件处理设备或工具，以便迅速调查、分析危机事件产生的原因及其影响程度，进而通过媒体，把危机事件的真相公之于众，以确保危机消息来源的统一，消除公众对危机事件的各种猜测和疑虑。所以，及时发现危机事件的源头并能够迅速反应，控制事态，将有利于危机事件的妥善解决和减少各方的损失。

在危机管理过程中，企业的危机管理者必须当机立断，快速反应，果决行动，与媒体和公众进行沟通，从而迅速控制事态的发展。否则，就会扩大突发危机事件的范围，甚至可能失去对全局的控制。

在危机事件发生后，企业管理者是否能够首先控制住事态，使其不扩大、不升级、不蔓延，速度是关键。

要积极负责，勇于承担。通常情况下，许多企业在危机事件发生后，危机管理者应首先坚持承担责任的原则。因为，此时公众会关心两个方面的问题：

第一，公众的利益问题。利益是公众关注的焦点，所以不论谁是谁非，企业都应该承担责任。即使受害者在危机事件中有一定责任，企业也不应首先追究其责任，否则只会加深矛盾，引起公众的反感，不利于问题的解决。

第二，公众的感情问题。在很多时候，公众非常在意企业是否在意自己的感受，所以，企业应该站在受害者的立场上思考问题，并对其表示同情和安慰，通过新闻媒介向公众致歉，解决深层次的心理、情感关系问题，从而赢得消费者更多的理解和信任。事实上，公众和媒体往往在心目中已经有了一杆秤，对企业有了心理预期，即企业应该如何处理才会感到满意。在危机事件发生后，企业应该时刻把公众和消费者的利益放在首位，并确定采取合适的行动切实维护公众和消费者的利益，这是赢得公众认可的关键点。同时，也可以及时赢得新闻媒体的认可。在很多时候，消费者希望看到的仅仅是企业承认错误的态度与积极改正的行为，而不是要把企业置于死地。所以，企业绝对不能选择不负责任的态度，这一点是非常重要的。

20世纪70年代，日本本田公司发生过一次严重的危机事件，即著名的"缺陷车事件"。当时日本本田公司刚刚挤入小轿车市场，在几家实力雄厚的大企业夹缝中生存。刚打开销路的"N360"型小轿车却出现了严重的质量问题，造成上百起人身伤亡事故。受害者及其家属组成联盟抗议，日本本田公司瞬间声名狼藉，企业岌岌可危。日本本田公司并没有在舆论的重压下乱了阵脚，而是立即以真诚的态度承认自己的失误。在第一时间，日本本田公司举行了记者招待会，通过新闻媒介向社会公众认错，总经理道歉之后引咎辞职，同时宣布收回所有"N360"型轿车，并向顾客赔偿全部损失。他们还重金聘请消费者担任本田的质量监督员，经常请记者到企业参观访问，接受舆论监督。日本本田公司的诚心打动了挑剔的日本人，并最终在公众的心中树立起了"信得过"的形象。

企业重要的是敢于承担责任的态度问题。假如可以预见到民事诉讼的损失，企业的危机管理者必须主动表示关注。在危机事件发生后，即使起因在受害者一方，企业管理者也应该主动承担义务，积极进行处理。如果一个企业的危机管理者有诚意，那么，对或错就变得不那么重要了。对人们来说，感觉胜于事实。也就是说，处理危机时你绝不可以改变已有的事实，但却可以改变人们对事件的看法。面对危机事件，企业管理者只有开诚布公地说明事情的原委，诚恳地接受批评，才能淡化矛盾，最终转危为机。

9.2.3 客观求证

在危机事件的管理过程中，许多企业管理者在身陷危机之后，第一反应就是要尽快澄清事实，还我清白。但是，他们忽略了一点，也是非常关键的一点，就是在很多时候，自我辩解不仅难以证明自己的清白，反而会越描越黑，引起公众的强烈反感。这个道理非常简单，任何危机事件的当事人的自我辩解都有隐瞒真相的嫌疑，这些当事人包括利益相关者，如企业的管理者、品牌代言人、企业资助方等。就像运动员不能兼裁判员一样，这些人的辩护都是苍白无力的。在危机事件爆发后，巨能、宝洁、东风日产等企业都极尽辩解之能事，然而最终的结果却事与愿违。

众多的危机公关案例证明，真正能澄清事实的，不是当事企业自己的百般辩护，也不是企业与媒体之间的口水仗，而是来自权威机构的声音。权威机构以其自身的威信以及第三方的身份，足以消除公众的所有疑惑。权威机构如质量检测部门、主管机构、监管机构都能代表权威机构。在新闻发布会上，有权威机构的参与才是最有说服力的。

一般来讲，往往要求企业在危机事件发生的第一时间发出声音，主要是表明自己主动承担责任的真诚态度，为以后的措施作铺垫，而并不是苍白无力地自我辩解。

对一部分企业而言，即使无法得到权威机构的声音，也可以配合权威机构的调查，撤回问题产品，这样比起徒劳地自证清白更能取信于人。

2006年9月4日，国家工商行政管理总局通报了近期对奶制品的监测。结果，雅士利乳业2006年3月8日生产的一种中老年奶粉，被检出维生素 B_1、铁、标签项目不合格。

雅士利公司面对突发的危机事件，在第一时间采取闪电般的措施，次日就对外发布信息，将在两天时间内将市场上所有系列、所有批次和规格的中老年奶粉都撤下。同时，雅士利公司积极寻求权威机构的声音。

9月7日，国家工商行政管理总局在北京出面辟谣，称前段时间曝光的雅士利中老年奶粉不合格原因是由于标签的问题，产品的质量没有出现任何问题。

10月9日，广东质监局称雅士利公司质量没有问题，拟规范食品标签。在同一天，中国乳制品工业协会理事长宋昆冈在新闻发布会上给予了雅士利极高的评价："雅士利乳业公司是负责任、讲诚信的企业，在发生本次质量危机事件之后，认真进行了整改，使产品质量达到了标准要求，消费者可以放心食用。"

最终，雅士利公司通过权威机构为自己验明正身，成功地化解了一场极有可能蔓延的危机事件。

事实上，无论是危机事件的预防还是处理，有企业负责人或高层管理者对危机的重视和直接参与都是极其重要的。高层管理者的直接参与，可以最大限度地利用各种资源，减少内部的混乱，更重要的是让公众看到企业的诚意，给他们信心，起到稳定局面的作用。

2006年3月10日，《新文化报》曝出"汇源桃果肉饮料在长春检验出菌落总数超标千倍"，引起了各方关注，更引起了汇源集团的高度重视。在同一天，汇源集团副总裁赵金林从北京飞抵长春，向媒体和公众说明情况，公众看到了企业的诚意，对后来危机事件的顺利解决打下了坚实的基础。

企业要借助于外力，得到专家权威认同。在产品质量危机事件中，企业的单方声明往往不足以消除公众心中的顾虑，为增强公众对企业及产品的信任感，必要时可以借助外力，第三方权威机构发布正面信息比企业自己的声明更具有说服力，同时也可以防止信息的进一步扩散。由此可见，无论是雅士利奶粉不合格事件，还是汇源企业铅含量超标事件，他们都很好地运用了"权威认同原理"，最终成功地化解了危机。企业在危机事件发生后，不要孤军奋战，而是要请有重量级的第三方在前台说话，使消费者解除戒备心理，重获他们的信任。

一般来讲，争取权威的支持包括以下几个方面：

1）争取权威机构的支持

企业在危机事件发生后，公众和消费者必然会对企业的服务与产品的质量产生怀疑和恐惧心理，尤其是在如今这个舆论导向多元化的时代。此时，假如企业能够与政府机关、行业协会等权威机构保持坦诚合作，得到它们的认可，通过它们发布有利于企业的权威信息，就可以重新唤起公众和消费者对企业的信任，加快解决危机事件的步伐。

2）充分发挥和随时调动新闻媒体的权威传播功能

在如今的社会中，新闻媒体的影响越来越大，已经深入社会生活的各个层面，形成一股谁也无法忽视的力量。这就要求在危机事件发生的过程中或发生后，企业的危机管理者处理好与新闻媒体的关系，尽量争取到主要媒体编辑和记者的信任与支持，得到新闻媒体公正对待的机会。这将有利于引导舆论并减小负面舆论的不良影响，从而使企业迅速走出危机事件。而且，假如企业本身并没有过错的话，还可以借助记者的参观访问，把企业真实的一面通过记者报道展示给公众。这也是很多新闻公关的策划思路。

3）争取消费者代表的支持

在很多时候，消费者实话实说比企业解释1万遍都有效。

1983年，英国利维兄弟公司推出"宝莹"牌新型超浓缩加酶全自动洗衣粉，并迅速取得成功，一度市场占有率上升到了50%。然而，不久后报纸和电视纷纷报道称这种新型洗衣粉会导致皮肤病，结果，该洗衣粉的市场份额骤降。利维兄弟公司在危机事件发生后，没有为自己辩解，而是采取了两方面的措施：

（1）让消费者实话实说。利维兄弟公司开展了一次公关活动，在电视、报纸以及宣传单上，由不同的家庭妇女担任广告的主角，对产品大加赞誉，并称已有500万家庭妇女认为新型的"宝莹"牌全自动洗衣粉是当今最好的洗衣粉。

（2）由权威专家实话实说。利维兄弟公司安排皮肤病专家进行独立的实验，结果显示，"0.01%的皮肤病患者可能有与使用新型'宝莹'牌全自动洗衣粉有关"，"与其他同类产品相比，它的百分比要小得多"。

最终，通过消费者的肯定和权威专家的鉴定，英国利维兄弟公司推出的"宝莹"洗衣粉很快收复了失地。

任何一次危机的发生，通常损失的都不可能仅仅是自己，还会不自觉地把其他无辜人员牵连进去，如企业危机中的职工、各类生产资料、生命财产以及客户，家庭危机中的邻居，公关交通危机中的乘客、行人、路人、其他车辆，行业危机（典型的如三聚氰胺事件）中的同行企业，国家公共危机的社会公众等。这一系列的受损对象都迫切需要当事主体在快速反应之后能及时给出一个明确的态度。因此，对于受害人，任何一次诚恳的表态都有助于快速获得立场上的理解、同情和支持，并以此来控制事态的恶化和蔓延。

9.2.4　统一口径

通常情况下，在危机事件发生后，企业应该明确由谁来说，如何去说的问题。也就是说，企业内部应确定一个发言人，让企业内部的所有成员统一口径，统一行动，以一个声音对外说话。可如果企业多个声音、多种口径对外，往往会失控、失序，甚至自相矛盾，加重公众疑惑，使问题复杂化。也就是说，如果董事长是一个表态，总经理又是一个表态，基层员工再来一个表态，那么事情只会越弄越糟。

对于同一危机事件，企业内部如果传出不同的声音，这是危机管理的大忌，不仅会令原本简单的事态趋于复杂，更会暴露出企业内部的"矛盾"，甚至可能由此引发新的危机事件。因此，对内，企业管理者必须杜绝那种未经授权便擅自发表声明的情况；对外，管理者则需要根据事前的部署，由危机事件管理者指定发言人发布信息。

光明乳业的"回炉奶事件"被电视台曝光后，企业的信息发布很不一致，也没有确定谁是发言人，而且危机处理的前后信息发布十分矛盾，使得大家不知道光明乳业什么时候说的是真的，什么时候说的是假的，对其的信任度也飞速下降。

在危机事件发生的过程中，企业之中的任何一位成员无论是对内，还是对外，都必须统一宣传口径，保持前后言论的一致。统一口径是建立可信度相当重要的因素。危机管理者必须传递基调一致的信息给相关公众，假如不能传递一致的信息，就会引发更多对企业不利的谣言和不必要的疑惑，最终使已经岌岌可危的企业信誉和形象更加脆弱。

所以，在处理危机过程中，企业管理者为了避免表态混乱，应注意以下几个方面：

（1）在危机发生之后，应该由新闻发言人或者企业指定的除"一把手"之外的高层统一对外表态，形成有效的对外沟通渠道，其他任何人员都应该避免擅自对媒体说话。

（2）表态要前后一致，不能够前后矛盾，难以自圆其说。

（3）拟定统一的表态口径，假如需要表态，应按照统一的口径表态。

下面是一位普通市民在广州"非典"危机中的一点小感受，不妨看看他是如何说的："由于危机事件的不确定性，紧急关头，企业内部的人员很难立刻对危机事件达成共识。因此，越是在危急时刻，越要首先明确企业中谁是对外信息发布的唯一出口，由他（她）在第一时间传递出最适当的信息。"

企业竞争力是一种企业实现可持续发展的综合实力，其中包括对于危机的预警机制和应对措施，否则，一个非常有竞争力的企业可能在突如其来的天灾人祸之中倒下。温家宝总理在当选后的首次新闻发布会上特别重温了中国的古训"生于忧患，死于安乐！"对于一个人、一个国家是这样，对于一个企业也是如此。

总而言之，企业在危机事件发生后，一个很大的问题就是各个高层、各个部门各说各话、互相矛盾，各部门表态无序、混乱。这些往往会造成公众的困惑、猜疑、恐慌，并引起新的危机事件的爆发。所以，要求管理者在企业的危机管理过程中，一定要坚持立场，统一口径。

9.2.5 诚恳道歉

美泰公司首席执行官罗伯特·埃克尔特2008年9月12日当着美参议院小组委员会的面，对数百万玩具上发现含铅油漆的事件而道歉。9月14日，网上证券商TD美国交易公司首席执行官乔·莫格利亚因黑客入侵导致含有客户地址、电话号码和电子邮箱信息的数据库外泄而对客户表示道歉。苹果首席执行官斯蒂芬·乔布斯在9月6日因599美元的iphone上市一周后就降价到399美元一事道歉。戴尔的高管们8月就公司未能及时交付部分特定型号的手提和台式电脑事件在公司博客上道歉。另外，2月捷蓝航空公司因为冰雹而取消了250趟航班，从而导致部分乘客在停机坪等候，时间长达11个小时，公司为此也做出了道歉。

所有这些道歉给人的感觉是高管们反应迅速以避免相关事件对公司声誉产生损害。

互联网的存在带来了完全的透明度，你无处可藏。任何事情都可能在瞬间被传播到全世界。管理层必须快速、有效地做出回应。

道歉要真诚。任何恢复声誉的关键点都在于道歉必须是可信的。沃顿商学院市场营销学教授莉萨·波尔顿认为，有3个关键因素可以确保道歉产生效果：必须由首席执行官来发布信息；必须拟订问题解决方案；必须提供一些补偿措施。"最初的反应是最重要的。"她说，"基本建议就是承认错误，并且尽量不要表现出过于自我保护，推脱责任。直接面对问题，承认并平息问题，并且考虑进行金钱补偿。同时，根据错误程度来定制你的回应。"如果道歉不够真诚，并且没有提出解决方案，该道歉不会产生效果。"人们必须相信道歉是值得信任的！"波尔顿也赞同可信度和值得喜欢的程度非常关键，但是她同时指出补偿措施也许是最重要的。"你必须同时考虑到金钱补偿和情绪反应。"她解释说，"为什么说苹果的道歉是有效的？一个最重要的原因是乔布斯提供了价值100美元的信用券。"乔布斯的道歉和苹果的信用券，在"让顾客确信公司真的很在乎他们"上起到了良好效果。但是温德认为乔布斯提出的补偿措施应该还可以做得更好。"苹果提供了将来购买时可以使用的100美元信用券。这个数字相当随意。这些是你最好的顾客。他们排了整晚的队伍来购买iphone，而你给他们提供的只是那些新顾客所获利益的1/2。为什么不是200美元？为什么不是250美元，以显示苹果真正地珍惜这些先锋者？想想看，如果苹果给那些顾客提供250美元折扣的话，公司会获得多大的回报？"公司必须将这些危机作为赢得顾客的方法，温德补充说。他提到，如果戴尔的发货延误，公司应该提供临时代用的台式或手提电脑。"大部分公司并未真正意识到顾客的惊人价值。他们仅着眼于这些事件并感到惊慌。他们错失了新的机遇。"

重建声誉。公司声誉重建的成功取决于危机发生时的公司形象。"起始点至关重要。"唐纳森说，"俗话说，声誉的建立需要数年工夫，而摧毁只是一夕的事情。

这句话只对了一半。如果你拥有好的声誉，在事实未经证实之前会被认定没有过错。如果公司声誉很差，那么在事实未经证实之前就会被认定有错。"唐纳森引用了沃伦·巴菲特的伯克希—哈撒韦公司作为在事实未经证实之前被认定没有过错的例子。2005年，保险商美国国际集团的首席执行官莫里斯·格林伯格因为可疑交易而被迫辞职。伯克希—哈撒韦公司的下属保险公司GeneralRe也涉足其中。虽然巴菲特未直接涉入，但他也可能会因此名誉受损。"当GeneraIRe公司受冲击时，伯克希—哈撒韦公司的声誉非常重要。因为巴菲特的原因，媒体在事实未经证实之前均对伯克希—哈撒韦公司手下留情。"沃顿商学院法学与商业伦理学教授托马斯·邓菲说，"逐步积累大量的信誉"对公司而言非常有益。邓菲研究企业社会责任（CSR），以及CSR是否对经营业绩存在影响。"在公司是否应该投资慈善事业并参与慈善事业上存在分歧，"邓菲说，"我的看法是如果公司某方面犯错了，可以借此来增强社会信用。"

邓菲也承认，这种思想问题在于难以量化究竟何种社会行为可以提供最大的保护。"普遍的主张就是CSR行为可以在一定程度上预防（未来可能发生的危机），但是目前并未建立任何实验数据。"他同时补充说大部分公司会给当地社团提供资金，但并不清楚那样是否会有助于危机处理。其他行为，例如捐赠给艺术事业，可能对危机处理产生的效果更少或没有。

波尔顿认为，声誉管理的一个主要部分就是预见问题，要防止它们发展成为挥之不去的问题。例如，迪斯尼在9月10日宣布他们将对旗下特色玩具，例如米老鼠小雕像的油漆是否含铅进行单独测试。"迪斯尼进行实验是希望在类似问题发生之前采取措施。"波尔顿说，"那就是如何预先获得良好声誉，这个测试将会有所帮助。如果未来发现问题，至少顾客们知道迪斯尼采取了积极态度。预防事件发生并建立良好声誉比事后再解决弥补要好很多。"

9.3　危机公关的制胜攻略

当危机事件发生后，企业的危机管理者就应当及时调查危机事件的真相，控制危机事件的进一步蔓延；尽快与媒体进行沟通，表明态度，拿出最佳的解决方案。这样既表明企业对问题的重视，又能防止让对本企业不利的说法混淆视听，尽可能争取更多的时间，将损失降到最低。

9.3.1　危机公关制胜的核心力量

对于危机公关的概念，众多企业的危机管理者还是比较陌生的，或者他们只有片面的认识。在一些企业管理者的印象中，"公关"似乎就只是做宣传、在媒体上发报道、请客送礼之类的事情。当他们遇到突发危机事件的时候，总是先默不出声，"以不变应万变"。要不就是到权力部门疏通关系，期望借助行政压力把事情遮掩住。实在遮掩不住，就找当事人软硬兼施，可拖到后来"私了"要么是不可能，要么就是已没有多大意义了。尤其是在这个信息高度发达的现代社会，任何事情都可能通过媒介迅速传播，当受众想了解事情的真相却又一时得不到应该披露的消息时，公众就会在心里有各种各样的猜测，事件可能会因此而闹得更大。

2008年9月22日，四川省某县发现疑似柑橘大实蝇的害虫，经农业局技术人员核实，确认为柑橘大实蝇。10月20日，手机和网络上出现一条"柑橘出现蛆虫，暂时不要吃橘子"的信息。经过手机和网络等途径，这则信息得到大范围的传播，造成了广泛的影响。面对此类信息，绝大部分人选择不食用柑橘。四川省的柑橘销售受阻，柑橘价格大降，橘农损失严重。这一事件受到广泛关注，被称为"四川蛆虫柑橘事件"。

为了消除"四川蛆虫柑橘事件"的影响，四川省农业厅采取一系列果断措施，减轻疫情的不利影响。10月21日，四川省农业厅向农业部上报蛆虫柑橘事件。当日，四川省农业厅就该县出现柑橘大实蝇疫情的情况进行了通报。通报称，此次柑橘大实蝇疫情仅限该县，全省尚未发现新的疫情点。通报指出，此次疫情共造成该县6万多株柑橘树受灾，占全县总数的8.9%，蛆果率仅为1%左右。目前，该县已将蛆果全部摘除，对受影响区域的1252吨果实进行了集中深埋销毁，其中蛆果12吨。同时，四川省农业厅发言人表示，地处川北的该市年积温较低，柑橘的成熟期在11月，所以现在市场上不可能有该县柑橘出售。另外，该县是四川柑橘非优势区域和非主产区，生产的柑橘完全是当地自产自销，因此并不存在蛆果外销的问题，目前市场上的柑橘是安全的。11月以来，柑橘的销售逐渐回升。

在危机事件来临时，企业不预先制定完善的公关战略，并在危机事件发生的最初阶段对其态势加以控制，危机造成的连锁反应将是一个加速发展的过程——从初始的经济损失，直至苦心经营的品牌形象和企业的信誉毁于一旦。尤其是企业的信誉破坏将给企业带来无法估量的损失和最致命的打击。相反地，假如将危机事件处理得当，企业不仅能够化险为夷，甚至还能"吃一堑长一智"，使企业的危机管理跨上一个新的台阶。

企业在处理危机事件的紧急关头，危机公关就显得非常重要。危机公关的目的是最大限度地减少危机事件对企业的潜在伤害，帮助企业控制危机事件的局面，尽最大可能保护企业的声誉。企业危机公关不仅需要技巧、方法，更需要理念的支撑。有什么样的企业理念就会有什么样的危机公关。

危机公关制胜的核心力量就是企业的经营理念。具有优秀经营理念的企业，其危机公关之所以比一般企业更容易成功，是由于它时时处处能为消费者着想，能把企业的利益与社会公众的利益协调统一起来。

企业在渠道建设上包括两个方面：第一，物流的渠道，主要是经销商和终端。第二，传播渠道，主要是媒体。如果企业想要在危机事件来临时把握主动权，就必须在日常的工作中与媒体建立互信"双赢"的合作伙伴关系。

所以，出于安全的需要，不论是在危机事件发生前，还是在危机事件发生后，人们都希望获取各种关于社会危机事件的信号。尤其是在危机事件爆发的初期，如果不能有效地利用正式的信息渠道向公众公开危机事件，各种流言甚至谣言就会通过非正式的渠道乘虚而入，最终引发公众的恐慌。

因此，企业在危机事件爆发后，危机管理者要第一时间公开信息，将人们所面临的危险和威胁准确无误地告知公众。这样做可以满足媒体对新闻时效性的要求，主动的信息发布可以降低媒体的采访成本，可以满足公众知情欲，迅速消除消费者的恐慌心理。企业的危机管理者在召开新闻发布会或者安排独家专访的时候，可以选择相对客观的媒体为传播渠道，这可以有效控制新闻的导向性，防止有些媒体为抢独家新闻或者提高媒体知名度而发表刺激危机事件局势的负面消息，激化危机事件的发展事态。企业的危机管理者可以控制媒体对信源的选择，经过企业选择的信源透露的信息应该是对维护企业形象有帮助的，避免有部分媒体捏造事实的事件发生，因此发布会上众多其他媒体机构都是相关的证人。

为了快速有效地处理信息，及时发布，企业有必要成立临时的公关危机处理小组。小组组长一般由企业的主要领导担任。组长必须具有强大的组织协调企业内部整体运转的能力和快速决断的权力。只有这样才能保证企业内部信息沟通的畅通无阻，以及公关行为的整齐划一。然而，值得注意的一点是，直接面对媒体进行新闻发布的发言人不能是小组的核心领导，而应该是专业的公关人员。这是因为：其一，他们拥有丰富的媒体接触经验；其二，假如专业的公关人员处理失误，企业管理者还可以再出现以作为补救。

9.3.2　媒介的传播效果

媒介的传播效果是显著的，它建立在公众对自身经验以外事物无法直接体验的基础上。于是，大众传播媒介得以每日每时进行人们身外许多刚刚发生或正在发生的事实的报道，从而满足公众认识世界的精神需要。换句话说，公众关于外部世界的图像，基本上都是受媒介传播控制的。有人把媒体比作一个取景框，它既有选择的部分，也有遗漏的部分，假如企业的危机管理者能够充分了解这一事实并且加以利用的话——运用新闻规律向媒体提供媒体想要的信息，那么，企业的危机管理者不仅能够减轻危机事件所造成的负面影响，还能够失之东隅，收之桑榆，最终化危机为契机。

2006年，闹得沸沸扬扬的富士康事件，起因是《第一财经日报》报道富士康在广东的工厂存在工作条件恶劣、工人工作超时、工资低廉等现象。富士康非常恼火，不但没有反省自己，而且还以名誉侵权为由，将《第一财经日报》的两名记者告上法庭，并索赔3 000万元。结果把自己搞得非常被动，品牌美誉度大大降低。

由此可见，企业在危机事件面前，假如危机管理者不在意自己的媒体形象，那么将会导致一连串的恶果，即失去客户，人才流失，资金链断裂，失去公众信任，经销商拒绝销售企业产品等。

所以，企业的危机管理者都应该掌握应对媒体的艺术。在危机事件爆发后，主动建立完善的危机沟通系统，寻求与媒体的合作，发出企业的声音，维护企业的形象，赢得公众的理解和相关利益主体的支持。

2005年5月25日，浙江省工商局公布了近期该省市场儿童食品质量抽检报告，其中黑龙江双城雀巢有限公司生产的"雀巢"牌金牌成长奶粉被列入碘超标食品名单之中。同时，浙江省工商局已通报各地，要求对销售不合格儿童食品的经营单位予以立案调查，依法暂扣不合格商品。不合格儿童食品生产厂家生产的同类不同批次商品必须先下柜，抽样送检，待检测合格后才可以重新销售。

对于奶粉，国家标准是每100克碘含量应在30微克到40微克之间，而雀巢的这种产品碘含量竟达到191微克到198微克，超过国家标准上限40余微克。据食品安全专家介绍，如果碘摄入过量会发生甲状腺病变，而且儿童比成人更容易因碘过量导致甲状腺肿大。

5月29日，雀巢紧急接受中央电视台经济半小时的记者采访，试图灭火。但是，在采访的过程中，雀巢中国有限公司商务经理孙女士先后三次摘下话筒要求结束采访，先后三次用沉默来回答记者的提问。

次日，当节目播出后，在媒体广为流传的公关人员接受央视采访的照片，是低着头在摘耳麦的画面。那种神色和姿态，让人很容易联想到是做了错事理亏心虚，可又不想认错。而先后三次中断采访并以沉默来应对，更显其缺乏专业素养。其前后矛盾、漏洞百出的回答更对雀巢公司的形象有着毁灭性的打击。

总之，在媒体商业化愈演愈烈的背景下，在受众维权意识逐渐增强的商业环境中，企业的危机管理者必须充分认知到媒体的巨大影响力。只有平时掌握好应对媒体的技巧和艺术，才可以在面对危机时游刃有余。

9.3.3 导致事态危机的因素

现代企业面临着日益复杂多变的外部环境，不确定性风险在日益增多。尽管我们可以事先采取一些措施防范危机事件的发生，但是，谁都不可能处于绝对无危机的"世外桃源"。企业进行危机管理，一方面要透过外部环境发展变化的趋势，事先觉察各种可能出现的危机征兆，提前做出应对策略；另一方面当外部环境发生预料之外的变化时，企业的危机管理者要处变不惊，临危不乱，尽可能利用一切可以利用的资源和手段减少相关损失，甚至可以将坏事变成好事、失利变为有利、被动转化为主动。然而，却偏偏有许多企业管理者在平时不屑于危机管理或这方面的基本功非常差，一旦出现危机事件，又惊慌失措，束手无策，压不住阵脚，以至于小乱酿成大灾，造成不可收拾的局面。

所以，企业面对突如其来的危机事件时，一定要做到临危不乱。因为，乱则无法看清危机事件的实质，乱则无法有效地进行整体公关。企业的危机管理者要牢牢抓住危机事件的实质，尽快分析危机事件产生的原因，是产品设计问题还是质量问题，是广告误导、促销不力，还是渠道不畅、价格歧视等。要在第一时间内迅速做出判断，并制定出相应的应对危机事件的方案。

（1）启用临时的处理危机机构。智者千虑，必有一失，任何企业都无法绝对避免危机事件的发生。为此，应组建一个由较高专业素质和较高职位的领导人士组成的危机管理小组，制订或审核危机处理方案，清理危机险情，做到临危不乱，统一思想，统一号令，统一口径，有效地统筹救危。

（2）实施救危的方案。面对突如其来的危机事件，企业的危机管理小组要客观分析"为什么会发生这样的危机事件？是内部的原因还是外部的原因？""危机事件会恶化到何种程度？""最激进的公众对企业的产品和服务是否抵触？""媒体会在多大程度上予以关注？社会公众的反应如何？""危机事件对企业的影响怎样？会有多大？""拯救危机事件的方法有哪些？可达到的效果怎样"等问题。牢牢抓住危机事件的实质，尽可能地立即制订并实施目标明确、措施得力的危机事件的处理方案，争取控制局面使企业转危为安。

（3）企业内部上下一心，共同进退。企业平时应开展员工危机管理教育和培训，增强员工危机管理的意识和技能，一旦发生危机事件，企业内部所有人员都应具备较强的心理承受能力和应变能力。

由于危机事件的状况不同，其蔓延的情况也会有所差异。有些可能一小时内可以解决，有些则需要花上几天甚至更长的时间。一般来讲，危机事件发生的前几天，往往是比较紧张的时候，如阿拉斯加的漏油事件。在最初的几天，企业必须与时间赛跑，分秒必争。几天之后，当然还须处理危机事件的相关问题，然而，紧迫性已经大幅度降低了。

同时，企业的危机管理者既要准备充分，又要反应及时。准备不充分可能会忙中出错，火上浇油。但是，如果反应太慢的话，就会给人以态度傲慢的感觉，留下不良的印象，而且给谣言以可乘之机。值得注意的是，由于新闻发布会需要报批，可能会导致48小时之内开不了，因此，举行恳谈会是危机公关中与媒体沟通的最好方式之一。

此外，还要选择合适的新闻发言人，一般来讲，新闻发言人应具备以下条件：在企业中具有权威，能代表企业对外讲话；形象好，肢体语言出众；有很好的沟通能力，表达能力强，反应迅速，善于倾听；有全面的知识结构，并通晓危机事件的管理；能够很好地控制自己的情绪，在外界压力下，能够保持冷静，临危不乱，沉着稳健。

通常情况下，新闻发言人要掌握以下几个方面的基本原则：

（1）积极地解决问题，做到不卑不亢，诚恳、稳重。要言辞审慎，表情严肃，态度坚定而认真。新闻发言人一般是公共关系部门的负责人，头脑冷静，思维清晰敏捷。

（2）尊重和听取外部专家的意见，包括公关顾问、法律顾问和保险顾问等专业人士。尽可能多地向媒体和公众提供媒体所需的背景资料，不放弃任何话语权。

（3）坏消息要一次性地和盘托出。绝对不能说"无可奉告"。不用否定性语言，不攻击和诋毁对手。

（4）不强求审查媒体的新闻稿件，但务必请关键性媒体记者发布客观、公正的事件细节。

此外，新闻发言人还要做好发布会的策划准备工作，具体来讲，包括以下几个方面：

（1）思想上的准备。要求对公众关心的问题要考虑周全，并给予合理的解释和圆满的答复。做好新闻发布会的彩排工作。新闻发言人能够清楚地表明企业的立场，准确、清晰地对事件进行陈述，机智对付记者的穷追猛打。在出现尖锐的问题时，能避免陷入无法招架的局面。引导现场气氛，借助于媒体，能够将危机事件引导到有利于企业的方向上去。

（2）确定对外公布的信息，准备新闻稿。新闻稿应该注意以下几个方面：标题要表明立场，旗帜鲜明；内容要完整清晰，能将危机事件的真相交代清楚；注意多用事实说话，不要辩解；明确将要采取的补救措施；不发布猜测和不准确的消息；不要使用行话或行业术语，要用清晰的大众语言向公众表达；要标明新闻发言的联系方式。

（3）不要企图回避媒体。一般来讲，作为危机事件的焦点，媒体肯定会穷追不舍。不要企图回避媒体，要保持统一的口径。不是指定的发言人不得接受采访，应礼貌地告诉新闻发言人的联系方式。总机接待员不得主动向外界提供信息，而是在了解电话的性质后，将此类电话转接给相关部门或人员。企业内部所有人员都应对记者的电话和询问保持良好的态度。不要用独家新闻，否则会激起其他记者的不公平感。对外新闻发布办公室应实行 24 小时工作制，防止危机事件中由于传播失控所造成的真空。必须确保新闻发布机构始终能得到最新的信息以及了解企业为了控制危机事件而正在采取的措施。坦承自己的不良行为，并采取积极的纠正措施。假如事实被别人揭露，那么就将有损于企业的信誉。

（4）渠道探听。提供完整的信息和背景资料，以免媒体产生猜测或从其他渠道获取信息。企业管理者不要攻击竞争对手，不要发布不准确的消息，否则不仅有损企业形象，还会给自己惹上其他不必要的麻烦。

值得企业管理者关注的是，媒体在报道企业危机事件的时候，没有义务按照你的理解和希望去确定报道角度或重点，或者说是有可能因不准确的语言描述背离了企业所表达的内容。在类似这种情况出现时，企业管理者一定不要怒气冲冲地责问记者，否则会激怒记者，不利于事情的解决。

疏于沟通，丧失主动必导致步步被动。通常情况下，就处理企业危机事件来说，"沟通"是贯穿所有重要环节的核心，也是危机事件最终得以解决的关键所在。

企业在危机事件发生后，往往是不可"管控"的。而所谓的危机管理，主要是针对危机事件的发生和演变进行沟通，继而采取相应的措施。所以，在应对突发性危机事件的时候，及时的沟通而非整套的危机管理方案，是真正解决难题的关键。可以说，没有及时、有效的沟通，即便你的计划再完美，最终也会因无法实施而失去价值。当然，抓住解决危机事件的时机也是非常关键的。然而，假如沟通不当，就会使危机事件的负面影响不断扩大。更何况媒体的传播渠道日渐丰富，这也大大地增强了企业处理危机事件的难度。

任何一家企业在面对危机事件时都是十分脆弱的。当你的企业要进行危机沟通时，企业的危机管理者切记，以下几个方面是不应该做的：

（1）采取鸵鸟政策。企业的危机管理者希望没有人知道这件事，并始终迎合那些向自己提建议的人，不采取任何措施，不及时做出反应，陷入被动回应的模式，不采取积极主动姿态。成功的企业危机管理者都知道，一篇消极的文章能突然间肢解你的企业。在消极的文章见报后，管理者发表声明回应，接着，另一篇文章出笼，管理者又需要发表另一篇声明。一时间，管理者招来了公众的辩驳，这是一个双输（相对于双赢）的处境。而管理者也许认为自己干了一件十分有意义的工作，好像自己是一个极力为自己辩护的罪人。

（2）使用大众不能理解的语言。企业的危机管理者往往习惯于使用行话和过时的首字母缩写，令大众迷惑不解。这种自以为是的方式只会使危机事件变得更加糟糕。对大多数公众和服务于他们的媒体而言，这些行话和首字母缩写只会引起他们的疑问：这是什么？因为他们不是某一领域的专家。

（3）企业管理者或许刚刚惹出了一场大祸，或许仅仅是惹出了小祸。他拒绝花较少时间或小数额的费用悄悄地调查自己最重要的受众的想法，并调查他们的想法是否与媒体的观点相一致。最终，情形可能会变得更加糟糕。

（4）在危机事件公开后才着手处理。这与上面的第一项有着很大的关联。即使管理者决定不采取鸵鸟政策，但却不做任何准备，放任危机事件的进一步扩大。事实上，在危机事件公开之前，管理者仍然有其他的积极选择，例如，可以研究甚至测试一些事先计划好的重要信息，进行及时、可靠的信息沟通。

（5）让自己的声誉为自己说话。企业管理者或许会抱怨："难道不是每个人都认为我们很重要吗？"他们自以为是商场上的巨人，而消费者是从来不吃任何商场巨人那一套的。管理者注定要失败。

（6）视媒体为自己的敌人。有些管理者认为媒体在报道企业的时候十分糟糕，不愿意再与媒体进行谈话了。或者在大众论坛上说媒体的坏话，给其发讨厌的传真，然后坐下来，独自欣赏。最终导致的结果只能是：媒介十分愤怒，并把这种情绪宣泄在企业的报道中。或者是，媒介嘲笑自己所看到的一切，并确信企业的管理者一无是处。

（7）重复地做同样的事情，期待不同的结果。当管理者最后一次遭遇消极的新闻报道时，不再回复媒体的电话。最后，接踵而至的是企业内外部对管理者的关注，而这种关注要很长一段时间才能慢慢消退。因此，当下一次企业出现危机事件的时候，管理者将不得不做同样的事，因为"又有胡言兴起"。企业想试图改善沟通，却苦于无法改善处境。

（8）总认为别人与自己一样知道事实。有的时候，管理者知道事情的真相，同时，认为公众最终也会意识到这一点。漠视早已被证明的观点：自以为是只会造成损失，有时甚至会更严重。

（9）一味地做书面声明。仅仅通过书面声明进行沟通是十分容易的。因为这样，管理者就不必担心别人看了或听了声明后觉得自己愚蠢，而且言谈被错误引用的概率也非常小。当然，这种沟通是不会针对个人而言的，很多人会认为管理者害怕了，把自己给隐藏起来，不让人看见。

9.3.4 "企业博客"危机公关

对于企业而言，企业博客就像一把双刃剑，既可以与消费者沟通、处理媒介关系、树立行业先锋形象，进行企业文化宣传，也能被消费者用来发表负面评论，制造舆论危机。正视企业博客上顾客留言的巨大力量、正确防范企业博客危机可能带来的舆论影响力，利用企业博客为企业服务，是许多具有战略眼光的企业成功的法宝。

在博客世界里，不管是民众还是企业，都有信息制作和发布权，无需受到传统大众传播媒介森严的审查制度的制约，亦无需庞大的制作播出设备的支持，这使得任何人都可能公开与企业有关的信息。企业根本不可能隐瞒各种过失，有关消费者服务的各种问题更是无法摆脱，公司不能控制各种有关自身的信息的传播，对消费者获取信息的控制力大大减弱。

要使企业博客行之有效，首要的一点是"诚信"，这也是现代公共关系的立业之本。企业在利用博客这一新媒体的时候，应该在尊重客观事实的前提下实施公关，而不是雇用枪手、伪装博客。欺骗公众的结果最终是破坏企业形象、影响企业自身的生存和发展。

网络传播平台多，信息传递速度快，如若处理不当，消费者一个小小的不满都有可能在瞬间发展成企业的大危机。目前大部分企业都缺乏对网络信息的监控机制，这导致企业无法在第一时间做出正确的反应。企业必须建立相关监控机制，时刻关注网上关于企业的信息，借助一些技术性工具，从网络上随时搜寻各种关于本企业的评论，看看顾客在关心什么，然后仔细分析其中是否存在潜在的危机。如果发现公关危机苗头，必须在第一时间做出反应，不要忽视每一个微小的环节。

博客监测如今已经成为许多国际大公司如耐克、宝洁、IBM 的公关经理们的日常职责，而在实际操作中，怎样才能参与到与企业最相关的讨论中去，有效地实施博客监测呢？

企业除了要随时关注企业博客上的读者留言外，还要充分利用一些已经发展起来的专用搜索引擎，如 Technorati 和 Blogpulse，跟踪有关消息在网络间流传的情况。与此同时，注意把博客搜索与传统的媒介跟踪、消费者研究或者企业原始资料库等结合起来。目前，奥美公关开设了专门为客户追踪博客的服务，追踪范围涉及企业员工、供应商、客户、竞争对手的公共博客，根据追踪结果为客户制定公关战略。

企业博客是消费者释放"不满"的好场所，企业应该具有"聆听"的胸怀，给予消费者"发泄"的机会；企业博客又是化解消费者"不满"的最好场所，企业可以在这里与他们进行平等的交流，澄清事实真相，提供更好的服务。那就是：迅速回应，加入对话；态度真诚，勇担责任；查明真相，解决问题；亲切友善，表示感谢。

一旦发现消费者的不满，企业要迅速做出反应，否则事态的发展将很快超出企业能够掌握的范围，其他媒体也会跟进来。在传统的危机公关理念中，一般认为24小时内回复顾客是最适当的，但这并不表示顾客不期待在更快的时间内得到回复。当企业在博客上向顾客提供平等交流式的回复时，企业的收获会更大。交流中所提供的迅速、有效和个人化的回应可以塑造多数企业难以想象的顾客忠诚度。在博客世界里，由于大家习惯于迅速沟通，因而快速参与交流变得更为重要。博客上发表文章之后，最快几分钟之内就会出现读者回应，而文章的作者若能立即回复，那么读者会觉得受到了极大的尊重。企业与顾客之间这种互动关系的建立，无疑非常有利于将可能出现的危机扼杀在摇篮里。

真诚沟通是处理危机的基本原则之一。只有尊重客户，尊重他们的体验，尊重他们的想法，才能开始一次意义非凡的对话。在博客上被消费者质疑后，企业不要试图回避问题、推卸责任或者闪烁其词。实际上，顾客提出自己的意见后，往往心中已经有了一杆秤，对企业的回应有了心理上的预期。这时候顾客关心的是企业是否在意自己的感受，因此，企业应该站在顾客的立场上表明查明事情真相、迅速解决问题的决心，从而赢得顾客的理解和信任。

当消费者把他的不满留在企业博客上时，企业首先要看这种批评是不是真实的。如果所言属实，应该马上进行调查，搞清楚问题的起因，有针对性地进行处理，把可能出现的危机消灭在萌芽状态。如果所言不实，也可以谦恭的态度做适当的回应，解释事实，并举例支持。千万不要与消费者去争论，那样只会使情形变得更糟糕。

搜索到企业博客然后发表评论，需要一定的时间和精力，并不是所有的客户都会这么做。因此，无论客户的反馈信息是褒还是贬，企业都必须向他们表示真诚的感谢。有时候，客户希望得到的仅仅是一个简单的答案而已。不要觉得对方的问题微不足道，而要把它们看做是创造客户体验的良机，与他们展开一次双向沟通。

当消费者得到一个满意的答复后，他们就会对企业和产品产生正面体验，如果正面体验的效果够强，可能会因此让顾客怒气全消，欢喜而去，甚至成为顾客型推广大使。

"前事不忘，后事之师"，事后反思是必须要做的事情，只有有效的反思才能总结经验，避免继续犯同样的错误。

很多企业为了避免在企业博客上出现于己不利的留言，制定了所谓的"留言指导原则"，如：关闭留言功能，不放置链接；让公司的专职人员先检查留言，确定不是垃圾、恶意或非法的留言以后才让留言显示在企业博客上；及时删除不利留言……这在一定程度上也许能降低危机出现的概率，但违背了企业博客真诚、开放、透明的原则，是治标不治本的。

在博客世界里，当危机来临的时候，"堵"是不起任何作用的，企业只有低姿态、真诚地倾听顾客的意见，及时与用户进行沟通交流，积极解决问题，才有可能变危机为良机，也才能真正地发挥企业博客危机公关的作用。

9.3.5 危机公关中的禁忌

盲目求快、唯利是图必导致危机发生。古人云："智者千虑，必有一失。"这一点对于处在激烈竞争中的现代企业而言，哪怕是世界知名的500强企业也不例外。

诚然，任何企业的成长、发展过程绝不可能总是一帆风顺的，偶尔失误或出现危机事件也在情理之中，关键看企业如何去处理。

企业的危机管理者在处理危机事件的过程中，要注意如下禁忌：

不要等到危机事件发生时才匆忙应对。在处理危机的过程中，企业管理者需要有很强的公关意识和专业的实际行动，同时还要建立一套健全的"危机事件预警系统"。企业内部的信息沟通要通畅。如果企业管理者没有危机意识，没有建立起相应的"危机预警系统"，这对企业将是十分危险的。

不要做表面文章，措施不到位。企业在实施危机管理的过程中，做表面文章就等于自欺欺人，措施不到位就等于贻误战机。结果只能导致危机事件的继续蔓延和进一步恶化，最终害人害己。所以，危机事件的管理措施一旦出台，管理者就必须亲赴前线，深入基层，检查漏洞，监督执行情况，对措施中存在的漏洞及时发现并在第一时间寻求弥补的方法，对企业内部执行不利的人员要进行严厉的查处。

不要言而无信，要以诚相待。危机事件犹如战争，企业管理者在实施危机管理的过程中，对内，面对部下必须军令如山，令行禁止；对外，面对公众必须以诚相待，取信于民，始终如一。任何政策摇摆或态度暧昧都会使企业内部其他人员无所适从，使广大公众失去对企业的信任。

不要缺乏预见性，没有危机事件的意识。危机管理首先要有危机事件的意识，要有"先见之明"。企业的危机管理者必须时刻牢记"祸兮福所倚，福兮祸所伏"的道理。形势越好，就越要保持清醒的头脑，越要警惕危机的隐患。

不要去打官司。企业管理者在处理危机过程中，打官司往往只会使危机事件进一步扩大或产生不良的影响，最终导致企业形象的损害。即使企业一方的官司会赢，在公众的心目中也会留下不负责任、不关心公众的不良印象。

不要分不清是危机还是契机。危机管理有一个基本的原则，就是当突发事件来临之时，首先要判断是危机，还是契机。假如是危机，理当实施危机管理；假如是契机，则不在危机管理的范畴之内，因为没有人会为"天上掉下来的馅饼"而恐慌或不知所措。然而，企业在实施危机管理的过程中，切忌将危机当做契机。

不要惯性思维，缺乏应变能力。面对突发的危机事件，许多管理者习惯于用平时的思维方式来思考问题，按部就班，慢条斯理，力求四平八稳，争取多方称赞。事实上，管理者在处理危机事件时的重大决策绝对不能受惯性思维方式影响，必须灵活应变，以变制变，有时甚至还要来一点逆向思维，方能解脱危机困境。

不要三心二意，不分轻重缓急。企业在应对危机事件的时候，各级管理者需要立即去做的事情必定很多，千头万绪往往让人不知从何处下手。但是，在危机事件来临时，管理者切记，一定要在第一时间抓住主要矛盾，分清事情的轻重缓急和优先顺序。要以公众为中心，以公众的切身利益为中心，以公众关注的优先顺序为中心来思考问题。只有以公众为中心安排的轻重缓急和优先顺序，才有可能使得本部门、本企业乃至企业管理者个人的损害降到最低。

不要保持沉默。在危机事件来临时，假如管理者想避免一些无谓的麻烦，完全可以采用新闻发言人的形式，所有内部的沟通与新闻界的接触都由他来完成。这样，不仅能避免因为与外界沟通不足而导致的各种流言的产生，也能给自己树立一个良好的形象。

2000年，搜狐被人传为使用盗版软件的时候，由于企业内部有不得随意接受新闻界采访的规定，因此企业与外界缺乏沟通，也进一步导致了流言四起，这样的结局显然是搜狐管理人员所不愿见到的。

决策不要优柔寡断，举棋不定。维系一个企业靠的是共同利益，但是，在危机事件来临的时候，命运胜于利益。所以，决策目标必须从维护"利益共同体"转换为拯救"命运共同体"。

为了达成共识，企业管理者往往需要多方酝酿，反复协商，而且要做到以理服人，少数服从多数。但是在突发事件来临时，给予管理者们的决策时间往往是非常有限的。任何犹豫不决、举棋不定或拖延决策都有可能给企业带来致命的伤害。所以，危机管理时的决策方式必须从平时的"民主决策"转换为战时的"权威决策"。在信息共享、专家咨询的基础上由最高决策者拍板定夺，并且是谁决策谁就要承担责任。

不要措施不坚决，拖泥带水。为了让企业内部其他人员和公众容易接受和适应某项政策措施，企业的危机管理者往往会采用比较温和的办法，逐步深化，逐渐加以完善。但是，在危机发生的时候，却绝不能采用"渐进式增兵"的办法，而必须采取高压政策，集中优势兵力将事态迅速控制在萌芽之中，否则就有可能势如决堤，一溃千里。

不要反应冷淡。在日本东芝事件中，我们可以看到，在网上有人对东芝公司"赔美国人美金，给中国人补丁"进行披露后，东芝公司就应采取足够的措施预防危机事件的进一步扩散。然而，在相当长的时间内，东芝公司对危机事件的反应相当缓慢，也十分淡漠，并没有主动与消费者进行沟通。等到东芝公司在一周后想起该说点什么的时候，已经错过了危机公关处理中最重要的前24小时。事实上，就算企业自己有道理，也至少应该向消费者进行解释说明，以求达成谅解，缓和对立情绪，不要让消费者有一种受到歧视的感觉。假如东芝公司能在消费者上网"讨伐"之初就迅速进行沟通，化解矛盾，这件事原本是不会进一步扩大负面影响的。

不要信息渠道不畅，报喜不报忧。许多管理者在处理危机事件的过程中，不论其机构大小、官位高低，都会不同程度地存在报喜不报忧的倾向。然而，管理者需要注意的是，当突发事件来临的时候，最重要的是要"报忧不报喜"。要保持信息渠道的通畅和信息的及时传递。一般来讲，在传递信息时往往要求做到"5W、1H"的原则，即何时、何地、什么、为什么、何人，以及如何，而且管理者要表述清楚。

不要只是作无谓的辩解。20世纪70年代初，人们开始对在发展中国家推广并销售婴儿奶粉而感到惶恐不安。因为有证据表明，西方跨国公司销售的奶粉导致婴儿营养不良。媒介对此已有报道，可那些西方公司却没有做出任何反应。

1977年，一场著名的"抵制雀巢产品"运动在美国爆发了。美国婴儿奶制品行动联合会的会员到处劝说美国公民不要购买"雀巢"公司的产品，批评雀巢企业在发展中国家有不道德的商业行为。对此，瑞士雀巢企业只是当婴儿奶制品问题在1970年第一次被人们提出来时，才试图把它作为营养健康问题予以处理。企业提供大量科学和有关的数据分析，但是问题并没有得到解决。人们因感到雀巢企业忽视了他们合法和严肃的要求而对其敌意倍增，结果雀巢遭到了新闻媒介更猛烈的抨击。整个危机事件持续了长达10年之久，直到1984年1月，由于雀巢公司承认并实施世界卫生组织有关经销母乳替代品的国际法规，国际抵制雀巢产品的运动委员会才宣布结束抵制运动。

不能贿赂。客观地讲，"贿赂"对于企业界与广大公众来说，并非是什么名词。几乎伴随人类社会的出现，贿赂行为与灰色交易也就产生了。近些年来，对于企业界来说，受困于贿赂与灰色交易的例子也不少。

2007年8月25日，家乐福有关部门经理收"黑钱"的商业贿赂事件被曝光，包括12名供应商在内的22名人员被北京警方传唤。据有关媒体观点，这一行为是家乐福中国总裁罗国伟上任后"反腐风暴"的结果。有意思的是，一直以来家乐福工作人员贪污受贿的不良作风已经在供应商之间和业内风传，也有在网上发帖子揭发、写检举信的。但是家乐福的态度很平淡，处理的结果也是不疼不痒。暧昧的态度让人感觉家乐福似乎有回避、压制，甚至纵容的嫌疑。

从企业危机的角度看，贿赂事件与其他各类触发性因素略有不同：一方面，所有被揭发的贿赂事件，均为"东窗事发"型，而非突发事件；另一方面，各类贿赂事件的发生，并非有关企业发自内心的主观行为，而是在受困于某地市场拓展或某地有关市场潜规则之下的无奈应对之策。

家乐福的贿赂事件，渠道商采购时向供应商收取不正当费用已是整个行业的潜规则。零售为王时代，供货商要想进入卖场、降低扣点，就必须给卖场采购部门各种好处。流通领域此类腐败带来的是商品价格的虚高和质量缺乏保障，为此买单的最终还是消费者。贿赂事件的曝光，显然会使广大公众对家乐福感到失望，其品牌形象会直接受损，其企业声誉也会受到挑战。

就目前的商业竞争来看，随着各大行业产品同质化的不断加强，企业的品牌竞争及基于广大公众内心感受的企业声誉等软性较量，成了决定企业成败的关键因素。在这一趋势之下，有关商业贿赂事件的曝光，对有关企业带来的影响是深远、无情与难以挽回的。

　　虽然各大公司的贿赂事件最终还是要自己"买单"的，但就贿赂事件的发生来看，这一"灰色交易"过程并非当事企业单方面来完成的。就拿朗讯中国行贿事件来分析，该事件与国内商业界一度流行的潜规则紧密关联。这些所谓的潜规则，多以各类变相的商业贿赂形式呈现。当潜规则在桌子底下大行其道，台面上的明规则所能发挥的作用也就大受限制。于是，也有人对朗讯表示同情，认为其不过是潜规则流行环境下的牺牲品。

　　如此来分析，商业贿赂其实是一个比较突出的社会问题。要解决这一有违商业规划的"毒瘤"，除了企业界的自律外，国家要制定法律法规并强力执行。

　　当然，如果能从根本上消除有关方面的商业潜规划，就能从根本上摧毁商业贿赂发生的温床。与其他形式的企业危机相比，商业贿赂对有关企业的影响是深远的，因为它在一定程度上弱化了品牌形象与企业声誉等软性竞争实力。虽然现实中还存在一定的商业潜规则，但是各有关企业还是要积极寻求合法、正当的策略与手段，来保障自身目标的实现，以免因深陷商业贿赂泥潭而因小失大，确保品牌形象与企业声誉的持续累积。

9.4　危机公关的系统管理

9.4.1　危机意识和管理意识

　　据美国危机管理专家的调查显示：80%的企业管理者认为，企业发生危机如同死亡、税收一样不可避免；危机对于企业而言，并非偶然的不幸遭遇，而是普遍存在的现象。也就是说，尽管没有人喜欢危机，但危机无处不在。

　　在如今的中国，随着经济的全球化、国际环境的复杂化、市场监管的规范化、法制的健全化、市场竞争的白热化、消费者的理性化，在以互联网为主导的信息化时代，各种各样的危机事件也随之而来，如政策错位、人才流失、财务困境、产品质量问题曝光、品牌危机、公众和消费者投诉、媒体负面报道、国际化风险等。

　　可以说高速发展的中国经济给了企业迅速发展的机会，同时复杂多变的市场运作环境也使得许多企业遭遇了一场又一场的危机风波。中国企业已经进入了一个危机四伏的年代。在最近的几年里，许多企业就遭遇了种种危机，如政策危机、企业领导人危机、战略危机、资本危机、人力资源危机、财务危机、产品危机、广告宣传危机、文化危机、品牌危机、信誉危机、公众客户危机、服务危机、媒体危机、政治危机、自然和社会因素危机、国际化危机等。每一次危机事件的发生，一定有其客观和主观的原因。今天的企业对于危机又应该有怎样的清醒认识？

　　企业要想不断地稳步发展，其管理者就必须树立危机意识。危机意识是企业发展的原动力。危机意识是一种对环境时刻保持警觉并随时做出反应的意识。它建立在这样一个基础上：我们的头顶总是高悬着达摩克利斯之剑，我们被无处不在的危机事件包围着。在通信工具越来越发达,信息传播一日千里的"地球村"时代,任何一个坏消息都会以极快的速度向全国乃至全世界扩散,从而给企业带来严重的危机。

只有企业内部所有成员参与并形成良好的企业危机文化,企业管理者才有可能从根本上遏制和处理危机事件。

事实上,不仅仅企业管理者具有危机意识,企业所有的员工也要具备这样的意识。因为在很多时候,企业里的任何一名员工都可能因失误或失职而将整个企业拖入危机事件之中。

身为企业的最高领导者,要具有危机事件的管理意识,更要了解危机事件。而要了解危机事件,首先需要了解突发事件。危机事件的形成往往有一个或长或短的过程,而突发事件往往就是危机的导火索和先兆。

一般来讲,突发事件具备三个特点:突然发生的,难以预料的;事态严重,需要立即处理的;第一次发生,无章可循的。

基于此,企业管理者在处理突发事件时要机敏、迅速,以免突发事件转化为危机事件,从而影响企业的利益和形象。

企业危机的类型很多,常见的有产品或服务瑕疵型危机,劳工、股东纠纷型危机,经营不良型危机,反宣传事件型危机等。企业危机不仅具有突发性、危害性,同时还具有扩散性。危机常常成为社会舆论关注的"热点"和"焦点",更是新闻媒体报道的最佳"新闻素材"与报道线索,有时甚至牵动整个社会各界公众的"神经"。一个负面消息的传播足以抵消千百万篇正面的报道和千百万次广告。正是由于企业危机易扩散的特征、受舆论关注的特性,因此企业在整个危机处理的过程中扮演着重要的危机传播控制的角色。了解危机传播的阶段和特征是处理危机传播管理的前提。

危机传播的阶段大致分为:危机酝酿期;危机爆发期;危机扩散、蔓延期;危机的减弱、消失期。

危机酝酿期指的是危机的孕育阶段。这个阶段的特征是:危机有时有些预兆,但更多的是难以察觉,这个阶段如果察觉的话,可以扑灭。危机的酝酿是一个长期的过程,在实践中,危机的爆发是瞬间的事,但其隐患却可能在很长时期酿成。比如,在员工无礼对待消费者的案例中,可能是思想教育的问题和管理的问题。在一个产品的瑕疵案例中,可以从开发、采购、质量控制、生产、运输等各个环节中找到源头。在经营不善的危机中,有可能是行业结构已经发生变化。从传播的角度来讲,危机传播信息源正在形成。

危机爆发期指的是危机的产生阶段。这个阶段的特征是,危机已经暴露,可以逆转,也可以转化。从传播的角度来讲,这是危机信息传播的原始起源。

危机扩散、蔓延期指的是危机发生后,通过媒介、公众、组织的传播,危机不断扩散,受众知晓率呈爆炸式增长。这个阶段的特征是:危机事态正在发展,本质原因却不一定能明确,现象则在传播中不断复制。从传播的角度来说,信息的内容呈复杂化：有准确的，有不准确的；有目击的，也有猜测的。信息传播渠道也呈多样化，有从现场的（信息的原始起源），有从相关组织、人物的，也有可能是从媒体的。现场的地点、人物、媒体自身、企业自身，相关的组织、人物，因为事态的进一步发展，都有可能成为信息传播源。

危机的减弱、消失期是指通过事态的发展，事件的处理，原因的调查，事情有了结果，当事人各得其所，公众、媒介的关注度逐渐减弱、消失。从传播的角度来讲，信息"真空"已经被填补，受众的关注兴趣下降和消失或转到其他方面。

9.4.2　健全预警体系

在危机管理过程中，大部分管理者满脑子考虑的都是当前的市场压力，很少有精力考虑将来可能发生的危机事件。然而，古人云："人无远虑，必有近忧。"对于企业来说更当如此。既然危机事件不可避免，企业就应时时绷紧危机这根弦。只有防范危机事件于未雨绸缪之中，才能扭转危机于旦夕之间。平时多一些危机意识，多制定几套对付各种可能出现的危机应对策略，当危机事件来临的时候，就会镇定从容许多，相对于没有危机意识和没有制定危机策略的企业来说，本身就已经赢得了时间。所以，危机预警是危机管理的第一步，也是危机管理的关键所在。

在很多时候，危机事件是管理工作中不可避免的，因此必须为危机事件做好相应的准备，如通信计划、行动计划、消防演练及建立重要关系等。大部分航空企业都有准备就绪的危机事件的处理队伍，还有专用的无线电通信设备以及详细的应急方案。目前，几乎所有的企业都有备用的计算机系统，以防自然或其他灾害打乱他们的主要系统。

此外，管理者在为危机事件做准备时，留心那些细微的地方，将是十分有益的。因为危机事件的影响是多方面的，忽略任何一方面，付出的代价都将是高昂的。

美国管理学家在其最新的危机管理著作中指出，处于市场"第一品牌"的企业、迅速成长的企业和连锁企业，是当今社会最容易发生危机事件的企业。由此可见，越是知名度高的企业，越要有危机意识，越应该在第一时间制订危机公关计划，以便在危机事件出现时可以掌握主动权，抓住机会，顺利渡过难关。

目前，众多世界500强企业都设首席风险官，专门处理企业危机事件，对可能出现的情况——高层离职、诉讼、媒体负面报道等都制订了详细的计划。一旦出现危机，会迅速实施某计划加以解决。所以，国内企业尤其是大企业应该借鉴这一做法，设立本公司专门的对外发言人，由他来对企业的内部情况进行通气和协调，与外界尤其是媒体和政府部门保持紧密联系。在危机事件发生之前，总会出现这样或那样的征兆。只要及时捕捉到这些信号，加以分析处理，及时采取得力的措施，就可以将危机事件带来的损失降至最低，甚至会避免危机事件的发生。

一般来讲，在危机事件的预警阶段，管理者需要做好以下几个方面：

1）组建危机管理部门

以企业各职能部门负责人为主，兼收一部分基层员工介入。机构人员应是善于观察、乐于沟通、勇于创新和敢于承担责任的人。这中间最好还应有外聘的高级公关顾问任职。在危机事件发生的时候，危机管理机构应迅速派出危机事件的处理人员。

2）定期进行企业运营危机与风险分析

危机管理机构定期针对目前企业运营的各层面，包括服务、品牌、生产、制造、销售、投资等各个环节进行分门别类的分析。

3）要进行风险分级管理

单纯的分析不是目的。除了将定期风险分析的内容记录在册之外，还应将风险进行分级分类，制订每一项风险的解决方案，明确管理者的责任和任务的完成时间。

4）能够经常举行不同范围的危机爆发模拟训练

企业管理者是否真正有快速的危机事件的处理能力?实践是最好的试金石。成熟的企业之所以能有良好的抗震性，与其在日常进行的危机事件的模拟训练是分不开的。不定期培训是为了避免定期训练所形成的心理惯性，这种心理惯性会降低训练的实际效果，而训练间隔时间太长则又会失去危机事件训练的意义。每次危机事件模拟训练结束，应认真反思暴露出来的问题，并能够迅速予以整改。

5）确保企业内部对话渠道通畅

在很多时候，企业的风险之所以演变成致命的危机事件，这与知情人或当事人秘而不宣有很大的关系。但是，如果企业管理者不能兼听则明，也常常会扮演悲剧性的角色。对话渠道可以包括多种形式，比如管理者深入基层，了解一线情况，举办民主联谊会，设置开放性的企业员工议事会，开通管理者热线以及进行企业内部网络交流等。

6）建立有效的组织管理体系

与外部世界建立良好的互动、协作关系，改善企业外部的生存环境。危机管理机构是正确、及时处理危机的组织保障。只有做好组织上的准备，做到有备无患，才能更好地应对公关危机的爆发。组织的主要作用在于全面清晰地对企业可能面对的各种危机进行预测，为处理危机事件制定有关的策略和步骤;对企业所有的员工进行危机培训，使每一位员工都有危机意识;在遇到危机事件时，能够全面、快速地处理危机事件，并能够监督危机事件的发展及有关企业政策的执行;在危机事件结束的时候，能够及时调整企业的各种行为，运用各种手段恢复公众对企业的信任，重新塑造企业的良好形象。

9.4.3 危机管理组织成员

1）企业管理者

企业管理者拥有企业资源的最大使用权，有着最终的决策权。高层的直接参与，不仅有助于减少危机事件发生时的混乱，还能够保证危机事件尽快、权威地解决。

2）法律工作者

企业在日常运作过程中，法律工作者十分熟悉即将出现的各种法律问题，知道企业在面对问题时应该采取的步骤和程序，便于保证企业行为的正确性。尤其是对处于转型期的企业而言，公众的法律意识逐渐提高，企业可能随时都会面临各种诉讼、索赔，这时法律工作者就能够尽快地帮助企业解决各类棘手问题。

3）生产、品质保证人员

这类人员熟悉生产流程，在产品出现问题时容易查出问题产品的根源，便于解答来自公众，尤其是消费者和媒体的疑问。

4）市场销售人员

这类人员熟悉产品的流通渠道，在产品出现问题时容易知道出现问题的各个环节。

5）热线电话接待人员

热线电话通常是公众的第一投诉渠道，这时接待人员的态度是十分关键的。如果处理得好，危机事件就很有可能被消除在萌芽状态；如果处理得不好，不但不能使公众满意，而且还会增加危机事件的爆发率。

6）公关专业人员

公关专业人员包括企业公关部工作人员、企业的合作公关公司。

公关专业人员是危机公关的具体执行者，负责危机公关程序的优化和实施工作，是危机事件处理过程中必不可少的。

7）专业智囊团

专业智囊团具有丰富的危机事件的处理经验，能给处于危机事件中的企业提供专业的指导和非常宝贵的意见。

8）财务人员

危机处理一般需要软文的发布以及召开发布会进行解释或者道歉等工作，这些都需要费用的支持。

9）人力资源部门

危机期间企业人员的调动需要人力资源部的支持，尤其是新闻发言人的确立。危机管理能力所涉及的因素复杂，是经验、知识、智力以及情感、意志等因素的综合体现。

通常情况下，一个合格的企业危机管理者，必须具备以下几个方面的素质：

（1）有着强烈的进取精神和创新意识。

（2）富有同情心，善于理解他人。

（3）精力充沛，能进行长时间的工作。

（4）能够很好地控制自己的情绪，在外界压力下，能够临危不乱、保持冷静、沉着稳健。

（5）有耐心，不急于求成。

（6）在企业中拥有权威性。

（7）有胆有识，反应迅速，处事果断。

（8）具有冒险精神，敢于打破常规，能够灵活应对各种复杂情况，敢于迎接挑战。

（9）善于沟通和倾听，能够通过适当的眼神、声音或肢体语言取得他人的认同。

（10）政治过硬，有着高度的责任感，能从战略高度把握全局。

（11）具有强烈的危机意识，能够敏锐地洞察危机事件的发展。

（12）有专业的危机管理知识，了解如何正确地认识危机事件、危机事件的演变周期、危机管理的关键原则、危机事件应对程序的建立、危机事件防范体系的建立以及危机事件的沟通技巧等。

9.4.4 实施计划体系

危机管理计划是危机管理过程中的指导方针。企业管理者应根据可能发生的不同类型的危机制订一整套危机管理计划，明确如何才能防止危机事件的爆发，企业一旦爆发危机事件，应如何在第一时间做出有针对性的反应等。一般来讲，事先拟订危机管理计划时应注意以下几个方面：

（1）将有关计划落实成文字。

（2）确定可能受到影响的公众和机构。

（3）为确保危机处理有一群专业人员，平时应对人员进行特殊的训练。

（4）对有关计划进行不断的演习。

（5）设立危机事件的控制和检查专案小组。

（6）为最大限度地减少危机事件对企业声誉的破坏，应建立有效的传播、公关渠道。

此外，企业要想做好危机管理计划，其管理者还必须掌握危机计划的原则以及计划书的内容。

制订危机管理计划的原则：

（1）危机管理计划必须保证其灵活性、通用性和前瞻性。由于企业所处的环境是瞬息万变的，加之危机事件发生时的情形充满各种未知性，因此危机管理计划不能僵化和教条，不能把重点放在细节上，也不能把精力放在描述特定的危机事件上。要确保企业在遭遇没有预知的紧急状况的时候，能够根据总体原则采取有针对性的方法和策略。

（2）危机管理计划的制订应该是全员参与的，应该是决策者、管理者及执行者精诚合作的结晶。没有决策者的重视或者执行者的积极响应，危机管理计划只会成为漂亮的摆设。所以，危机管理者要对计划了如指掌，完美地将危机管理计划付诸实践。

（3）要有危机管理的预算计划。危机管理预算和营销预算同等重要。制订危机管理计划必须以自身的人力、物力以及财力为基础，而不能以危机事件的种类为依据，否则，危机管理计划只会成为水中月、镜中花，不会有任何现实的意义。

（4）为了保证危机管理计划的有效性，企业管理者应定期对计划进行检查及更新。最好的危机管理计划是能够解决问题的计划。企业管理者在制订好危机管理计划后，不能存在万事大吉的放松心理，更不能束之高阁，而是应由企业内部责任人员以及外部专家定期进行核查和更新，否则就可能发生用过时的军用地图去制订作战方案的悲剧。

（5）危机管理计划的制订要建立在对信息的系统收集和系统传播与共享的基础上。负责制定和实施危机管理的人员应充分了解企业内部及外部的信息，并及时、充分地沟通。同时，还要与相关利害关系各方比如政府部门、行业协会以及紧急服务部门等加强联系。如果企业没有系统地收集危机管理计划方面的信息，就会在制订危机管理计划的过程中顾此失彼，出现大量的漏洞。

（6）危机管理计划必须保持系统性、全面性和连续性。应明确所涉及的组织及人员的权责，对人员进行有效的配置，做到事事有人管、人人有事做，从而使企业全体成员在危机来临时都能够迅速找到自己的位置，发挥主观能动性。假如危机管理计划体系混乱、杂乱无章，相关人员就会反应迟钝、迷茫无助和混乱不堪。

（7）认真关注细节之处。细节决定成败，细节成就完美。任何一个细节的疏忽都可能导致灾难性的后果。企业内部的任何成员都必须从根本上认识到，其一举一动都事关企业的声誉和未来。

（8）危机管理计划要有标准的报告流程和清晰的业务流程，以确保信息及时、充分地沟通以及危机反应计划能迅速、有效地实施。

（9）危机管理计划必须是具体的和可以操作的，不应该有任何的含糊之辞。

（10）危机管理计划要有轻重缓急、主次优劣的区分。首先对危机管理的目标应有优先序列，同时对系列的危机事件也应先急后缓、先重后轻。

危机管理计划书的内容：

1）序曲部分

（1）封面：计划名称、生效日期以及文件版本号。

（2）总裁令：由公司最高管理者致辞，并签署发布，确保该文件的权威性。

（3）文件发放层次和范围：明确规定文件发放层次和范围，确保需要阅读或使用本计划的人员可以正确知悉本计划的内容。同时，文件接收人必须签署姓名和日期，以表明对本计划的认可。

（4）关于制定、实施本计划的相关管理制度：维护和更新计划、保密制度的制定、计划审计和批准程序以及启动本方案的时机和条件。

2）正文部分

（1）危机管理的目标和任务。其主要是对建立危机管理体系的意义、在企业中的地位和要达成的目标进行描述。

（2）危机管理的核心价值观和企业形象定位。这是企业进行危机管理的纲领。强生公司在发生"泰诺"中毒事件时，其成功的关键是因为有一个"做最坏打算的危机管理方案"。而这一危机管理方案的原则正是企业的信条，也就是"公司首先考虑公众和消费者的利益"。这个信条在危机管理中发挥了极其重要的作用。希尔顿酒店为长远发展制定了两个原则：其一是顾客永远是正确的；其二是如果顾客是错误的，请参照第一条原则。

（3）危机管理的沟通原则。危机管理的核心是有效的危机沟通，是保持对信息流通的控制权。危机管理的沟通原则包括内部和外部沟通原则，为危机管理的沟通定下基调。员工沟通原则包括：对受害者的沟通原则、媒体沟通原则、对政府的沟通原则、对股东和债权人的沟通原则、对供应商和经销商的沟通原则、对公众的沟通原则及对竞争对手的沟通原则。

（4）建立危机事件的管理小组，确定首席危机官员或危机管理经理。确定危机管理小组的成员，并对各成员的权责进行描述和界定。

（5）培训和演习方案，确定替补方案和外部专家组成成员。替补方案指的是，假如在危机事件发生后，危机管理小组成员因故不能履行职责时，采取人员替补方案及计划变通方案。

（6）指挥、沟通与合作程序。

（7）危机管理的财物资源准备。危机管理计划的预算包括危机管理小组的日常运转费用，危机管理设备的购买、维护和储备的费用以及危机管理计划实施的费用。

财物资源的管理：由何人管理，通过何种途径获得，怎样管理等。

财物资源的使用制度：由何人使用，如何使用等。

财物资源的应急措施：当企业所储备的资源用完后，应怎样获取相应资源。财物资源的维护制度，定期检查、修理或更换制度等。

（8）法律和金融上的准备工作。紧急状态下在法律和金融方面的求助程序。

（9）危机的识别与分析工作。

识别危机事件：对企业的薄弱环节及内外部危机事件的诱因进行列举。

分析危机事件：对危机时间按发生的概率、严重性进行分析和评估。

（10）当危机事件结束后，对危机管理的评估程序：文件存档；评估损失；检讨危机管理行为。

3）附录部分

美国博士罗伯特·希斯在《危机管理》一书中，把附录部分称为PACE清单。P指的是"准备"（preparation）；A指的是"行动"（action）；C指的是"联络"（contact）；E指的是"装备"（equipment）。

对此，成功的危机管理者把这四个部分细化为：流程图、应用性表单、企业内部联络表以及企业外部联络表，其具体内容如下：

（1）流程图，指的是危机管理各流程的图表。

（2）应用性表单，指的是整个危机管理程序所涉及的环节中必须应用的表单。比如，危机事件的记录和监控表单、危机汇报表单等。

（3）企业内部联络表，指的是危机管理人员的姓名、所在部门、职位、联系方式及职责。

（4）企业外部联络表，指的是在危机事件应对的过程中，外部相关组织的联络方式，如政府、行业协会、银行、保险公司、供应商、经销商等。

9.4.5　完善指挥系统

危机指挥系统核心的作用是实现紧急突发事件处理全过程的跟踪和支持，使企业能够在最短的时间内对突发性危机事件做出最快的反应，并提供最恰当的应对措施预案。

一般来讲，危机指挥系统应包括以下三个阶段：

1）危机来临时的准备阶段

（1）发现危机事件。通过各种征兆和苗头监测危机事件。

（2）呈报危机事件，在危机事件来临时，一定要确保呈报系统的通畅。以任何理由瞒报、迟报，甚至不报的行为都是致命的。因此，在危机事件发生的几小时内可口可乐公司就能够联络到总裁，不管他现在正在进行高级谈判，还是在加勒比海度假，这是可口可乐公司严密高效的企业协作的体现。

（3）启动危机管理系统。在 24 小时内，企业要建立强有力的危机事件处理小组，对危机事件发生和蔓延进行监控。

（4）通知所有员工对危机事件的发生进行统一认识。

（5）确定紧急应变的原则和方案。

2）危机处理阶段

根据制定的方针、政策，有步骤地实施危机处理策略，对公众、媒介、政府、投资者、债权人、合作伙伴进行危机公关。蒙牛应对特仑苏牛奶危机公关就是很好的危机处理案例。

3）危机的恢复阶段

危机事件过后，怎样才能让企业从紧急状态回到常规状态，也是一个挑战。当危机事件出现的时候，很多企业内部的事务都是以处理危机为首要目标。这些临时的做法和举动跟正常运作时是不一样的。危机事件发生时成立的机构与原来的机构是同时运作的，然而渐渐前者的作用越来越小，原来的机构逐步发挥正常的作用。准备应对危机事件和危机事件发生后的恢复工作是同样重要的。

此外，在危机管理中，管理者需要根据不同情况来确定工作的优先次序：

（1）组织一些专业人员从事危机事件的控制工作，让其他人继续企业的正常经营工作。也就是说，在首席执行官领导的危机管理小组与一位胜任的高级经营人员领导的经营管理小组之间，应当建立"防火墙"。

（2）应当指定一人作为公司的发言人，所有面向公众的发言都由他来主讲。这个教训来自一个法则：假如有足够多的管理层相互重叠，那就肯定会发生灾难。

（3）立即向企业成员，包括客户、管理层人士、员工、供应商以及所在的社区通报信息，而不要让他们从公众媒体上得到有关企业的消息。企业管理者即使在面临着必须对新闻记者做出反应的巨大压力的时候，也不能忽视这些对企业消息特别关心的人群。实际上，在很多时候，人们感兴趣的通常并不是事件的本身，而是企业管理层对事情的态度。

（4）危机管理小组中应当有一个唱反调的人，这个人必须是一个在任何情况下都敢于明确地说出自己意见的人。企业要想取得长远利益，管理者在控制危机事件时就应更多地关注消费者的利益而不仅仅是企业的短期利益。

9.4.6　危机处理的评估分析体系

危机处理的评估分析体系是一个事后处理系统，同时又能够为将来可能发生的危机事件提供决策信息。很多企业都是通过对已经发生危机事件相关数据的分析，找出其中的特征与规律，制订出切实可行的危机管理解决预案，实现对危机趋势的预测分析，最终辅助有关部门制定相应的危机预防策略。

在危机事件的处理过程中，企业是向左走，还是向右走，是趁火打劫，还是雪中送炭，会在公众心目中留下完全不同的印象。假如企业能够从长远的角度出发，以社会和公众的利益为中心，那么其品牌的美誉度就会快速地提升。假如企业管理者急功近利，为了商业利益而不择手段的话，就会使危机雪上加霜，最终严重危及企业和品牌形象。瑞士的罗氏公司是全球第六大制药企业，其2003年面对"非典"的表现和2006年面对禽流感的表现就是截然不同的，其最终的传播效果也是有天壤之别的。

2003年2月8日，一条令人惊惧的消息在广东以各种形式迅速蔓延——广州出现流行疾病，几家医院有数位患者死亡，而且受感染者大部分是医生。"死亡"让不明真相的人们大为恐慌，顿时谣言四起。第二天，罗氏制药公司于广州召开媒体见面会，声称广东发生的流行疾病有可能是"非典"且产品"达菲"治疗该病疗效明显。罗氏制药公司的医药代表也以"达菲"可以治疗该病而敦促各大医院进货。这次媒体见面会的直接后果是为正在浪尖上的谣言推波助澜，广东、福建、海南等周边省份的醋、板蓝根以及其他抗病毒药品脱销，价格上涨了几倍，甚至十几倍，许多投机商大发"国难财"。而"达菲"在广东省内的销量伴随谣言的传播骤增。在危机事件发生之前，广东省内仅售出1 000盒，可到了2月9日后销售量飙升至10万盒。竟然有消费者以5 900元买下100盒"达菲"。2月15日，《南方都市报》发表署名文章《质疑"达菲"："非典"恐慌与销量剧增有何关系？》，指责罗氏制药蓄意制造谣言以促进其药品的销售，并向广东省公安厅举报。罗氏制药公司的商业诚信和社会良知受到公众质疑，一时间其企业形象也一落千丈。

后来，罗氏制药公司对其在"非典"期间失败的危机管理进行了总结和反省，2006年，罗氏公司面对禽流感的表现就截然不同。禽流感爆发后，罗氏制药公司成了人们关注的焦点之一，原因是这家世界级的药品公司拥有"达菲"的生产经营权利，这种药品被证明应对禽流感是非常有效的。所以，"达菲"几乎已经等同于"战备物资"了。面对日益紧迫的疫情，罗氏制药公司采取了以下几个方面的措施：

（1）加速企业申请和认证的程序。罗氏制药公司准备与具备生产能力或可以协助生产的政府或公司合作制造"达菲"，用于疫情突发时使用。但是，该合作生产的审批是严格的，必须依照质量认证、安全体系等规范条例进行。目前，上海医药集团已获授权。

（2）罗氏制药公司与中国卫生部沟通后，决定暂时停止在市场上公开销售"达菲"，所有储备交给卫生部实行药品统一调配。

（3）罗氏制药公司总裁胡摩尔博士明确表明，假如疫情大规模爆发，罗氏制药公司将为世界卫生组织无偿提供300万盒达菲胶囊。

（4）罗氏制药公司与许多公司达成协议，假如禽流感爆发，罗氏制药公司将提供全面的帮助，并已经把达菲胶囊的价格降低了一半多。在已经发生过禽流感的地方，罗氏制药公司提供了可以溶化在饮用水中服用的粉末，这样就可以大大地降低药品的价格。

由此我们不难看出，在2003年"非典"期间，罗氏制药公司是一个落井下石的奸商，惨痛地丢了形象分数，而在2006年禽流感越来越严峻的时候，罗氏公司则以一个诚信、大度、负责任的企业公民的形象成功地为自己赢回了分数。

所以，如果企业经历了危机事件，管理者就要在每一次危机事件之后做好善后处理与经验总结，以将当次危机事件当成自己预防和处理今后可能发生危机的转机，形成更为深厚的危机事件"抗体"，这样，才能够提高自己对危机事件的敏感意识，并使它深入民心。同时，可以检讨自己在前期危机预防及处理中的成功和失败之处，发扬其长处，弥补其短处。一般来讲，分析和评估体系包括以下程序：

（1）恢复企业的正常运作。制定恢复正常运作的程序及执行人员的职责。

（2）将文件存档。所有有关危机事件的新闻报道、企业文件等都必须清楚记录，并整理归档，以备索赔、呈报或诉讼之用。

（3）危机事件的调查：

①调查导致危机事件的根本原因，并制定有效的防范措施。

②调查危机管理人员在危机管理过程中是否有失职现象。

（4）对危机事件的损失进行评估。在危机事件发生后，企业管理者要对有形资产的损失和无形资产的损失进行评估。

（5）危机事件的总结。在危机事件发生后，管理者需要总结在危机事件管理和危机处理过程中的成功之处、存在的问题以及改善的方案。企业管理者只有构筑起了"防火墙"，准备好了针对某项"病毒"的专杀工具，并随时"杀毒"和在"病毒"出现后第一时间使用它，企业才能少受危机事件的伤害。危机事件既包含危害还蕴涵机会，企业要注意从中寻找、放大、使用有利的机会点。

9.5 互联网环境下的危机公关

在Web2.0时代，每一个人都掌握了信息的主动权，每一个人都可以是一家小型的媒体，每个人都可以从自己的角度肆意对企业品牌产品发表自己的观点，而正是这种全面开放式的舆论自由时代的到来，使得每一位网民都可能成为企业的潜在杀手。来自互联网的数据显示：截至2008年年底，中国网民规模达到2.98亿人，较2007年增长41.9%，互联网普及率达到22.6%，略高于全球平均水平（21.9%）。继2008年6月中国网民规模超过美国，中国的互联网普及再次实现飞跃，赶上并超过了全球平均水平。几乎每5个人中就有1位网民。截止到2010年6月中国网民规模已达4.2亿，互联网普及率升至31.8%。网络媒体的开放性，使每一个网民实际上都成为了新闻发布者或新闻制造者。政府部门或企业的一举一动都在媒体和网民的密切关注下。任何一个网民出一条不利的消息，短时间即可形成"舆论风潮"，对组织都可能构成危机，任何应对或表态失误都会加深危机。近年来，许多危机公关事件，不是由网络触发，就是由网络传播或放大。重庆最牛钉子户事件、陕西绥德事件、辽宁西丰事件、湖北天门事件、陕西华南虎事件都是网上的帖子引发或放大的。特别是在陕西"华南虎"事件中，网络的力量发挥得淋漓尽致。事件之所以最后水落石出，与网民的穷追不舍有直接关系。有专家认为这是一种新型的公共安全危机。这要求各级领导干部要与时俱进，重视网络舆论，一个不重视网络舆论的政府和企业，最终可能要付出高昂的代价。

9.5.1 互联网传播的特性

电脑及网络发展至今，虽然报纸、广播、电视等传统媒体受众人口仍然占主流地位，但是一个不争的事实就是互联网作为一种全新的传播途径和平台，正发挥着越来越大的作用，显然已经有超越传统的趋势。越来越多的网民通过各种网站诸如网站留言、论坛社区、博客、聊天室、即时通讯群组等手段发表意见，随着互联网的发展，舆论的形成和传播方式也发生了巨大的变化。这种变化也成了企业公关的新课题。

互联网的兴起，改变了媒介与受众之间的传播关系，同时也改变了整个传播的话语环境。人们开始注意到，很多新闻事件，都是网上已经炒得很热了，传统媒体才开始介入，而传统媒体的介入，又引起了新一轮的讨论。如此循环，议程设置不再是传统媒体手中的专利。

互联网公关危机的特点是：

（1）互联网传播的特点之一就是即时性，也就是传播速度特别快，一则信息可以在很短时间内迅速被全球多个不同网络传播平台予以发布，一分钟前被新浪刊出，一分钟后就可以被搜狐、网易等转载，再过一分钟就有可能在诸如天涯、凯迪、猫扑等社区引发讨论，再过几分钟就有可能在网上被传得铺天盖地，可能几十分钟后，就传遍了世界。

（2）互联网传播的特点之二是传播内容的不可控性，也就是传播内容难以控制。互联网传播不同于传统传播模式。传统传播模式下，少数传统媒体才有传播机会，一条信息要经过各个不同编辑层次审核才会发布，而互联网上面有大量论坛、博客、网站，都可以发布信息，还有各种聊天室、即时通讯工具 IM 等，也可以瞬时把信息传播出去。会出现什么样的信息，完全是无法控制的。

（3）互联网传播的特点之三是话语权相对平等性。当然，平等是相对而言的，在传统媒体环境下，只有媒体才有信息发言权，而在互联网环境下，谁都可以说，各种信息同时被展现在网民面前，而不是传统模式下只有筛选后的信息才能传播。一个默默无名之人可以在网上批评一个著名企业，而他的批评言论还有很大机会被广泛传播，这是传统传播模式下不可想象的。

（4）互联网传播的特点之四是信息的长期残留性。在互联网上即使问题得到了解决，负面信息也会遗留在互联网上，而且很容易让网民找出来，这样就会一直影响企业的形象。而传统媒体，如广播电视是过后就消失了，对于报纸杂志而言，一般人也不会经常去找以前的资料。而网络不同，随着搜索引擎的出现和技术的提高，很久以前的信息都很容易被网民找到。

由于互联网是一个新生事物，具有很多与传统传播模式不同的特点，同时由于其出现的时间比较短，很多企业在应对经验和策略上都出现了很大不足。因此，在互联网的时代，保持企业形象和危机管理变得越来越重要。

9.5.2 互联网环境下公关危机的形式

在传统环境下，公关危机不外乎就是某个报纸杂志、广播电视台播出了一则不良的消息而已，危机形式和应对方式都是千篇一律的。而互联网模式下就呈现出"多姿多彩"的特点。互联网环境下公关危机大致有以下五种形式：

第一种形式：资讯网站的资讯公关危机。所谓的资讯危机其实就是类似传统模式下的新闻报道之类的危机现象：某个或多个资讯类网站如新浪报道了某个企业的负面文章。这种模式的应对处理跟传统公关危机处理没有两样。

第二种形式：博客与社区的公关危机。在这种形式下博客作为一种个人日志，其写作者对文章内容完全具有掌控权。博客作者在法律许可的范围内，想怎么写就怎么写，博客文章下面，网民可以自由讨论。论坛发帖其实也一样，发帖人在法律许可和符合论坛宗旨的范围内可以随便写，而论坛在交互性方面比博客更强，目前各种论坛大多是按照回帖时间来决定帖子的排序的，关注越多，排序越容易靠前。而且论坛上面的网民发言都是匿名（ID）的，想怎么说就怎么说。在这种环境下，极易把某些争议话题给"筛选"出来。特别是由于网络的互通性，很多被网民认可的帖子被这些网民大量复制到其他论坛或博客里面，使得危机迅速扩散开来。

第三种形式：即时通讯的公关危机。这种形式的公关比较特殊，各种即时通讯工具，比如腾讯 QQ、微软 MSN 等因为其便于交流，而且交流成本极低深受网民喜欢。很多网民一旦在网上发现他们感兴趣的话题，就会迅速将内容复制，发给即时通讯上的联系人。而诸如腾讯 QQ 有一个类似聊天室的 QQ 群功能，如果往这里复制就可以一次性让 100~200 人看到。在 QQ 群里面还可以迅速形成大家讨论的话题。

第四种形式：电子邮件公关危机。本来邮件是很私密的东西，但是 2006 年、2007 年接连发生几起"邮件门事件"，就是当事人的邮件因为某些原因被转发、转载，从而导致其中的内幕被公开引发的公关危机。

第五种形式：搜索引擎公关危机。这是网络特有的一种现象，当人们开始关注某个事务，可能的第一反应是通过搜索引擎搜索相关的信息，然后从这些搜索结果中，不断增加对事件的了解，并形成自己的判断。这些搜索到的信息就是前面说的资讯网站、博客、论坛等地方的信息。由于搜索引擎检索的全面性，就不可避免将一些企业无法预料的信息检索出来，比如一些很小的网站发布的信息，本来网站没人看，但是搜索引擎却把其中的信息找了出来，如果搜索到的信息是负面的，可以想象这类信息会对网民认知和判断的形成过程所产生的影响。

以往，对一个重要的新闻事件而言，可能声音只是发自少数的几个媒体，而互联网上一件很小的事情都有可能发展成为一场危机。作为企业来说，有必要关注互联网上民意的动向。否则，一旦出现了危机事件，企业就会发现要引导舆论朝有利的方向发展是异常艰难的。

9.5.3　互联网危机公关应对的原则和策略

公关危机一旦出现，能否在第一时间反应过来是很关键的。因为这时影响还很小，容易控制，也容易把负面的东西引向正面。这就要求企业做到下面几点：

第一，企业加强自身产品和品牌建设是前提。有一些企业不管如何出现危机，似乎对它的打击都不是很明显，这主要表现在企业产品上，就是当在消费者心中树立了某个印象后，就不太容易被另一种印象所取代。如果某个产品或某个企业在一个消费群体中建立了良好的声誉或有了负面的影响，这时这种美誉度或者"劣誉度"就会成为某些信息影响效果的阻力或助力。

第二，企业一定要建立危机预警机制。企业要不断监控互联网上的各种传播平台，诸如各种有影响力的新闻网站、论坛、博客等，留意是否出现有关信息。企业必须建立相关监控机制，时刻监督网上的关于企业和品牌的信息，借助一些技术性工具，从网络上随时搜寻各种关于本企业的评论和讨论，然后仔细分析其中是否存在潜在的危机。如果发现公关危机苗头，必须在第一时间加以反应，不要忽视了每一个微小的环节，即使是一个误会的评议，也需要寻找合适的途径，去加以化解。

第三，企业要建立危机应对预备机制。预防是关键，要做到未雨绸缪，而不是出现问题了才想起公关危机处理。企业在平时多与网络传播媒体的相关人员和业界的意见领袖们接触，争取他们对企业品牌的认可，这样在没有发生公关危机之前，可以利用他们的这种认可，为品牌建设助力。而一旦危机出现，也同样可以利用他们的影响来引导危机舆论的方向。这里要注意的是，这种引导不是说让编辑们帮你删除稿子或者去论坛帮你删帖，因为那样操作太过于明显，很容易引起网民的反感，从而导致危机的进一步升级。而业界意见领袖的话语权却可以让广大网民产生本质上的影响，有很大一批接受他们影响的群体，如果一个网民对某个意见领袖的评论一贯表示欣赏，这时他发表了对某个产品或服务的一篇评论，而评论有理有据的，这种影响就不言而喻了。

第四，当危机真的已经发生了，企业如何应对呢？一般说来，首先是找出公关危机的根源，解决它，一旦解决后，任何话题也就失去了进一步炒作的机会。比如，有的消费者买了某个产品，出现问题，售后人员没解决好，于是他在网上批评，那很简单，企业帮他解决好了。如果真的犯下了错误，那一定要通过合适的传播渠道，向网民承认错误。网民可以允许你犯错误，但不能容忍你对他们的欺骗。然后，企业需要寻找一些合适的网络传播渠道，将事实的真相告诉大众，增加企业的透明度。在这里企业要学会放低姿态，以"柔"克刚，公关传播考虑的是如何影响"人"的心理，现代人特别是年轻人都有很强的自我意识，如果采用一种强势的宣传姿态去表达，会很容易引起他们的反感，如果放低姿态，会让他们产生一种心理优势，从而产生对企业或品牌的好感。

第五，在网络危机解决后，企业要通过各种网络媒体让这些信息分散在互联网上，这样可以在将来网民借助搜索引擎进行搜索相关信息的时候，不至于搜索到的仅仅是一些负面信息。同时，我们要记住事后反思是必须要做的事情，只有有效的反思才能总结经验，不管这次应对处理效果如何，要争取下次不犯同样的错误。

对于一个企业、一个品牌来说，没有公关危机才是公关危机处理的最高境界。当然这很难，可以说几乎不可能，但是企业危机公关人员应不断向这一目标迈进。

9.5.4 网络时代中政府危机公关

谈到政府危机公关，近年来一些失败的政府危机公关的案例就一个个浮现在眼前。

2001年7月，广西南丹特大透水事故发生后，地方政府封锁消息，用各种手段阻止采访，与矿主勾结，弄虚作假，结果一步步走向深渊。事件虽被掩盖了半个月，最后还是被媒体所揭露。县委书记万瑞忠等人被判处死刑；县长唐毓盛被判处有期徒刑29年，决定执行20年。

2008年1月1日，辽宁西丰县委书记张志国因遭北京一家媒体批评，派警察进京拘传记者，在社会上引起强烈质疑，演变成一起全民声讨的公共舆论危机事件。县委书记张志国被上级要求引咎辞职。

2007年，陕西省林业厅仓促宣布发现失踪20多年的已不见踪迹的野生华南虎，虽然事后发现照片有破绽，但却缺乏坦诚的态度，不愿正视和予以更正，反而硬扛到底，结果引发了网络和传统媒体的集体轰炸，演化成为2007年和2008年最受公众关注的公共事件，最后有关人员落下个被撤职和解除公职的结局，成为世人的笑柄。

太多的案例，太多的教训，令人扼腕。如果当事领导以积极的态度面对媒体和舆论，掌握一定的危机公关策略和技巧，可以不是这种结局。

在媒体高速发展的今天，特别是网络媒体的迅速崛起，我们已经生活在一个高度媒介化的透明社会、一个舆论监督越来越受到重视的社会、一个公众的知情权和参与意识空前提高的社会。面对突发事件，想再搞封锁消息，回避媒体，隐瞒真相或者以对抗的方式回避舆论监督那一套注定会失败。无数案例表明，在当代社会，一个不重视媒体，特别是不重视网络舆论，不能以积极的态度面对舆论监督而搞监督舆论的政府，最终都要付出高昂的成本。

在新的媒体环境下，我们要与时俱进。一方面，要增强媒体危机意识；另一方面，要改变过去的危机处理思维方式包括媒体应对方式，掌握一些必要的媒体应对技巧，这样才能提高驾驭媒体的能力，才能从容面对突发事件，做到化险为夷，甚至转"危"为"机"。

媒体危机公关的策略有许多种，不同的危机公关专家推崇不同的策略，着重点也有不同。但不管有多少种，有几项原则是共同的：一是要有一个坦诚的态度；二是要公开透明，及时披露信息；三是要及时寻求第三方的支持，不能一味自我吹嘘，自我辩解；四是处理危机要有人情味，要体现对人的关怀，以建立信任；五是要一个声音对外，避免表态混乱；六是表态要留有余地，以免陷入被动。在突发事件发生后，如熟练运用这几项原则，危机就会迎刃而解，甚至会转"危"为"机"。其中，最重要的就是要有一个坦诚的态度并及时、透明地披露信息。

9.5.5 网络时代中企业危机公关

2009年1月和4月，搜索引擎巨头"谷歌中国"网站因存在淫秽、低俗链接，两次被互联网举报中心公开曝光。6月18日，CCTV《焦点访谈》栏目再次曝光谷歌网站存在淫秽低俗信息，互联网举报中心要求对谷歌系列不良内容彻底清理。之后，谷歌方面对不良内容进行了处理，但事件并未就此结束，谷歌方面称对有关部门"审查整顿"的做法让其无法接受，于2010年年初以"不愿接受审查搜索内容"为由扬言退出中国市场，后来谷歌中国业务恢复正常。作为全球知名的搜索引擎巨头，谷歌应该以健康、良性的搜索结果体现出自己的社会责任。在政府主管部门加强网络扫黄的形势下，作为搜索引擎平台更应该尽最大努力净化网络。面对"涉黄事件"，谷歌要积极承担事件责任，而不应该一味指责有关部门的审查整顿做法，更不能以退出中国为由转移公众视线，回避自身的责任。

2010年1月12日早上7：00左右www.baidu.com开始突然出现无法访问故障，域名无法正常解析。至9：30，太原、天津、郑州、烟台、长沙、成都、沈阳等各地均出现百度无法正常访问的现象。10：45，百度官方表示：由于baidu.com的域名在美国域名注册商处被非法篡改，导致百度不能被正常访问，公司有关部门正在积极处理，www.baidu.com.cn能够正常访问。自11：00起，各地网络开始恢复对百度的正常访问。12：51，对于百度被黑事件，CEO李彦宏在百度贴吧上，以"史无前例"表达了自己对于事件的震惊。当日下午6点，百度发表正式声明，称目前已经解决了大部分登录问题。对于部分中国网友基于义愤报复性攻击其他外国网站的做法，百度称"我们并不鼓励这样的做法，请大家保持冷静"。作为国内最大的网络搜索平台，百度的突然被黑显然在网民中引起轩然大波。从应对角度来看，百度方面的做法近乎完美：在第一时间对事件做出回应；快速运用技术手段对问题进行技术处理；迅速制订应急方案，积极引导网友使用 www.baidu.com.cn 进行正常搜索；CEO 李彦宏借助于网络发表自己对于事件的看法，消除广大网友的猜疑与疑虑；而对于广大网友克制性的提醒，显示了百度的大度与应对事件的全局观。如此系统的危机应对策略，保障了问题的顺利解决，得到了广大网友的好评。

碧桂园质量门的曝光，在全国引起了广泛的关注，而碧桂园却并没有采取主动的应对措施，导致其股价的持续低迷。

2009 年 12 月初，因自己位于碧桂园长沙威尼斯城的联排别墅多次出现质量问题，而开发商碧桂园方面没有满足自己的合理要求，业主罗邵波联系有关媒体，将碧桂园"质量门"进行曝光。事件并非个案，据广大业主反应，问题别墅所在的小区房屋返工率高达 80%；同时，异地碧桂园部分项目也陷于"质量门"风波中。12 月 9 日至 10 日，受累于"质量门"事件，碧桂园公司股票连续两日大幅缩水，市值蒸发近 40 亿港元。

令人遗憾的是，"质量门"事件发生后，碧桂园方面没有采取主动的应对措施，而是采取一味回避、网络屏蔽的低级应对措施。作为国内曾经的当红地产企业，碧桂园方面应该有勇气站出来正面回应事件，承担自己的责任。

没有在第一时间内回应事件，没有积极的承担事件责任，没有同众业主及广大公众进行真诚沟通，碧桂园在"质量门"危机面前的所为，与其知名地产公司的地位极不相称。公司股价的持续低迷，可谓是对其事件回应最直接的反应。

网络的力量其实就是大众内在声音的集中体现，刚好透过网络这一有效平台得到全然的释放。与其说是网络给了大众释放内在声音的机会，倒不如说网络是人类社会和谐发展的必然产物，因为自由、民主、开放是人类社会永恒的追求。

所以，企业的管理者肯定不能依照过去的模式去应对出现的危机。权力不再是过去的那种任命的模式，除非你是对的。每个人都可能成为权力中心。这就意味着传统的管理模式逐渐地走向衰落或者即将终结。例如，作为西方管理鼻祖通用汽车的破产，就意味着以大工业规模化时代为背景、以泰勒科学管理为灵魂、以精英官僚体制为主要特点的传统管理模式已到了穷途末路。面对 Web2.0 时代，传统管理已无能为力，昭示着新一代更加民主、更加灵活的管理模式的崛起。

案例

墨西哥湾漏油事件

2010 年 4 月 20 日，英国石油公司租用的离路易斯安那州威尼斯不远处的墨西哥湾上的一个钻井平台发生爆炸。4月24日，钻井平台下面的油井开始漏油。目前该漏油事件已成为美国历史上最为严重的事故。此次漏油事件的影响：

首先，是政治危机。受到质疑最多的就是政府的救助反应，在漏油事件爆发之后，美国参议院能源和自然资源委员会并没有在第一时间派出专家团队对漏油事件进行评估进而设定计划如何抑制漏油，使得错失了最佳的拯救时机。从目前的舆论反应来看，奥巴马政府已经在应对灾害的问题上失去不少信任和支持，这不仅很有可能会因此给反对者落下攻击他的话柄，更会严重影响奥巴马在美国民众心目中的形象。时值中期选举之年，民众的支持率对奥巴马政府和民主党的重要性不言而喻。

其次，是生态危机。《纽约时报》近日的一篇文章说，奥巴马将漏油事件称为"潜在的史无前例的环境灾难"。专家指出，污染可能导致墨西哥湾沿岸1 000英里长的湿地和海滩被毁，渔业受损，脆弱的物种灭绝。一名专家称，这只是9局制棒球赛中的第1局，最后结果如何无法预料。专家警告称油污将有可能随着海水流到美国东海岸地区，影响到路易斯安娜、阿拉巴马、佛罗里达等州。此次事件导致周边渔场、航道、旅游景点关闭，由此造成无数人失业，这方面的经济损失可能高达数百亿美元，而且还将会持续若干年。

最后，是经济危机。有关方面需要花几个月时间封闭油井，油污的清理工作将耗时近10年。"墨西哥湾在长达10年的时间里将成为一片废海，造成的经济损失将以数千亿美元计。"科托克说，不管油井何时被封闭，都会导致联邦政府财政赤字大幅上升。与此同时，墨西哥湾周边相关企业的税收却会减少。"由于这次悲剧性的事件，经济二次探底的可能性也进一步增大了。"浮油导致的海洋生物死亡以及水面情况变化也将严重打击受影响地区的渔业、旅游业和航运业，使得本次受经济危机以及欧洲财政危机扩散影响巨大、复苏面临困难的该地区经济雪上加霜。

资料来源 单纪伟. 深度分析美国墨西哥湾漏油事件（EB/OL）.［2010-05-12］. http://futures.hexun.com/2010-05-12/123680069.html.

案例分析

我们在这件事中应该得到如下启示：首先，决策要科学。海洋经济的活力有赖于清洁而健康的海洋，而人类经济的活力有赖一个健康而安全的地球。近海采油要慎之又慎。其次，警惕对科技的过度依赖。生产开发的高难度、高风险性，并不会随着技术的更新而消退，技术即使只有十万分之一的漏洞率，可一旦发生，小洞立刻就成巨洞，最终造成无法挽回的损失。最后，不要过度自信。加拿大卑诗省海洋联合会主任说："事故总是会发生的。这就是墨西哥湾事故给我们的一个提醒。"英国石油公司这样的企业应该是百分之百放心，却恰恰出了大事。因为它过度自信，根本就没想到会发生漏油，也没想过会给环境带来怎样的风险，所以压根就没有任何应急措施和设备。事故发生后，他们也天真地以为凭一己之力就能搞定，直到最终酿成对环境的致命伤害。

┃┗ 本章小结

当今社会，人们面临多变的环境和条件，瞬息万变的情况所带来的潜在危机冲击着各种类型的组织和个人，如何在识别危机、防范危机、危机发生前的反应，以及化解危机风险等方面有所作为已成为公共关系人员的必备素质。掌握危机公关的处理原则和应对的策略及攻略，加强危机公关系统管理水平，对于提高组织危机防范能力，培育危机公关意识，加强危机公关的组织建设，规范危机信息的发布等均有着重要的意义。

对于一个社会组织而言，能否在危机发生后成功地进行危机公关，关系到企业在激烈的市场竞争中的生死存亡。通过本章的学习，提高社会组织的管理者对危机公关的认识，从而借鉴成功者的方法，吸取失败者的教训，未雨绸缪，在危机袭来时胸有成竹、化险为夷。

复习思考题

1. 什么是危机公关？以具体案例说明危机公关有哪些类型？
2. 通过案例阐述互联网时代危机公关的特征与应对策略。
3. 危机公关的处理原则是什么？
4. 你怎样理解危机公关制胜的核心力量？
5. 通过案例说明处理危机公关的禁忌及导致危机发生的因素。
6. 具体说明危机公关的系统管理理论。

主要参考文献

[1]张卫星.公共关系学[M].北京：北京工业大学出版社，2004.

[2]张迺英.公共关系学[M].上海：同济大学出版社，2000.

[3]居延安.公共关系学[M].上海：复旦大学出版社，2002.

[4]廖为建.公共关系学[M].北京：中国铁道出版社，2000.

[5]刘光明.企业文化[M].北京：经济管理出版社，2001.

[6]米德伯格.成功的公共关系[M].牛宇闳，等，译.北京：机械工业出版社，2002.

[7]霍兹.网上公共关系[M].吴白雪，译.上海：复旦大学出版社，2001.

[8]萨菲尔.强势公关[M].梁洨洁，等，译.北京：机械工业出版社，2002.

[9]派恩，吉尔.体验经济[M].夏业良，等，译.北京：机械工业出版社，2002.

[10]李谦.现代沟通学[M].北京：经济科学出版社，2002.

[11]秦启文.现代公关礼仪[M].重庆：西南师范大学出版社，2003.

[12]饶立华，等.公共关系谋略百术[M].北京：中央广播电视大学出版社，1995.

[13]杨张齐.中外公共关系趣谈[M].北京：中国国际广播出版社，1989.

[14]周远清，季羡林.中国大学人文启示录[M].武汉：华中理工大学出版社，1999.

[15]张百章.公共关系原理与实务[M].大连：东北财经大学出版社，2004.

[16]约瑟姆.实用公共关系写作[M].牛宇闳，译.北京：机械工业出版社，2003.

[17]林汉川.公关策划学[M].上海：复旦大学出版社，1994.

[18]戴维斯.新编公共关系学[M].北京：中央民族大学出版社，1994.

[19]刘裔远.实用礼宾学[M].上海：立信会计出版社，2002.

[20]白巍.公关原理[M].北京：中国经济出版社，1998.

[21]海伍德.全面公关时代[M].胡祖庆，译.北京：时事出版社，1997.

[22]周忠，蒲海燕.争夺眼球[M].太原：山西教育出版社，2000.

[23]王玉山.公关实用词典[M].沈阳：辽宁大学出版社，1994.

[24]廖为建.公共关系学[M].北京：高等教育出版社，2000.

[25]李道平.公共关系协调原理与实务[M].北京：中国商务出版社，1997.

[26]郑明珍.公共关系学概论[M].合肥：中国科技大学出版社，1994.

[27]古畑和孝.人际关系社会心理学[M].王康乐，译.天津：南开大学出版社，

1986.

[28]杰弗金斯.最新公共关系技巧[M].夏晓斌，等，译.北京：北京大学出版社，1993.

[29]岑丽容.中外危机公关案例启示录[M].北京：企业管理出版社，2010.

[30]陈一收.大型公关活动[M].北京：北京大学出版社，2010.

[31]游昌乔.危机公关[M].北京：北京大学出版社，2006.

[32]陈向阳，李道平.最佳公共关系案例[M].北京：中国市场出版社，2009.

[33]邹建华.突发事件舆论引导策略[M].北京：中共中央党校出版社，2009.

[34]赵麟斌.危机公关[M].北京：北京大学出版社，2010.

[35]黎泽潮，郭丽.网络公共关系[M].合肥：合肥工业大学出版社，2011.

[36]齐杏发.网络公关实务[M].上海：华东师范大学出版社，2014.

[37]宋鲁禹.E时代的危机公关[M].北京：中国纺织出版社，2010.